人民科学家钱学森的卓越人生

钱学森画传

Hsue-shen Tsien

奚启新 著　杨 亮 改编

钱学森图书馆 供图

人民出版社

上海交通大学出版社
SHANGHAI JIAO TONG UNIVERSITY PRESS

内容提要

　　本书为纪念钱学森诞辰110周年倾情编著，以奚启新先生的《钱学森传》为蓝本，由钱学森图书馆杨亮改写，增加了更多历史图片和档案资料，收录了钱学森一生重要时期的手稿、文献、书信与实物等照片近500张。全书以全景视角展示了钱学森的人生历程、科学思想和无私奉献的共产党人精神风范，其中许多档案系首次公开展示。全书辅以音频内容，音画结合以飨读者。

图书在版编目（CIP）数据

　　钱学森画传 / 奚启新著；杨亮改编.—上海：上海交通大学出版社,2021〔2025重印〕

　　ISBN 978-7-313-24788-9

　　Ⅰ.①钱⋯　Ⅱ.①奚⋯　②杨⋯　Ⅲ.①钱学森（1911-2009）—传记—画册　Ⅳ.①K826.16-64

　　中国版本图书馆CIP数据核字（2021）第056089号

钱学森画传
QIANXUESEN HUAZHUAN

著　　者：奚启新	改编者：杨　亮
出版发行：上海交通大学出版社	地　　址：上海市番禺路951号
人民出版社	
邮政编码：200030	电　　话：021-64071208
印　　制：上海盛通时代印刷有限公司	经　　销：全国新华书店
开　　本：787mm×1092mm　1/16	印　　张：24.25
字　　数：355千字	
版　　次：2021年4月第1版	印　　次：2025年5月第3次印刷
书　　号：ISBN 978-7-313-24788-9	音像书号 ISBN 978-7-88941-456-2
定　　价：68.00元	

钱学森（1911年12月11日—2009年10月31日）

人民科学家钱学森

许多人会被时间淡忘，但人民会记住真正的英雄；

许多事会被时间冲刷，但历史会留下永恒的经典。

钱学森，作为享誉海内外的杰出科学家、中国航天事业的奠基人、系统工程中国学派的创始人，在思想、理论、技术、工程等方面为科技腾飞、国家发展、人类进步发挥了不可替代的关键性作用。

1911年，当辛亥革命的炮声响起，中国最后一个封建王朝轰然倒下之际，钱学森来到这个世间。2009年，中华人民共和国成立60周年庆典刚过不久，钱学森走完了近一个世纪的辉煌人生，永远地离开了我们。如今，中华民族正迈向从站起来、富起来到强起来的伟大征程，弘扬钱学森等人的爱国奋斗精神也成为新时代的一段经典旋律，荡气回肠、催人奋进。

一张图片、一个故事、一份回忆、一段历史。本画传以钱学森的一生为主线，以钱学森的成就为坐标，深刻、全面、生动地诠释了什么叫作笃定的信仰、至诚的底色、朴素的情怀、崇高的理想。

一份生平一抹魂，钱学森的一生铸就了科技报国、建功立业的时代丰碑。

钱学森的一生，面对千年不遇的世界变局，做出五次顺应潮流、合乎时势的重大选择，走了很多别人没有走过的路，干成了许多别人没有干成的大事。

第一次，内忧外患激发铁道之志。钱学森的第一次重大选择与报考大学有关，他没有听从老师、父母的安排，而是受到了孙中山先生"实业救国"思想的影响，打定主意要学铁道工程，给中国造铁路，成为像詹天佑一样的工程师。因此，他报考了国立交通大学机械工程学院，学习铁道机械工程专业。

第二次，民族安危坚定航空救国。1932年，日本侵略上海。钱学森目睹敌机肆虐，他期望制造出能把日本飞机打下来的自己的飞机。因此，他做出了人生的第二次重大选择：改学航空工程。他用业余时间读完了学校图书馆里所有航空方面的书籍，从交大毕业后，钱学森考取了"庚子赔款"公费留学生的航空工程专业，自此开始踏入航空领域。

第三次，理论突破助力"二战"胜利。在学习航空工程的过程中，钱学森感到航空工程的依据基本上是经验，很少有理论指导。如果能掌握航空理论，并以此来指导航空工程，一定可取得事半功倍的效果。他做出了人生的第三次重大选择：从做一名航空工程师，转为从事航空理论方面的研究。他说服了父亲，敲开了自己后来的导师冯·卡门教授办公室的门，很快就成为航空理论方面一位杰出的科学家，以一系列的理论创新和突破，为"二战"的胜利以至美国未来50年航空航天事业的发展，立下了不可磨灭的功勋。

第四次，奠基航天打造国之重器。20世纪50年代，国家的需要使得他做出了人生的第四次重大选择：从学术理论研究转向大型科研工程建设。钱学森晚年曾对他的秘书说："我实际比较擅长做学术理论研究，工程的事不是很懂，但是国家需要我干，我当时也是天不怕地不怕，没有想那么多就答应了。做起来后才发现原来做这个事困难这么多，需要付出那么大的精力，而且受国力所限，国家只给这么一点钱，所以压力非常大。"但他一旦做出决定，就义无反顾地把毕生的精力贡献给了中国航天事业。

第五次，重回书桌铸就学术丰碑。有人说："作为伟大的科学家，钱学森属于20世纪；作为伟大的思想家，钱学森属于21世纪。"1982年，从行政领导岗位退下来的钱学森已年逾七旬了，此时已是功成名就的他完全可以休息了。但是钱学森又做出了人生的第五次重大选择：再次回到学术理论研究当中。从71岁到85岁，钱学森以独到的研究角度，在系统科学、思维科学、人体科学、地理科学、军事科学、行为科学、建筑科学以及马克思主义哲学等诸多领域，提出一系列新观点、新思想、新理论。

一份生平一段史，钱学森的一生珍藏了驰而不息、砥砺奋进的国家记忆。

纵观世界各国发展，都是先有航空，后有航天；我们国家却要越过航空发展阶段发展航天，挑战这一金科玉律。新中国成立之初的1956年，钱学森向周恩来总理提交了《建立我国国防航空工业的意见书》，认为应当先发展导弹。钱学森的意见受到了许多军方高层的强烈质疑。面对质疑，钱学森给出了令人信服的回答：飞机与导弹最大的不同，就是具备"有人参与"的特性，而一旦涉及人的因素，就是开放的复杂巨系统，这对技术水平、工业基础、综合国力的要求和代价，要比发展导弹高得多。正是为此，钱学森认为，可以得出优先发展导弹的高性价比：导弹的投入主要集中在科研、试验上，一旦研制成功，国家再穷，生产一部分应该不是问题。即使从战争角度看，导弹不仅对地面，也可以对空中、海上来犯之敌进行有效打击，在我国空军、海军还很弱的情况下，选择从导弹上突破，不失为一条捷径。应当说，当时的决策层和钱学森都是务实的，新中国做出了研制"两弹"的战略决策。事实证明，这个决策是对的，"两弹"全面成功，为我国赢得了长期以来和平、发展、稳定的大环境。

钱学森推动了我国导弹武器发展从无到有、从弱到强，让一个缺钙的民族挺直了脊梁。1960年至1964年，他指导设计了我国第一枚液体探空火箭发射，组织了我国第一枚近程地地导弹发射试验，组织了我国第一枚改进后中近程地地导弹飞行试验。1966年，他作为技术总负责，组织实施了我国第一次"两弹结合"试验。1980年到1984年，他参与组织领导了我国洲际导弹第一次全程飞行、第一次潜艇水下发射导弹，实现我国国防尖端技术前所未有的重大突破。

钱学森推动了中国航天从导弹武器时代进入宇航时代，让茫茫太空有了中国人的声音。1970年4月，他牵头组织实施了我国第一颗人造地球卫星发射任务，打开了中国人的宇航时代，开启了中国人开发太空、利用太空的伟大征程。

钱学森最早推动了中国载人航天的研究与探索，为后来的成功做了至关重要的理论准备和技术奠基。1970年，中央批准了"714"工程，钱学森作为工程的技术负责人，一手抓"曙光号"载人飞船的设计和运载火箭研制，一手抓宇宙医学工程和航天员选拔培训。尽管由于各种原因，"714"工程后来终止了，但在他主导下保留的航天员训练中心，为后来载人航天接续发展、快速成功，起到了不可替代的关键作用。

一份生平一束光，钱学森的一生诠释了爱国奋斗、自强不息的民族精神。

爱国奋斗、自强不息的民族精神，在以"两弹一星"元勋为代表的老一辈科技专家身上，得到集中体现。钱学森始终怀揣着祖国利益高于一切、民族事业高于一切的坚定信念。他的一生有三次激动：第一次是1955年，当时钱学森被允许回国。在钱学森离开美国前，将自己新出版的《工程控制论》一书奉献给最敬爱的老师冯·卡门，冯·卡门翻了翻书，不禁感慨道："我为你骄傲，你现在在学术上已经超过我了！"为中国人争了气，这是钱学森有生以来第一次这么激动。第二次是在1959年，钱学森被接纳为中国共产党正式党员。他激动地整夜睡不着觉。第三次是1991年，中央组织部把雷锋、焦裕禄、王进喜、史来贺和钱学森作为解放40年来在群众中享有崇高威望的共产党员优秀代表。当时他说："我现在是劳动人民的一分子了，并且与劳动人民中的优秀分子连在一起了。"

面对荣誉，钱学森虚怀若谷、不计名利，有骨气，但不傲气；有自信，但不自负。他用一生践行了"利在一身勿谋也，利在天下必谋之"。1989年，钱学森获威拉德·罗克韦尔技术杰出奖，名字正式被列入《世界级工程、科学、技术名人录》，以表彰他对火箭、导弹技术、航天技术、系统工程理论做出的重大开拓性贡献。面对荣誉，钱学森说道："一个人的工作是不是够得上'世界级'，不是哪一个人能够定的，而是需要人民最后评定的。我作为一名中国的科技工作者，活着的目的就是为人民服务。如果人民最后对我一生所做的工作表示满意的话，那才是最高的奖赏。"1991年，国务院、中央军委授予钱学森"国家杰出贡献科学家"荣誉称号。这是共和国历史上授予中国科学家的最高荣誉，而钱学森是这一荣誉迄今为止唯一的获得者。面对宣传报道，钱学森指出："在今天的科技界，有比我年长的，有和我同辈的，更多的则是比我年轻的，大家都在各自岗位上，为国家的科技事业作贡献。不要因为宣传钱学森过了头，伤了别人的感情，影响到别人的积极性，那就不是我钱学森个人的问题了。所以，我对你说要适可而止，我看现在应该画句号了，到此为止吧，不要再宣传了。"

"志之所趋，无远弗届；穷山距海，不能限也。志之所向，无坚不入；锐兵精甲，不能御也。"近代以来，中华民族从落后挨打走向和平发展，从满目疮痍走向繁荣富强，正是因为以钱学森为代表的一代又一代仁人志士，用理想与信念谱写了一篇篇绚烂华章，铸就了一座座不朽丰碑。

伟大的事业需要伟大的精神，伟大的精神推动伟大的事业。当前，实现"两个一百年"奋斗目标，实现中华民族的伟大复兴，目标是明确的、前途是光明的；但道路是曲折的、过程是艰辛的。今天的长征路上还有许多"雪山""草地"需要跨越，还有许多"娄山关""腊子口"需要征服。新的历史时期，纪念英烈先贤、歌颂时代楷模、弘扬民族精神，能够为推进中国特色社会主义事业注入强大精神力量。

薛惠锋

中国航天系统科学与工程研究院院长

目录
Contents

钱学森的光辉人生，参与、见证、记录了一个世纪的风云变幻，成为中华民族百年兴盛的一部分。

　　钱学森的思想与成就、伟大与谦虚、厚重与清澈、宽容与严苛，成为中华民族精神宝库的一部分。

第一章　家学渊源

—

　　1911年12月11日（阴历辛亥年十月廿一日），钱学森诞生于上海租界一所教会医院。这一年，中国正经历一场伟大的历史性革命——辛亥革命。

　　辛亥革命是中国资产阶级领导的、以推翻清朝政府为目标的民族民主革命。诞生于辛亥革命期间的钱学森，虽然不知道外面的世界发生了翻天覆地的变化，但这些巨变，毫无疑问将影响钱学森今后的人生。

幼年时的钱学森

二

钱家在1933年搬至杭州小营巷方谷园2号居住。方谷园2号本不是钱家的祖产，而是钱学森的父亲钱家治和母亲章兰娟结婚时，章家给女儿的陪嫁。

钱家祖居在杭州市三墩乡钱家桥村。钱学森的曾祖父钱继祖育有四子。按照"继承家学，永守箴规"八字论辈排名，前三子分别取名钱承镕、钱承镒、钱承铎。钱学森的祖父钱承镒生有两子：长子钱家润，字泽夫；次子钱家治，字均夫。钱学森是次子钱家治的独子。曾获2008年度诺贝尔化学奖的钱永

位于浙江杭州小营巷方谷园2号的钱学森故居

健，则是钱学森大伯钱泽夫之孙。

钱学森为"学"字辈，按家族取名规矩，名字沿用"木"字旁。钱家治为儿子取了一个响亮的名字——"学森"。"学森"与"学深"发音相近，暗含着父母的期望，希望儿子长大后，学问深远，服务国家。

据杭州市房管局的档案记载，在新中国成立前，方谷园2号的产权就归在钱学森名下。1958年9月，钱学森要求将这处房产无偿捐献给国家，此后还写信给杭州市政府，再次表达了这个愿望，但杭州市政府没有接受。现在，方谷园2号作为钱学森的故居，已成为杭州市重要的文物保护点。

钱学森早年拍摄的小营巷照片

现在的浙江杭州小营巷社区

浙江杭州小营巷社区小营公园的纪念墙

小营巷在全国出名，主要是因为毛泽东主席曾视察过小营巷。那是1958年1月5日，在杭州视察工作的毛泽东提出，要看看杭州市的卫生情况。中共浙江省委副书记吴宪推荐了小营巷，说小营巷的卫生搞得最好。毛泽东说："那就去看看。"第二天，新华社、《人民日报》报道了毛泽东的视察活动，小营巷的名字随之闻名全国。1966年"文化大革命"开始时，小营巷改名为"一五巷"，以纪念毛泽东当年视察该巷。1981年，"一五巷"又改回"小营巷"，恢复了历史的原名。

三

杭州钱氏家族为名门望族，是古代吴越国国王钱镠的后裔。钱镠（852—932），杭州临安人，中国五代十国时期吴越国创建者，给家族后人留下了"利在一身勿谋也，利在天下必谋之""进贤使能则国强，兴学育才则国盛"的家训。钱学森的父亲钱家治为钱镠的第32世孙。

现在的西湖柳浪闻莺公园里，就有一座钱王祠。相传此地原是钱王钱镠的故居，后人便在此建祠纪念他。

钱镠像

钱氏家族人才辈出，历朝历代皆有俊杰。特别是在近代和现代，更有不少卓越人士。如钱玄同，"五四"新文化运动猛将，反对文言文，力倡白话文，倡导民主和科学；钱穆，近代中国最重要的思想家之一；钱锺书，他的《管锥编》和《围城》，在他活着的时候已成为不朽之经典；钱其琛、钱正英、钱伟长、钱三强等人，更是为现在人们所熟知。

钱镠立有家训，对钱氏后人影响很大。钱氏家训告诫子孙："爱子莫如教子，教子读书是第一义。"因此，钱氏后人重视教育者甚多，出思想家、教育家、科学家也甚多。如钱泽夫之子、钱学森的堂弟钱学榘，也是一位出色的空气动力学家，曾担任美国波音公司高级顾问。钱学榘的两个儿子钱永佑（神经生物学家）、钱永健（化学家、诺贝尔奖得主）都为美国科学院院士。钱家后裔当选各类院士以及取得重要学术成就的多达百人以上。仅无锡钱家一支，就先后出了10位中国科学院学部委员、中国科学院院士、中国工程院院士。

2008年6月，"吴越钱王与长三角繁荣"主题报告会在浙江临安举行，钱学森发来贺电。贺电说："我们的先祖，他的政绩只是'致富一隅'，而我们后人的事业，是使整个中国繁荣富强。老祖宗地下有知，是会高兴的。"

第二章　少年励志

钱学森的父亲钱家治（1882—1969）是位教育家，对钱学森的一生影响很大。钱家治在日本学的是现代教育，回国后从事的也是现代教育，是位具有新思想的教育家。因此，虽然工作很忙，但他对钱学森的教育一直甚为用心。

钱家治对钱学森的教育，循循善诱，重视打好基础。他注重培养钱学森对读书的兴趣。他的书房里藏书颇多，钱学森常常在那里翻阅。众多书籍中的精彩故事和广博知识，帮助幼年的钱学森进入一个丰富多彩的世界。此后，读书成为钱学森一生中最大的爱好。

钱家治很注重培养钱学森对大自然的热爱。大自然是本永远读不完的书。闲暇之时，钱家治经常带钱学森去公园和郊外游玩。躺在山坡上，闻着花草树木的阵阵清香，听着小河溪水的潺潺流淌，看着蓝天上大鹏展翅飞翔，

钱家治在日本留学时的照片

钱学森1周岁时与父亲钱家治的合影，也是钱学森人生中的第一张照片

幼年钱学森和母亲的合影

他给钱学森讲具有生活哲理的故事。有一次，钱家治带钱学森去香山。满山的红叶如火如荼，湛蓝的天空盘旋着一只雄鹰。钱学森童心使然，对父亲说，"我要是大鹰多好啊，也能飞上天空了。"这可能是钱学森最早的航天情结。

热爱大自然，才会热爱生活；热爱生活，才会热爱祖国。对父亲的良苦用心，成人后的钱学森自然明白。钱学森曾深情地说："我的第一位老师是我的父亲。"

钱学森的母亲章兰娟生于1888年，是大家闺秀，性格温柔，处事谦恭。她的这些优良品质对幼年的钱学森，有着重要影响。

钱学森在回忆母亲时曾说："我的母亲是个感情丰富、淳朴而善良的女性，而且是个通过自己的模范行为引导孩子行善事的母亲。母亲每逢带我走在北京大街上，总是向着乞讨的行人解囊相助，对家中的仆人也总是仁厚相待。"

章兰娟喜爱中国古典诗词，从小就培养钱学森背诵唐诗宋词，从历史文化里吸取营养。在母亲的熏陶下，小小的钱学森会背诵许多诗词。虽然并不很懂得诗词里的深远意境，但天长日久，潜移默化，渐渐长大的钱学森，显

章兰娟（1888—1935），钱学森之母

幼年钱学森和母亲的合影

1914年，钱学森与家人的全家福（中间为钱学森的祖母，左一为母亲章兰娟，右一为父亲钱家治，左二为钱学森）

得仪态大方、文儒清雅，对文学艺术情有独钟。

章兰娟还颇有数学天赋，心算很快。她经常跟钱学森做一些心算游戏，寓教于乐。心算游戏既给钱学森带来了童年的欢乐，也逐渐培养了钱学森对数学的爱好。后来，钱学森成为大科学家，尤其在数学方面十分杰出，应该和小时候母亲的培养密不可分。

二

1917年，不满6岁的钱学森，进入国立北京女子高等师范学校附属小学校，即今天的北京第二实验小学学习。在班上，钱学森是年龄最小的学生，学习成绩却名列前茅。

当时的小学学制是初小4年，高小2年。钱学森在国立北京女子高师附小读了3年初小后，又转入国立北京高等师范学校附属国民学校高等小学校（简称国立北京高师附小），即今天的北京第一实验小学继续学习。

1920—1923年，钱学森就读于国立北京高等师范学校附属国民学校高等小学校（今北京第一实验小学）

　　国立北京高师附小是当时教育部一所具有研究和试验性质的小学，创立于1912年。首任校长是当时北京高等师范学校的校长陈宝泉。大学校长兼任小学校长，足见对这所学校之重视。陈宝泉提出附小的办学方针是："吸纳世界最新学理加以试验，为全国小学改进之先导。既为实验，须敢为前人所不为之事，创前人所未创之先。"

　　晚年的钱学森曾亲笔写下一份珍贵文件，回忆他一生中给予他深刻影响的人，总共17位。按时间顺序，父亲钱家治、母亲章兰娟之后就是于士俭。钱学森这样写道："小学老师于士俭——广泛求知，写字。"

　　钱学森回忆这位老师时说：

　　　　于士俭老师教我们书法课。小学生可以按照自己的爱好，选择颜真卿、柳公权、欧阳修、赵孟頫等人的字帖临写。于老师如果看学生写得不太好，就坐下来，照着字帖临写一个字，一笔一画地教。他写什么体的字，就极像什么体的字，书法非常好，使你不得不喜

钱学森十岁时在国立北京高等师范学校附属小学校留影

钱学森晚年亲笔写下的对其产生深刻影响的17位老师的名单

爱书法艺术。

在国立北京高师附小，当时还有一位老师，就是后来成为周恩来总理的夫人，曾任中共中央政治局委员、全国政协主席、全国人大常委会副委员长的邓颖超。她是附小的第一位女教师，虽然没有教过钱学森，但许多年后有一次相见时，谈起同在这所学校的经历，彼此甚为亲切，钱学森恭敬地执学生之礼，尊称邓颖超为"邓老师"。

钱学森晚年在一封写给友人的信里，充满感情地说："我曾经就读的师大附小，我的老师有级主任于士俭先生和在校但未教我们班的邓颖超同志。我想念他们！"

1923年，钱学森12岁时，从国立北京高师附小毕业，升入国立北京高等师范大学校附属中学校，即今天的北京师范大学附属中学。北京师范大学的前身是北京高等师范学校，1923年7月，改名为国立北京师范大学校。

1920—1922年，邓颖超在国立北京
高等师范学校附属小学校任教

国立北京师范大学校附属中学校的校门

　　钱学森入学时，校长是著名的教育家林砺儒。林砺儒生于1889年，1912年就读于日本东京高等师范学校。这也是当年钱学森的父亲钱家治就读的学校，算起来是钱家治的学弟。1919年4月，林砺儒到北京高等师范学校任教；1922年，任附中主任（即校长）；新中国成立后，先后任北京师范大学校长、教育部副部长。

　　林砺儒任北师大附中校长后，率先在全国仿欧美学制对当时的中学学制进行改革，推行"三三"新学制（即3年初中，3年高中）；并实行文理分科，自编教材，自定新的课程标准。这些在当时开创了中国教育史的先河。

　　北师大附中在林砺儒及一批具有新思想的教师的培育下，有着极好的校风和学风。学校的校训是"勤、爱、诚、勇"，办学宗旨是"培养健康身体、发展基本知能、培植高尚品格、养成善良公民"。学校弥漫着浓厚的民主、开拓、创造风气，这在当时的社会，是一个非常独特的优良环境。在这个环境里，钱学森受到了良好熏陶，对他人生观的确立有着重要影响。

　　北师大附中分为理科部和文科部，钱学森在理科部。在附中的6年里，钱学森养成了良好的学习习惯，明白了读书是为了掌握知识而不是为了考试的道理。钱学森后来多次谈道："当时的校长林砺儒先生能把北京师范大学附属中学办成质量上乘的第一流学校，实在难能可贵。他实施了一套以提高学生智力为目标的教学方法，启发学生学习的兴趣和自觉性。"

　　在钱学森提到的17位对他一生有深刻影响的人中，北师大附中就多达7位——

　　教几何课的傅仲孙老师，经常向学生说："公式公理，定义定理，是根据科学、根据逻辑推断出来的，在课堂如此，到外面如此；中国如此，全世界如此，即使到火星上也是如此！"钱学森说，这是他第一次领悟到什么是严谨的科学。

　　教矿物学的李士博老师，把矿物的10级硬度，编成了合辙押韵的口诀："滑、膏、方、莹、磷、长、石英、黄玉、刚、金刚"（"滑

1926年，钱学森在国立北京师范大学附属中学校读书时留影

钱学森的伦理学老师林砺儒　　钱学森的几何老师傅仲孙　　钱学森的博物老师李士博

是滑石，"膏"是石膏，"方"是方解石，"莹"是萤石，"磷"是磷石，"长"是长石，"刚"是刚玉），轻松之中就记住了。到了晚年，钱学森还能背得烂熟。

教生物学的俞君适老师，经常带领学生去野外采集标本，教他们解剖青蛙、蚯蚓。有一次，俞老师将钱学森叫去，给了他一条蛇，笑着说："将它制成标本不挺好吗？这事第一要胆量，第二要技术。"钱学森后来回忆说，这是他第一次制作标本，锻炼了实践能力，让他永远铭记。

教化学课的王鹤清老师，课后对学生开放化学实验室，谁有兴趣做化学实验，随时都可以去做。

20世纪30年代的北师大附中实验室

这样的教学理念和教学方法具有先进性、开放性，对学生的成长非常有帮助。钱学森说："那时，每次临考前，大家从不紧张备考，不会因为明天要考试了，而临时开夜车背诵课本。大家重在理解，不在记忆。不论什么时候考、怎么考，都能得到七八十分。"钱学森还说，那时学生们还有这样的想法："明天要考试，今天要备考，那是没出息。要考试，就是不做准备的考，那才叫真本事。学校也提倡这个风气。"反思我们今天的教育状况，我们的学校、老师乃至家长，应该从钱学森的成长经历中，获取更多的启示。

北师大附中还开设了许多选修课：音乐、绘画、文学、诗歌、外语……学生想修什么都可以。因此，学生的兴趣点很多，知识面很广。

钱学森虽然上的是理科部，但对文学也很感兴趣。他曾回忆在高中一年级时，喜欢上了写作，用文言文写文章小品。他还迷恋上了音乐。他说："我们的音乐老师也非常好，上课时，他用一部手摇的机械唱机（当时没有电唱机）放些唱片，教我们学唱中外名曲，欣赏各种乐曲，如贝多芬的《第九交响曲》等。后来，贝多芬憧憬世界大同的声响一直在我心中荡漾。"

钱学森的英语基础也是在北师大附中打下的。到了高中二年级，钱学森又选修了德语。

在北师大附中的日子里，钱学森接受了革命思想的启蒙和熏陶。钱学森说，当时"在附中上学，都感到一个问题压在心上，就是民族、国家的存亡问题"。

北师大附中有位董鲁安老师，教语文课。钱学森把他视为在附中期间对他影响最大的一个人。钱学森回忆说："我们班上，给我们同学印象最深的是教语文（那时叫国语）的董鲁安老师。董老师实际上把这个课堂变成了思想政治教育课，讲了许多大道理。我们这些学生也就是从那个时候懂得了许多道理。"

北师大附中有一个小图书馆，虽然不大，却是学生们经常去的地方。图书馆主要有两类书。一类是中国古典名著，另一类是科学技术图书，钱学森经常去借来阅读。

钱学森一直对母校北师大附中，对在母校所受的教育念念不忘。

钱学森的生物老师俞君适　　　钱学森的化学老师王鹤清　　　钱学森的国文老师董鲁安

1955年底，钱学森回国后不久即回到北师大附中看望母校老师。1981年11月2日，钱学森参加北师大附中80周年校庆大会。他回忆说："中学时代的老师在知识、智力及能力方面都给我打下了良好的基础。我高中毕业时，理科课程已经学到我们现在大学的二年级了。我对师大附中很有感情，六年的师大附中学习对我的教育很深，对我的一生，对我的知识和人生观起了很大的作用。这是我一辈子忘不了的六年。"

20世纪20年代的北师大附中图书馆

1955年底，钱学森（左四）回国后到母校北师大附中看望老师

1981年11月2日，钱学森参加北师大附中80周年校庆大会

第三章　大学求索

—

1929年，18岁的钱学森以优异成绩从北师大附中毕业，面临着考大学。从蒙养园到小学再到中学，钱学森基本上是由父亲钱家治安排，走着一条循规蹈矩的路。

现在，中学毕业了，下一步路该怎么走？上什么样的大学？选择什么样的专业？钱学森面临着人生的第一次选择。

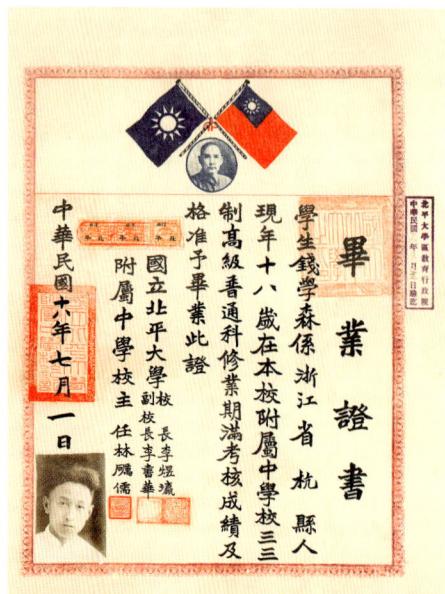

国立北京师范大学校附属中学校颁发给钱学森的毕业证书

毕业之前，语文老师董鲁安希望钱学森读大学时改学文科，他认为钱学森具有文学天赋，可以成为一个作家。数学老师傅仲孙则叮嘱钱学森，一定要选大学数学系，认为钱学森在数学方面具有发展前途。母亲章兰娟希望钱学森子承父业，读师范大学，当个老师，继续从事教育事业。而父亲钱家治把选择权交给了钱学森，认为儿子长大了，该学会走自己的路了。

此时的钱学森，已经有了自己的人生抱负——"实业救国"，当一个有作为的时代青年。

　　20世纪30年代，被誉为"东方MIT"的交通大学是中国最著名的大学之一。1929年9月，钱学森以总分第三名的成绩，考入交通大学机械工程学院。钱学森在交大"学到了许多终生受用不浅的知识"，为日后在技术科学领域取得重大成就打下了坚实的基础。

20世纪30年代初交通大学的校门

钱学森（左一）考入国立交通大学后，回到杭州方谷园2号与祖母（右二）、父亲钱家治（左二）、母亲章兰娟（左三）等家人的合影

上海交通大学的档案馆里现在还保存着一份1932年机械工程学院的成绩单。其中，注册号（即学号）为469号、总分在班上22名同学中位居第一的便是钱学森。上面清楚地列着钱学森的各门考试成绩：热力工程89分，机械试验90分，电机工程96分，电机试验94分，工程材料92.7分，机械计划91分，机械计划原理90分，金工实习86分，工程经济84.2分，总平均成绩为90.44分。位居第二名的学生总平均成绩为84.53分。

1932年第一学期，钱学森在国立交通大学机械工程学院总成绩第一名的成绩单

姓名

國立交通大學

年度第　學期

試　卷

分數 **96**

目 _Hydraulics_　　試場坐號 **3**　　註册號數

院 _M. E._　年級 _IV_　門系組　　教室坐號 _30_　　日期 24 JUN 1933

(1)

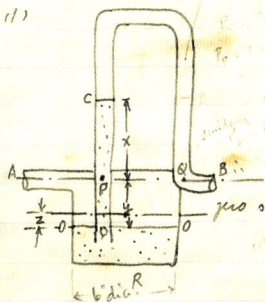

The difference in pressure between $P + Q$

$= (1.5 - 1.0) \times x$ ft. of water.

The pressure at P – Pressure at A

$= -1.5 \, y + 1 y = -0.5 \, y$ ft. of water.

$x + y - z =$ scale of pressure diff.

∴ pressure difference $= 0.5 \, x + 0.5 \, y = 0.5 \, (x + y)$

But $(x + y) \times 0.3^2 \frac{\pi}{4} = z \times 6^2 \frac{\pi}{4}$

∴ $z = (x + y) \times \frac{0.3^2}{6^2} = (x + y) \times \frac{0.09}{36} = (x + y) \times \frac{1}{400}$

∴ ~~pressure difference~~

If the pressure difference is 0.100 ft.

Then $0.100 = 0.5 \, (x + y)$

∴ $x + y = 0.20$ ft.

∴ scale of pressure diff $= 0.200 - 0.20 \times \frac{1}{400}$

$= 0.20 - 0.0005 = 0.1995$ ft.

(2)

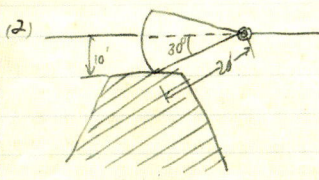

(a) The total horizontal push of the water pressure against the gate

$= 10' \times 5' \times 1 \times 62.4$ #

$= \frac{3120}{3118}$ #

(b) The volume of water displaced

$= 1' \left[20^2 \pi \times \frac{30}{360} - \frac{1}{2} \times 20 \sin 30° \times 20' \cos 30° \right]$

1933年，钱学森的水力学试卷

(6)   speed of jet = $c_1 \sqrt{2gh}$

Q of jet = $c_1 \sqrt{2gh} \times \frac{\pi}{4} d^2$

where d = dia. of jet which bears a fixed ratio

D = the dia. of wheel.

$\therefore Q \propto h^{\frac{1}{2}} \times D^2$

∦ Peripheral speed of wheel = $\phi \times \sqrt{2gh}$ or $\propto h^{\frac{1}{2}}$

But $\pi D N$ = Peripheral speed of wheel

$\therefore D = $ a constant $\times \dfrac{h^{\frac{1}{2}}}{N}$

$\therefore Q \propto h^{\frac{1}{2}} \times \left(\dfrac{h^{\frac{1}{2}}}{N}\right)^2 \propto \dfrac{h^{\frac{3}{2}}}{N^2}$

But B.H.P. = eff. $\times Q \times h \times w$

$\therefore$ B.H.P. $\propto \dfrac{h^{\frac{3}{2}}}{N^2} \times h \propto \dfrac{h^{\frac{5}{2}}}{N^2}$

$\therefore$ B.H.P. = $K \times \dfrac{h^{\frac{5}{2}}}{N^2}$

where K = a constant.

$\therefore N = \sqrt{K} \times \dfrac{h^{\frac{5}{4}}}{(B.H.P.)^{\frac{1}{2}}}$

If the wheel the wheel is operated at 1 B.H.P., 1
head, then

$N_s = \sqrt{K}$ where N_s = specific speed of
wheel.

$\therefore N = N_s \times \dfrac{h^{\frac{5}{4}}}{(B.H.P.)^{\frac{1}{2}}}$

Rearrange, we have

$N_s = \dfrac{\sqrt{B.H.P.}}{h^{\frac{5}{4}}} \times N$

$N_s = \dfrac{\sqrt{B.H.P.}}{h^{\frac{5}{4}}} \times R.P.M.$

1933年，钱学森的水力学试卷

在交通大学一直流传着钱学森的两个课业学习方面故事。第一个是一份96分的"水力学"考卷的故事。1933年6月，钱学森在"水力学"课程期末考试中，6道考题不仅答得全部正确，而且字迹工整，卷面整洁，就连等号都像是用直尺画的。但因最后一道答题中的"Ns"漏写了一个"s"，被任课的金悫教授扣除4分，最终得分96分。金悫十分喜欢这份难得的试卷，并把它作为范例留在身边，即便在战火纷飞之时，也不曾离身。1980年，金悫教授将这份保存了近50年的试卷通过交大校史研究人员陈贻芳捐给了档案馆。在1996年上海交大建校百年庆典之际建成的校史博物馆里，这份试卷作为历史档案首次被公开展示，成为一份彰显交大优良教风学风的珍贵展品。

另一个是一份满分的实验报告。钱学森特别重视实验课，做实验时非常认真与仔细。有一次做热工实验，钱学森的实验报告长达100多页，完整、详尽地记录了他在实验中观察到的各种现象和细节，并具有不少创见，且书写整洁，作图清晰。热工实验老师陈石英看了之后大为惊叹，给了100分的满分。这份实验报告也就成为交通大学机械工程系历史上最佳的学生实验报告。

在钱学森提到的对他一生有重要影响的17个人中，交通大学有两位。热工实验老师陈石英就是其中的一位。陈石英是著名的热力工程专家，1906年赴英国留学，后又赴美国留学，1913年回国，在交通大学任教长达67年，是交大历史上任职时间最长的教授。

陈石英教授对钱学森的影响很大，被钱学森视为大学期间令他受益最多的恩师之一。钱学森那份得到100分的热工实验报告，可以说明两个问题：一是说明钱学森严谨的科学态度，做一个平常的实验，也能坚持一丝不苟，这对一个年轻的大学生来说，实属不易；二是说明钱学森撰写的实验报告确实十分好，在以严格著称的陈石英老师眼里，居然没有挑出一点毛病，给了满分，更属不易。

钱学森对陈石英教授高超的授课艺术甚

钱学森的工程力学老师陈石英

钱学森的电机工程老师
钟兆琳

为敬佩。陈教授学术精深，给学生授课，从不用讲稿，每每下课铃响时，他在黑板上的书写也刚好画上句号。后来钱学森成为教授时，给学生们讲课也如陈教授一样，受到学生们的敬佩。钱学森回忆说："专业基础课中给我教育最深的是陈石英先生，他讲工程热力学严肃认真而又结合实际，对我们这些未来工程师是一堂深刻的课，我对陈先生是尊敬的。"

在交通大学，对钱学森影响至深的老师还有钟兆琳。钟兆琳是电机工程专家，他在电机工程设计与电机制造方面有丰富的理论知识和实践经验，并研制出了中国第一台交流发电机与电动机。当时，在中国的大学里，电机工程是最难教的课程之一。钟兆琳的教学，把书本知识与生产实际紧密联系，为中国培养出了一大批电机工程人才。钱学森与江泽民都是他的学生。钱学森回忆说："教电机工程的钟兆琳先生对我的教育，我也是十分感谢的，师恩永志于心！"

二

1930年，钱学森因患伤寒申请休学一年。在此期间，他不仅养好了病，更重要的是阅读了普列汉诺夫的《艺术论》、布哈林的《辩证法底唯物论》等书籍，思想上有了飞跃。钱学森曾深有感触地说："这一年是我思想上有大转变的一年。我在这一年里，第一次接触到科学的社会主义思想，在我脑筋里树立了对共产主义的信念。"

1931年9月初，病愈后的钱学森回到了上海，继续在交通大学上学。

回到学校没几天，根据不平等条约驻扎在

钱学森就读于交通大学时的留影

1932年，淞沪抗战爆发，钱学森拍摄的上海遭到日军飞机轰炸后的惨状

钱学森进入交通大学后不久，新建的学生宿舍执信西斋落成。他大学期间在此居住了约两年时间

中国东北地区的日本关东军发动了震惊中外的"九一八"事变。1932年1月28日，淞沪抗战爆发。

上海市民用各种形式支援第十九路军的抗战。孙中山先生的夫人宋庆龄发起，在交通大学办起了国民伤兵医院。当时的交通大学校长是黎照寰，他把交通大学最好的学生宿舍——执信西斋，腾出来作为伤兵医院。

执信西斋建于1929年，是栋欧式的马蹄形楼房，中间三层，两侧各两层。这里也是钱学森的学生宿舍。钱学森和同学们虽然迁出了执信西斋，但常常回来看望伤兵。

目睹了日军飞机在中国领空肆无忌惮的侵略行径后，钱学森痛感中国必须拥有强大的空军，必须拥有强大的航空工业。

1933年，交通大学的外籍教师韦斯曼（H.E.Wessman）开设了航空工程课程。钱学森毫不犹豫地选修了这门课程。

交通大学机械工程学院为四年级开设的航空组
课程

钱学森在交通大学就读时的成绩大表

三

在大学学习期间，钱学森参加了学校多个文艺团体，从多方面提高自己的艺术修养。据交通大学档案记载，1933年的军乐队名单、学生会管弦乐队名单、口琴会名单里，都有钱学森的名字。钱学森还是交通大学1934届学生毕业纪念册编辑组美术部的主要成员之一，不仅创作了许多插图，还为该届设计了级徽。1935年2月，钱学森在《浙江青年》发表《音乐和音乐的内容》，谈如何理解贝多芬和莫扎特的音乐作品，并阐述自己对音乐的认识和理解。

1934年7月，钱学森以全专业第一名的成绩，从交通大学毕业。按照他的成绩，以及交通大学在铁道部的地位，他几乎可以十拿九稳地在铁道部找到一份很好的工作，按当时的工资标准，月薪在60大洋以上，足够过上非常舒适的生活了。

但这不是钱学森要的生活。这期间，钱学森对自己下一步的人生规划，已经有了明确的新想法。他决定在毕业之后，从铁道机械工程专业转向航空工业，以响应当时"航空救国"的号召。

1933年交通大学管弦乐队成员的合影（前排左一为钱学森）

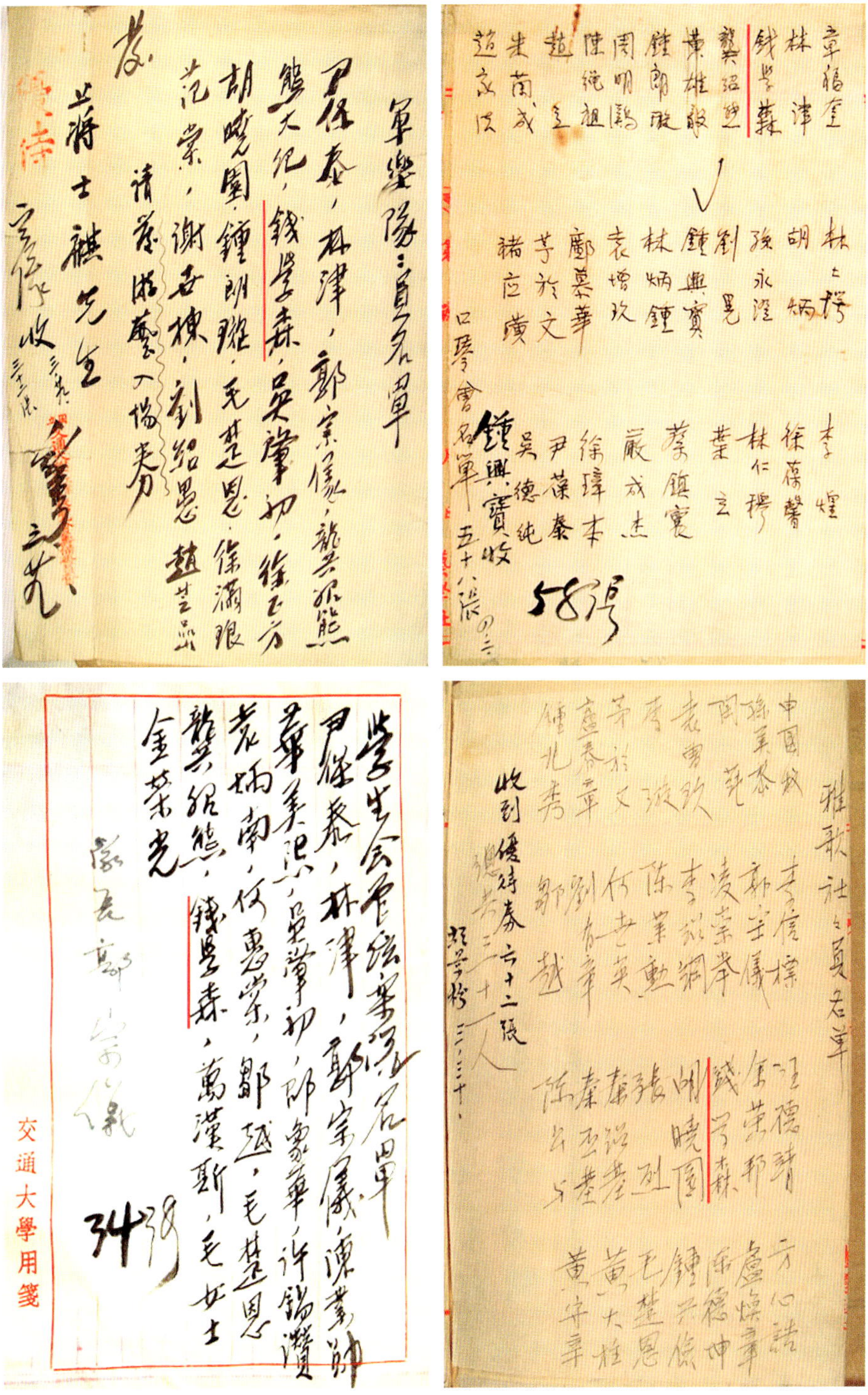

钱学森参加交通大学管弦乐队、雅歌社、军乐队、口琴会等多个文艺团体（原件存西安交大档案馆）

钱学森的本科毕业证书

钱学森的学士学位证书

钱学森大学期间常去做实验的地方——工程馆

1934年5月，交通大学1934届毕业旅行实习期间部分学生在南口火车站合影（后排右二为钱学森）

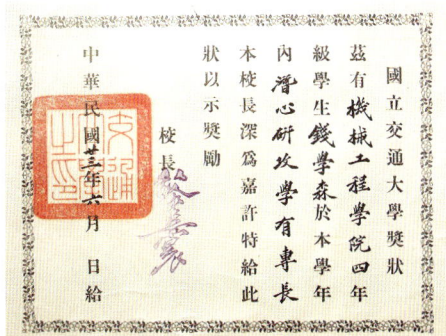

1934年6月，交通大学校长黎照寰向钱学森
颁发奖状，表彰他潜心研攻，学有专长

钱学森为交通大学1934届毕业生设计的级徽

交通大学1934届机械工程学院学生毕业前的合影（前排右二为钱学森）

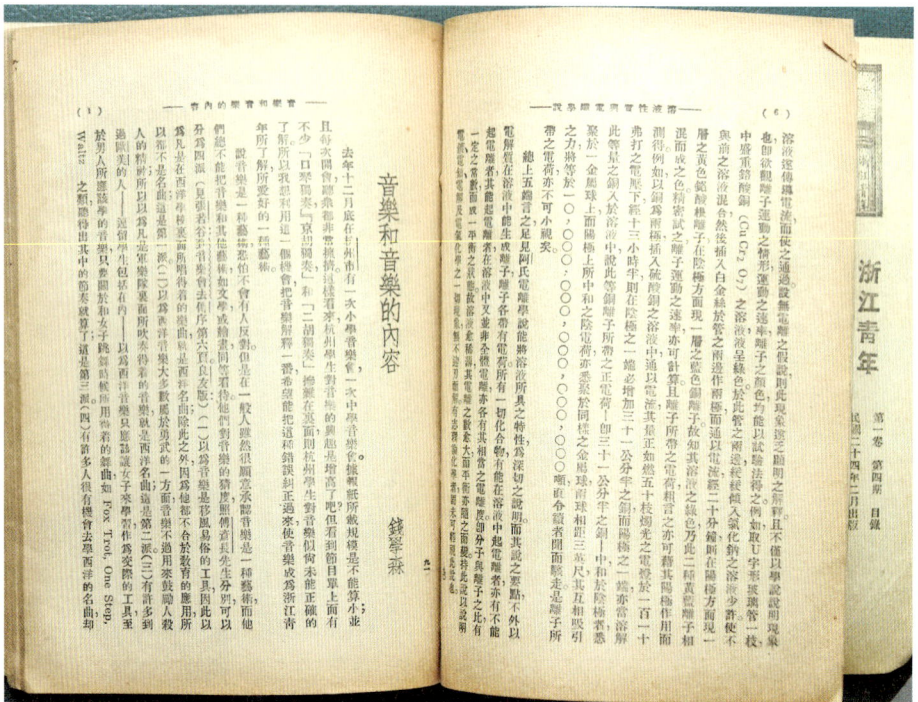

1935年2月，钱学森在《浙江青年》发表《音乐和音乐的内容》

钱学森在交大求学时做过实验的电力铁道电动机试验室

第四章　负笈远行

—

　　1934年暑假，钱学森考取了清华大学"庚款留美"公费生，是20位被录取的考生中唯一一位飞机设计专业的学生。根据清华大学的规定，考生考取出国留学资格后，先要在国内进修1年。1934—1935年，钱学森

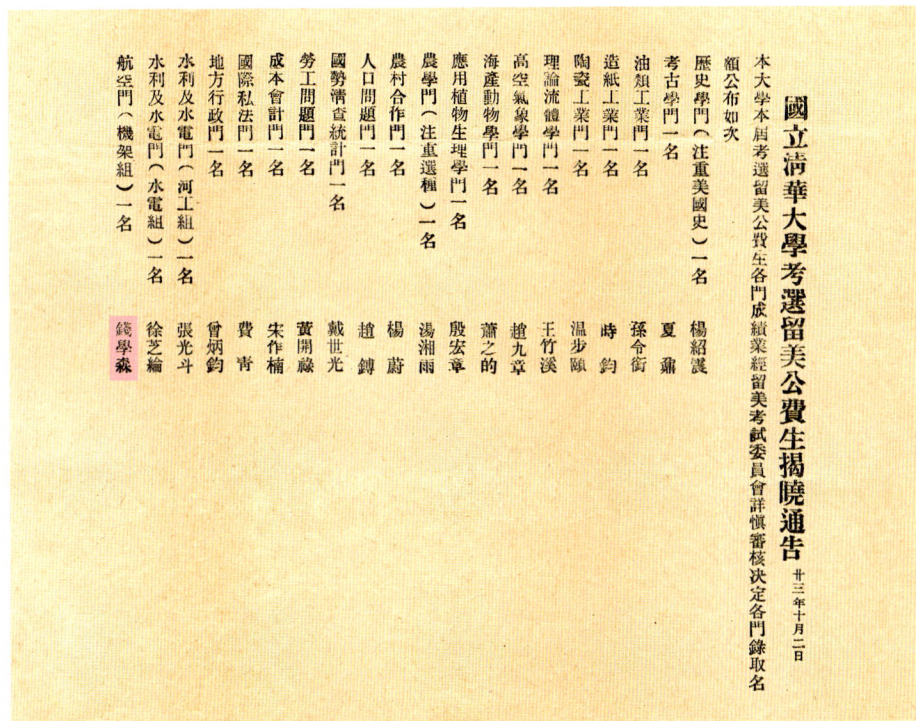

國立清華大學考選留美公費生揭曉通告 廿三年十月二日

本大學本屆考選留美公費生各門成績業經留美考試委員會詳慎審核決定各門錄取名額公布如次

歷史學門（注重美國史）一名　楊紹震
考古學門一名　夏鼐
油類工業門一名　孫令衔
造紙工業門一名　時鈞
陶瓷工業門一名　溫步頤
理論流體學門一名　王竹溪
高空氣象學門一名　趙九章
海產動物學門一名　蕭之的
應用植物生理學門一名　殷宏章
農學門（注重選種）一名　湯湘雨
農村合作門一名　楊蔚
人口問題門一名　趙鏞
國勢調查統計門一名　戴世光
勞工問題門一名　黃開祿
成本會計門一名　朱作楠
國際私法門一名　費青
地方行政門一名　曾炳鈞
水利及水電門（河工組）一名　張光斗
水利及水電門（水電組）一名　徐芝綸
航空門（機架組）一名　錢學森

1934年暑假考取清华大学留美公费生的考生名单

按清华大学规定先后到杭州的飞机制造厂、南昌和南京的飞机修理厂见习，为出国留学做准备。

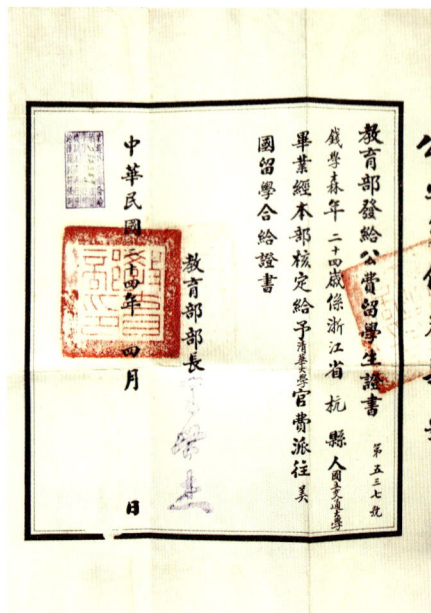

钱学森公费留学生证书

钱学森留美公费生志愿书（原件存清华大学档案馆）

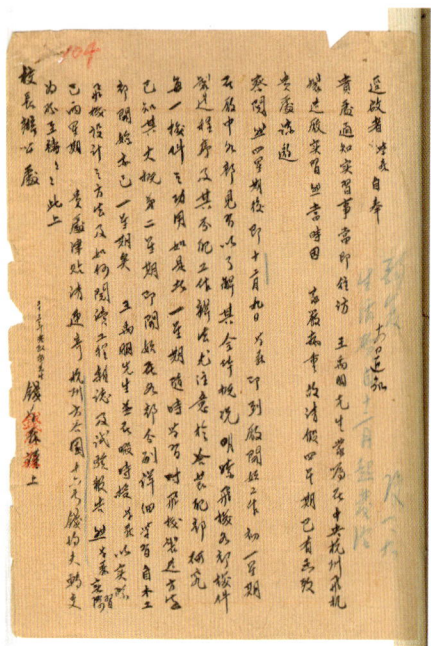

钱学森1934年12月致清华大学校长办公处信函（原件存清华大学档案馆）

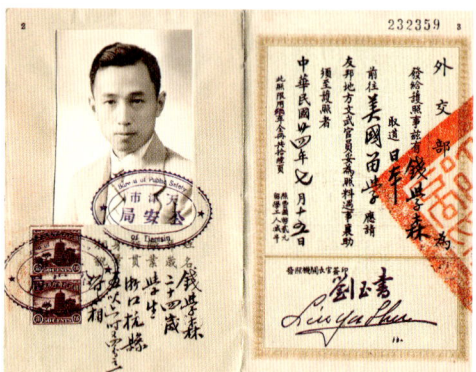

1935年钱学森赴美留学的护照

二

其实，钱学森在确定走"航空救国"道路之初，已经开始做知识上的准备了。

在交通大学读书期间，学校图书馆是他每天必去的地方。他在这里博览群书，特别是科技知识方面的书籍，为他以后从事科学技术研究奠定了扎实的基础。

20世纪30年代的交通大学图书馆

钱学森结合自己即将攻读的航空机械专业，在出国前发表了6篇关于航空、火箭的论文（见下表）。

钱学森出国前发表的关于航空、火箭的论文

题　　名	期　刊	卷　期
《美国大飞船失事及美国建筑飞船的原因》	《空军》	1933年第24期
《航空用蒸汽发动机》	《空军》	1933年第34期
《最近飞机炮之发展》	《空军》	1934年第67期
《飞行的印刷所》	《世界知识》	1934年第1卷第7号
《火箭》	《浙江青年》	1935年第1卷第9期
《气船与飞机之比较及气船将来发展之途径》	《航空杂志》	1935年第5卷第1期

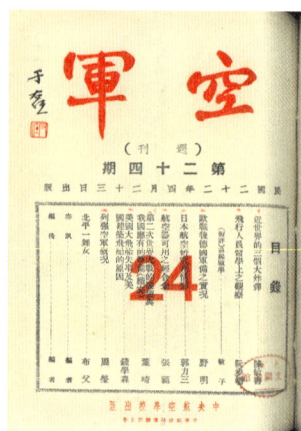

1933年4月，钱学森在《空军》杂志发表论文《美国大飞船失事及美国建筑飞船的原因》

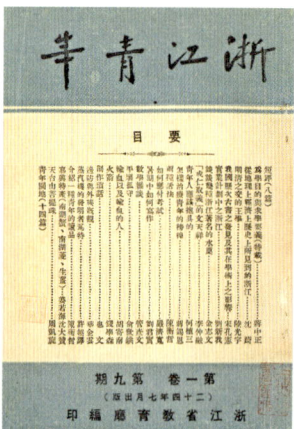

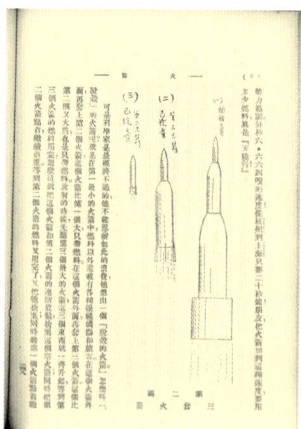

1935年7月，钱学森在《浙江青年》发表的《火箭》一文

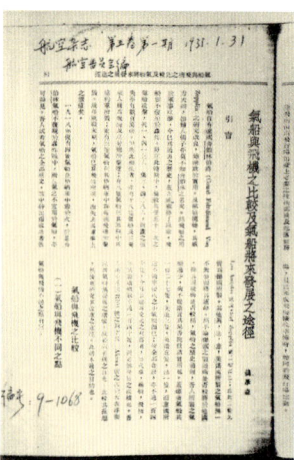

1935年1月，钱学森在《航空杂志》发表的论文《气船与飞机之比较及气船将来发展之途径》

三

1935年8月，钱学森从上海登上"杰克逊总统"号邮轮，前往美国西海岸的西雅图。

1935年秋，钱学森进入美国麻省理工学院（MIT）航空系学习。在校期间，钱学森潜心攻读，勤学精进，仅用一年时间就取得硕士学位。

然而，歧视并没有因为钱学森的优秀而消失。航空工程专业实践性很强，不仅需要扎实的理论知识，也需要扎实的实践经验。学生学习理论知识之后，就要被安排到飞机制造厂实习。但当时美方规定，美国的

1935年8月，钱学森从上海黄浦江码头登上美国邮轮公司的"杰克逊总统"号

1935年9月3日，"杰克逊总统"号邮轮抵达美国西雅图后，钱学森（由上数第二排右一）与其他20名国立清华大学留美公费生在船上合影

1989年2月，钱学森在写给母校的《回顾与展望》中称赞"交大在当时的大学本科教学已是世界先进水平的"

1935年9月，钱学森进入麻省理工学院航空系，攻读硕士学位

钱学森（后排右一）与中国留学生合影

钱学森在美国麻省理工学院求学期间的自拍照　钱学森在美国麻省理工学院留学期间留影

钱学森在麻省理工学院获得的航空工程硕士学位证书

飞机制造厂，只允许美国的学生去实习。这引起了外籍学生的不满。经过交涉，最后，欧洲的学生可以去了，但中国的学生依然不能去。钱学森被排斥在了实习的门外。

在美国这个标榜民主、自由、平等的国度，居然存在着如此严重的种族歧视，这对钱学森是一个强烈的刺激，他的民族自尊心受到严重伤害。他向校方提出抗议，但得到的回答是："你可以不学，回到中国去。"学业未成，何以回国？愤怒的钱学森，决定离开麻省理工学院。

第五章 师从卡门

一

　　既然学习航空工程受到种种限制，钱学森决定改变专业方向，学习航空理论。美国的航空理论研究中心在洛杉矶的加州理工学院，那里有一位冯·卡门教授，是大名鼎鼎的航空理论研究权威。钱学森决定去找他。

　　冯·卡门当时担任加州理工学院航空系主任和著名的古根海姆空气动力学实验室主任。钱学森这次去见冯·卡门完全是毛遂自荐，没有导师的推荐，之前也没有过交往。冯·卡门后来在其自传中，回忆了这次见面：

冯·卡门（1881—1963），匈牙利裔美国科学家，20世纪著名力学大师

　　1936年的一天，钱学森来看我，征询关于进一步进行学术研究的意见。这是我们的第一次见面。我抬起头来对面前这个身材不高、神情严肃的青年打量了一下，然后向他提了几个问题。所有问题他回答得都异常正确。顷刻之间，我就为他的才思敏捷所打动，接着我建议他到加州理工学院来继续攻读。

冯·卡门（右三）等在加州理工学院占根海姆实验室外合影

历史后来证明，这次会见，对冯·卡门和钱学森两个人来说，都具有重要的意义和深远的影响。

钱学森接受了冯·卡门的建议，在这位世界大师的指导下，攻读空气动力学博士学位。

1938年，钱学森在古根海姆实验室外留影

二

加州理工学院的教学理念与麻省理工学院有所不同。它强调理工结合，十分推崇创新精神，培养学生的目标是具有创新精神的科学家。

美国加州理工学院校景

冯·卡门曾经这样问学生："你们100分的标准是什么？"

学生回答："全部题目答得都非常准确。"

冯·卡门说："我的标准跟你们的不一样，因为任何一个工程技术问题根本就没有什么百分之百的准确答案。要说有，那只是解决问题和开拓问题的方法。假如有个学生的试卷对试题分析仔细，重点突出，方法对头，而且有自己的创新观点，却因个别运算疏忽，最后答数错了，而另一个学生的试卷答数正确，但解题方法毫无创造性；那么，我给前者打的分数要比后者高得多。"

这正是科学家要具备的创新素质。钱学森后来回忆说：

在这里，拔尖的人才很多，我得和他们竞赛，才能跑到前沿。

这里的创新还不能局限于迈小步，那样很快就会被别人超过。你所想的、做的要比别人高出一大截才行。你必须想别人没有想到的东西，说别人没有说过的话。

钱学森后来在访问上海交通大学时也谈到这个问题，他说：

> 我在加州理工学院读书，知道它的重点是培养有见解的人，培养在科学技术前沿打头阵、冲锋陷阵的人。该院仅有1 600人，学生不多。在加州理工学院没有超过一般见解是站不住脚的。

在这样的教育环境里，学术空气浓厚，学术民主畅行，大师们虚怀若谷，学生们敢想敢说。

在一次学术讨论会上，钱学森念完自己的一篇论文后，有一位老教授站起来提了不同意见，钱学森不客气地顶了回去。当时，彼此都没怎么在意，讨论继续进行着。

会后，冯·卡门笑着问钱学森："你知道那位老人是谁吗？"钱学森说不知道。冯·卡门笑得更欢了，说："他就是大名鼎鼎的冯·米塞斯呀。"钱学森惊讶地"啊"了一声，说："我的天，原来他是力学权威冯·米塞斯啊！"

冯·卡门接着说："不过，你回答他的那句话好极了。"冯·卡门并没有因为钱学森顶撞了大权威而责怪他。

这样的事情，也发生在钱学森和冯·卡门之间。有一次，在一个学术问题上，两人因见解不同争论得不可开交，冯·卡门甚至大发脾气，把东西也摔到了地上。

钱学森从未见冯·卡门这样生气，就不声不响地离开了。第二天下午，

1938年，钱学森在美国从事应用力学研究

045

冯·卡门突然来到钱学森面前，满怀歉意地对钱学森说："昨天下午，你是正确的，我是错误的。"

钱学森感动不已，深刻认识了一位大师的风范，这对他以后影响很大。

三

钱学森师从冯·卡门后，在导师的指导下，专攻高速空气动力学。这是当时航空领域最前沿的重大课题。

冯·卡门说："我发现他（指钱学森——作者注）非常富有想象力，他具有天赋的数学才智"，"钱的这种天智是我不常遇到的"。

在大师的精心指导下，钱学森开始了突破音障的科学研究。那是一段非常艰辛的日子。钱学森曾回忆说：

> 我在做空气动力学博士论文的时候，把关于空气动力学方面英文的、法文的、德文的、意大利文的200多篇文献，全部看过，而且进行了仔细的分析，以求理清空气动力学的来龙去脉。

经过两年多的努力探寻，钱学森终于找到了解决的方法。他采用来流状态处的切线作近似，得到了亚声速气流中空气的压缩性对翼型压强分布的修正公式，成功解决了飞机高速飞行时机身、机翼会发生变形的数学计算难题。这就是著名的"卡门—钱近似"公式。

这个公式公开发表后，在第二次世界大战期间及以后相当长时期里，被广泛用于飞机翼型的设计。年轻的钱学森由此在世界航空界声名鹊起。

钱学森的博士论文有4篇。"卡门—钱近似"公式是在《可压缩流体的二维亚声速流动》这篇论文里提出的。而他的另一篇博士论文《可压缩流体边界层问题》则第一次提出了飞机高速飞行时的"热障"问题，预见了气动加热效应。

毫无疑问，钱学森博士论文里的杰出研究成果，不但使他顺利通过了答辩，而且奠定了他在世界航空领域的地位。1939年夏，钱学森获得了加州理工学院航空、数学博士学位。

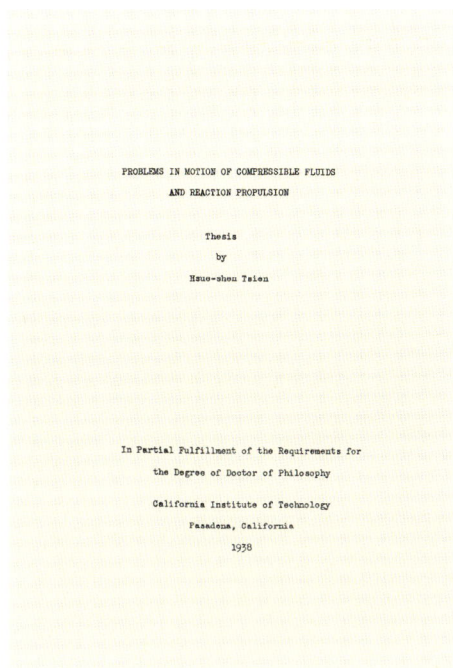

PROBLEMS IN MOTION OF COMPRESSIBLE FLUIDS
AND REACTION PROPULSION

Thesis

by

Hsue-shen Tsien

In Partial Fulfillment of the Requirements for
the Degree of Doctor of Philosophy

California Institute of Technology
Pasadena, California
1938

钱学森的博士论文

1939年6月9日，钱学森在美国加州理工学院获得航空、数学博士学位

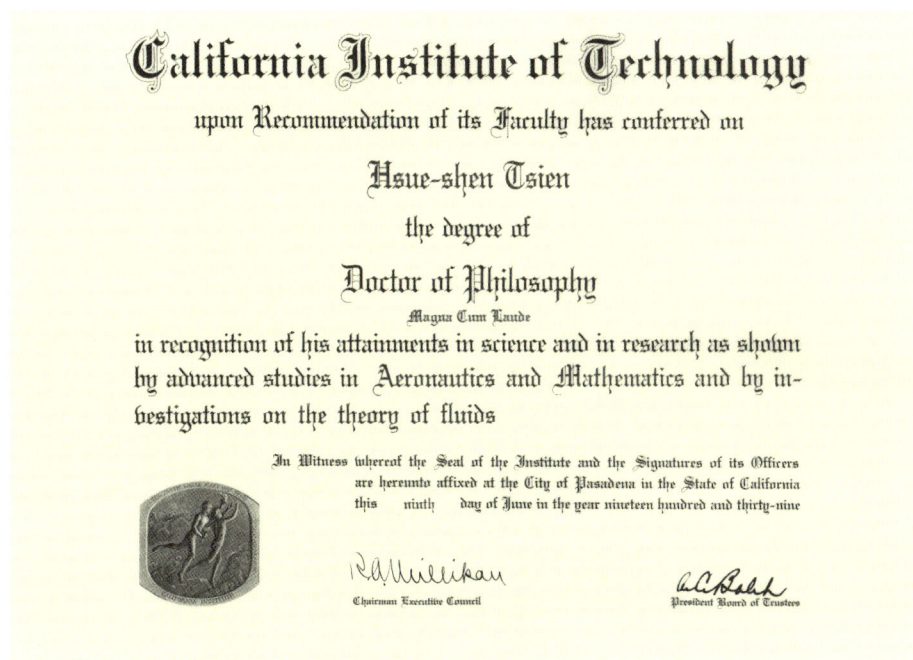

California Institute of Technology

upon Recommendation of its Faculty has conferred on

Hsue-shen Tsien

the degree of

Doctor of Philosophy

Magna Cum Laude

in recognition of his attainments in science and in research as shown by advanced studies in Aeronautics and Mathematics and by investigations on the theory of fluids

In Witness whereof the Seal of the Institute and the Signatures of its Officers are hereunto affixed at the City of Pasadena in the State of California this   ninth   day of June in the year nineteen hundred and thirty-nine

R.A.Millikan
Chairman Executive Council

C.C.Balch
President Board of Trustees

钱学森获得的博士学位证书

四

钱学森获得博士学位后，又面临着新的选择。

钱学森说，当时面临着两个选择：一个是回国参加抗战，另一个是留下来继续从事空气动力学方面的研究。

冯·卡门希望钱学森能留下来，他对钱学森说："在美国做科学研究，也能加强反法西斯的力量。"冯·卡门认为，当时的中国还不具备进行科学研究的条件，不希望一个科学天才就这样半途而废。

应该说，是冯·卡门帮助钱学森做出了又一次人生选择。从历史的角度看，如果钱学森当时选择回国参加抗战，抗日队伍里因此会多了一位优秀的战士，但世界因此会失去一位伟大的科学家。

钱学森接受了冯·卡门的建议，留了下来。

$$C_{p可压} = \cfrac{C_{p不可压}}{\sqrt{1-M_\infty^2} + \cfrac{M_\infty^2}{2\left[1+\sqrt{1-M_\infty^2}\right]C_{p不可压}}}$$

"卡门—钱近似"公式

1939年，钱学森在美国《航空科学》杂志上发表《可压缩流体的二维亚声速流动》一文，提出计算飞机翼面压力分布的"卡门—钱近似"公式

第六章 璀璨新星

—

1938年7月，钱学森作为冯·卡门的学生，被任命为加州理工学院航空系研究员，成为这所世界名校教师队伍中的一员。

由此开始，冯·卡门和钱学森两人之间，渐渐形成了一种难以言状的默契。

冯·卡门在他的回忆录里写道：

> 钱学森跟我一起解决很多数学难题。他想象力极为丰富，不但数学能力强，而且善于观察自然现象的物理性质，在若干相当困难的题目上，都能帮助我理清观念。他的天资卓越，实在难能可贵，我们顺理成章地成为亲密伙伴。

钱学森在进行"结构屈曲"课题研究时，前后写了5份演算稿。每次都是一而再、再而三地否定自己，推倒重来，一直到第五次，他才觉得满意。

草稿一共有700多页，发表

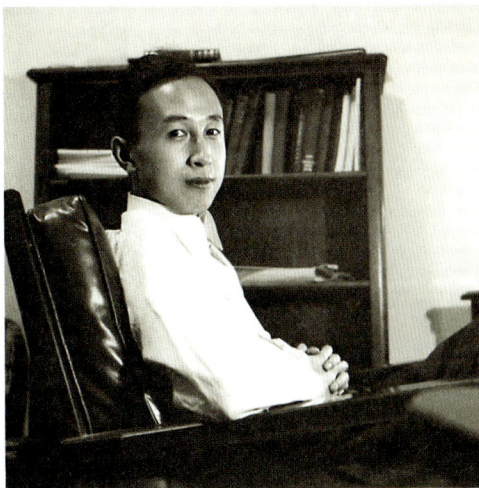

钱学森在美国加州理工学院办公室留影

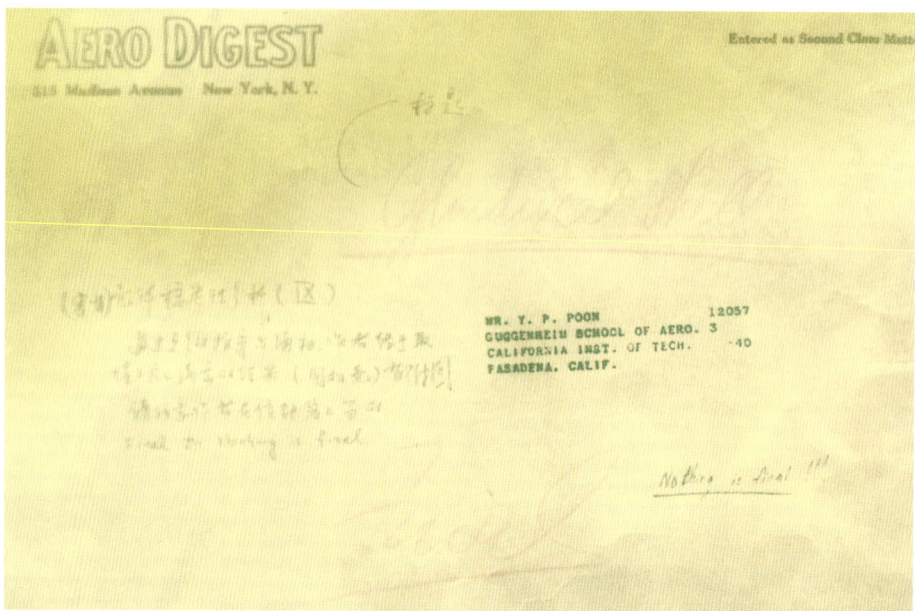

1941年，钱学森在存放研究柱壳轴压屈曲问题论文终稿的纸袋上写上"Final"，但随即意识到对科学真理的探求永无止境，于是又写上了"Nothing is final"

文章时却只有几十页。他把700多页手稿存放到纸袋里，并在纸袋外面写下了"Final"（最终的成果）字样。但他马上想到，认识是无止境的，真理是相对的，于是，紧接着又在下一行写下了"Nothing is final"（终极的认识是不存在的）。

1962年，钱学森在中国力学学会举办的学术报告会上，曾深情地回忆起这段历史。他说：

> 发表一篇科学论文，大家所能看到的内容，只是作者科学工作中"搞对"的那一小部分，而错的部分以及从错到对的过程，都不能写到论文里去的。往往以论文形式发表出来的这一部分正确的东西，只是作者对这个问题全部科学研究工作量的十分之一甚至百分之一，其他十分之九或百分之九十九的曲折和错误，都只记在他自己的笔记本里，锁在抽屉里。因此，每一项科学研究成果，写出来清清楚楚，看起来头头是道，都是经过了大量劳动的结晶，来之不易。我自己过去发表过一篇关于薄壳方面的论文，只几十页，可是反复演算报废的却有700多页。所以说，拿出来看得见的成果，只是像一座宝塔的塔尖。

二

钱学森在航空理论方面取得丰硕研究成果的同时，也把思维和探索的目光投向了火箭。

1938年秋，美国军方给加州理工学院下达了一个研究课题：为重型轰炸机设计一种助推火箭，以使轰炸机能够在有限的跑道上快速起飞。

冯·卡门理所当然地成为这个课题的负责人。由于是军方项目，为了保密，这项研制计划代号为"JATO"。

由冯·卡门的几位学生马林纳、史密斯、钱学森和校外的帕森、福尔曼等组成的这个火箭研制小组，被称为"火箭俱乐部"。钱学森在里面担任理论设计师的角色。在火箭研制过程中，他解决了火箭设计中遇到的几个理论问题，提出了一份研究报告，内容包括：火箭的理想效率，燃烧室中的温度，燃烧产生气体膨胀不足和过度膨胀对火箭效率的影响，燃烧喷嘴的设计，发动机推力的计算，等等。

这份研究报告成为火箭研制的理论基础，被火箭研制小组成员们视为"圣经"。

小组的早期研制工作充满危险。1939年3月，在进行一次试验时，火箭发生了爆炸，一些实验设备受到了损坏，碎片差点击中马林纳。腐蚀性气体弥漫在办公楼里，许多房间里的人员被呛得喘不过气来。

这件事震惊了全校。"火箭俱乐部"被称为"自杀俱乐部"，小组成员被视为一群"疯子"。校方也因此明令禁止在校内进行这种危险的火箭试验。

火箭研制小组把试验场所移到了市郊的阿洛约·塞科山谷一块干枯的河床上。他们在那里竖起了火箭发射架。在历经多次失败后，终于成功发射了第一枚探空火箭。尽管这枚火箭升空后才飞行了1分钟，但毕竟是胜利的起点。

现在，这个地方已经成为全球著名的美国国家航空航天局（NASA）喷气推进实验室（Jet Propulsion Laboratory）的所在地。

冯·卡门负责的"JATO"计划，在火箭研制小组的参与下，也进展得很顺利。1941年8月，火箭试飞获得成功。有了这种火箭助推起飞装置，重型轰炸机的起飞跑道大大缩短，起飞速度大大提高。

三

1940年年初，钱学森收到了清华大学导师王助教授的来信。王助是中国近代航空工业奠基人之一，也是钱学森留美预备期间的指导老师，教导他重视工程技术实践和制造工艺问题。信中，王助希望钱学森能回国参加工作。

一是按照当时清华大学关于"庚款留学"的规定，留学生在美学习的时间为3年。这时，钱学森已经在美国4年多了。二是钱学森留学期间在航空领域取得的成就，也引起了清华大学的重视，希望他回清华执教。

1947年9月，钱学森与王助的合影

冯·卡门当然不愿意让钱学森回去。1940年4月20日，他给王助教授写了一封信：

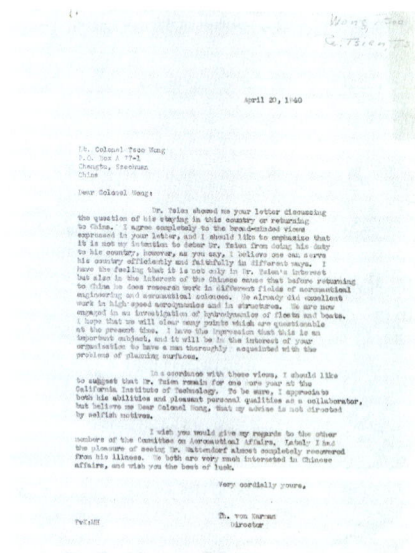

1940年4月20日，冯·卡门致王助的信函（原件存加州理工学院档案馆）

本人绝无耽误钱先生为国尽忠的意图，但也正如你所说，每个人都可以用不同的方式为国服务。我认为钱先生返国前，若能在航空工程与航空科学等领域再多做些研究，对他个人和中国都会更有帮助。

他在高速气体动力学和结构学方面已有可观的成绩。我们目前正致力研究浮筒与船舶的流体力学。这是个很重要的题目，贵机构想必也很需要一位熟悉海平面流体力学的人才。

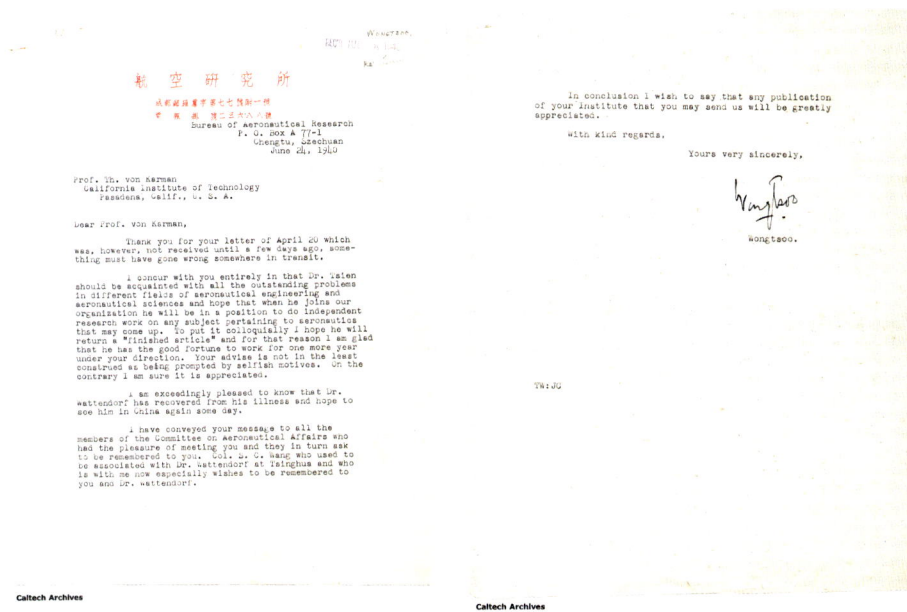

1940年6月24日，王助致信冯·卡门，同意钱学森继续留在美国从事航空工程与科学研究工作（原件存加州理工学院档案馆）

基于以上观点，本人建议钱先生在加州理工学院多留1年。当然，他的工作能力与愉快合群的个性也令人激赏，但请相信，本人作此建议绝非出于自私的动机。

就这样，在冯·卡门的努力和挽留下，钱学森继续在加州理工学院从事科学研究。

二战开始后，出于战争的迫切需要，美国加快了研制原子弹和制造火箭的计划。冯·卡门和钱学森也就成为这个计划里至关重要的人物。

冯·卡门担起了研制火箭的重任。钱学森作为他的助手，在研制火箭过程中具有举足轻重的作用。

四

其实，美国政府从骨子里，并不信任钱学森这样的外国人。"珍珠港事件"的发生使情况出现了转变。迫于战争的需要，也迫于美国军事尖端科技人才的缺乏，如果依然把钱学森这样杰出的中国人排除在外，显

钱学森在美国加州理工学院执教期间留影

然无益于美国的利益。

1942年12月，在冯·卡门的推荐下，经过美国宪兵总司令部人事安全主管巴陀上校的安全审核，钱学森获得了安全许可证，获准参加美国军方、国防部、科学研究发展局等的一切军事科技机密工作。由此开始，钱学森进入了美国军事科研，特别是火箭研制的核心层。

获得安全许可证后，钱学森以极大的热情投入了工作，并为世界反法西斯事业作出了巨大贡献。

冯·卡门和钱学森认为，研制火箭首先需要建立一个大型的火箭实验室。地址就选在阿洛约·塞科山谷，原先"火箭俱乐部"试验火箭的地方。美国军方为建这座实验室，拨专款300万美元。实验室建成后，这里也就成了军事禁区，警卫人员24小时巡逻，必须佩戴特别通行证才能进入。后来，冯·卡门感到，"火箭"这个名称不能完全体现他们的科学研究任务，就把实验室的名字改为"喷气推进实验室"。冯·卡门被任命为喷气推进实验室主任，钱学森则担任了该实验室喷气研究组组长。

其间，中国学者钱伟长、郭永怀、周培源、史都华、林家翘等人也先后来到了加州理工学院，在喷气推进实验室从事研究工作，为美国的科学发展特别是火箭研制做出了贡献。这些人后来都成为著名的科学家。

现在，这个由冯·卡门和钱学森亲手组建起来的实验室，已成为美国国家航空航天局喷气推进实验室，简称JPL。美国所有的太空无人探测研究都在这里进行。

1938年，中国留学生与冯·卡门兄妹的合影
（前左下蹲者为钱学森，前右下蹲者为谈家桢）

第七章　导弹之战

1943年的夏天，冯·卡门收到了美国军方送来的几张被列为高度机密的照片。照片显示，在已被纳粹德国占领的法国北海岸，出现了几座犹如水泥跳水台的奇怪建筑。

冯·卡门、钱学森、马林纳仔细分析后，认为这应该是火箭发射台。由此推测，纳粹德国正在大规模发展火箭武器。来自英国的情报也证实，纳粹德国已经研制出了可用于作战的火箭，并已开始投入批量生产。

这表明，纳粹德国的火箭技术已经远远走在了美国的前面，这对盟军在战场上构成了极大威胁。

1944年1月，美国陆军炮兵部向加州理工学院喷气推进实验室正式下达了名为"ORDCIT"的绝密计划。"ORDCIT"是"炮兵部和加州理工学院联合计划"的缩写。该计划要求加州理工学院喷气推进实验室尽快研制可以用于实战的火箭。

以冯·卡门为首的喷气推进实验室，开始了美国第一枚火箭武器的研制工作。

为了了解纳粹德国火箭情况，冯·卡门特意派马林纳从洛杉矶飞往战火中的伦敦。根据马林纳的实地考察，德军火箭被英军击落的比较多，原因之一是比较笨重。冯·卡门、钱学森等人研究后，立即调整计划，决定再研制一种小型火箭，由于它的体积比"下士"火箭小得多，犹如娇小的女士，就以"女兵下士"作为该火箭的型号。

1945年10月11日，钱学森参与研制的美国"女兵下士"火箭成功升空

"女兵下士"火箭全长4.9米，直径20.5厘米，总重302公斤，尾部装有三片稳定翼，采用液体火箭发动机，推力为680公斤，工作时间45秒。

经过一年多的努力，1945年10月11日，"女兵下士"试射取得成功。这标志着美国也有了可用于实战的火箭武器。

而此时，纳粹德国已于1945年5月8日宣布无条件投降。日本天皇裕仁也于1945年8月15日宣布无条件投降。

二

根据冯·卡门的建议，美国国防部陆军航空兵于1944年12月1日成立了科学咨询团，由冯·卡门任咨询团团长。钱学森被推荐为这个科学咨询团的成员。

冯·卡门后来回忆说：

> 我的朋友钱学森是我向美国陆军航空兵推荐的科学咨询团成员之一，他是当时美国处于领导地位的第一流火箭专家……钱学森作为加州理工学院火箭小组的元老，曾在二次大战期间对美国的火箭研究做出过重大贡献。

成为美国国防部科学咨询团成员的钱学森，此时已被授权，可以自由出入美国国防部，也就是美国的五角大楼。

1945年4月，苏联和美国军队相继攻到柏林城下，纳粹德国即将战败。

美国国防部立即派出科学咨询团一行36人赶往纳粹德国，执行代号为"Operation Lusty"的绝密任务。这个代号如果翻译成广东话，就是"生猛作业"。冯·卡门认为这个代号"不符事实，但很有趣"。

1946年，钱学森（站立左二）出席了冯·卡门（正中）主持的美国国防部科学咨询团第一次全体会议

他们肩负的真正使命，是要抢在苏联人之前，审讯为纳粹德国服务的科学家，特别是火箭方面的科学家，了解和掌握先进的火箭技术，并协助美军把一切与此有关的人员、档案、资料和仪器设备运回美国。

原本都是科学家，现在都成了佩戴军衔、一身戎装的美国军人了。担任科学咨询团团长的冯·卡门是少将军衔，34岁的科学咨询团成员钱学森则被授予了上校军衔。

钱学森的美国国防部科学咨询团成员证件

这是钱学森第一次来到欧洲，来到当时火箭技术最为领先的纳粹德国。对德国，钱学森并不是很陌生，他在北京上高中时选修的第二外语就是德语。

去诺德豪森火箭基地，冯·卡门和钱学森最想见到的人是沃纳·冯·布劳恩——纳粹德国V-1、V-2火箭的总设计师，世界顶级的火箭专家。

在奥伯阿梅高小镇，冯·卡门和钱学森提审了冯·布劳恩。这是当时世界上最伟大的火箭专家之间一次历史性的会面。

1945年4月，钱学森（右四）以美军上校身份，随冯·卡门率领的美国国防部科学咨询团一行36人飞赴战火纷飞的纳粹德国进行考察

冯·布劳恩基本不会英语，而冯·卡门在德国生活、工作了很长时间，会讲一口纯正的德语，钱学森也基本能听懂德语，于是，审问用德语得以顺利进行。

冯·卡门和钱学森详细了解了纳粹德国研制火箭情况之后，让冯·布劳恩写出书面报告。这份报告与其说是审问记录，不如说是火箭技术报告。冯·布劳恩给报告起了一个题目：《德国液态火箭研究与展望》。这份报告后来对美国制订火箭发展计划起到了重要作用。

三

最令冯·卡门和钱学森感叹不已的，是在纳粹德国西北部城市哥廷根与路德维格·普朗特教授的会面。

普朗特是哥廷根大学的著名教授，世界公认的近代流体力学奠基人，冯·卡门在哥廷根大学攻读博士学位时的导师。普朗特与冯·卡门之间的师生关系，犹如冯·卡门与钱学森之间的师生关系。

遗憾的是，这次会面，不是冯·卡门以感恩的心情，作为昔日学生去看望昔日恩师，而是作为美军科学咨询团的少将团长，去审问为纳粹德国工作的战俘。

这是一次历史的巧合，也是正义和非正义的碰撞，让普朗特、冯·卡门、钱学森三代空气动力学家，在战争的名义下，聚到了一起。

这些战败后的纳粹德国科学家，似乎对他们的罪行缺少忏悔之意。在审讯中，普朗特埋怨美国飞机把他住的房子也炸了，还问冯·卡门，往后他的研究经费该由美国哪个机构负责。

冯·卡门谈到这次会面时说："我不知道该说普朗特和他的同事是过分的天真、愚蠢，

1945年5月，钱学森（中）与导师冯·卡门（右）在德国哥廷根会见冯·卡门的导师路德维格·普朗特（左）

还是邪恶。我宁愿相信他们是天真。"

后来，冯·卡门在回忆录里感叹地写道：

> 一个是我的高足，他后来终于返回中国，把自己的命运和"红色中国"连接在一起；另一个是我的老师，他曾为纳粹德国卖力工作。境遇是多么不可思议，竟将三代空气动力学家分隔开来，天各一方。

四

回到美国之后，科学咨询团在冯·卡门领导下，对这次纳粹德国之行进行讨论和总结，撰写考察报告。这份报告的题目叫《迈向新高度》。

《迈向新高度》共分13卷，由科学咨询团成员分别撰写。开始，钱学森只负责其中的一部分，但冯·卡门看了其他人写的初稿后，对许多部分不满意，又都交给了钱学森，让他重新写。最后，《迈向新高度》13卷里，有5卷共7个部分是由钱学森执笔完成的。

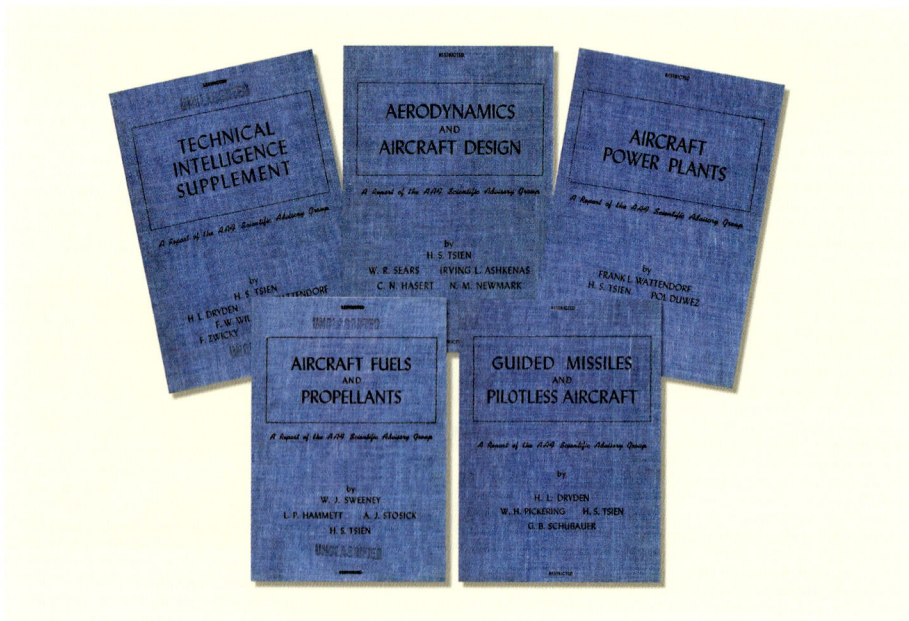

1945年，钱学森参与了《迈向新高度》其中5卷的撰写

钱学森在这份考察报告里，对高速空气动力学的现状和发展进行了翔实的论述，内容涵盖脉冲式喷气发动机、冲压式喷气发动机、固体与液体推进剂火箭、超音速导弹、核能作为飞行动力的可能性等，并对这些技术已有的研究成果、当时存在的问题和未来发展的前景，进行了科学的和理性的评估。

《迈向新高度》受到美国国防部和军方高度肯定，成为美国战后火箭、导弹、飞机长远发展计划的重要蓝图，为美国空军未来50年的发展指明了方向，从根本上改变了未来战争的形态，也为美国在第二次世界大战之后，取代德国成为世界航空强国和火箭强国奠定了理论基础。

美国著名专栏作家密尔顿·维奥斯特在一篇评价钱学森的文章里，这样写道：

1946年2月13日，美国陆军航空兵司令阿诺德上将在致钱学森的信中表彰其在火箭和喷气推进等领域作出了"巨大而无价"的贡献

在第二次世界大战期间，在钱学森的帮助下，使大大落后于德国的非常原始的美国火箭事业过渡到相当成熟的阶段。他对建造美国第一批导弹起过关键的作用。他穿上军装随同盟国军队进入德国去研究由希特勒的工程师们设计的可怕的空袭武器。4年以后，他就成为制定使美国空军从螺旋桨式飞机向喷气式飞机过渡，并最后向遨游太空的无人航天器过渡的长远规划的关键人物。钱学森的贡献的价值，一次又一次地得到美国官方的赞扬和确认。钱学森是帮助美国成为世界第一流军事强国的科学家银河中一颗明亮的星。

第八章 终身教授

—

1945年6月20日，钱学森从欧洲回到美国，重新开始了他在加州理工学院的科学研究和教学工作。

一个月后，即1945年7月，钱学森被加州理工学院聘任为副教授。这年，他34岁。

1940年代，钱学森在加州理工学院上课时的留影

德国之行，使钱学森受益匪浅，他对航空技术、火箭技术的发展有了更清晰的认识，他的学术研究也跃上了一个新的台阶。

其间，他为美国空军主持编写了一部名为《喷气推进》的专著。这本书长达800多页，由加州理工学院喷气推进实验室和古根海姆空气动力学实验室的人员撰写，钱学森是主编之一。

1946年，《喷气推进》被美国军方列为空军工程师必学的教材。在之后的许多年里，《喷气推进》一直是美国喷气推进技术研究领域最具权威性的著作。

1945年，钱学森还在美国《航空科学》杂志上，发表了一篇题为《核能燃料用于飞机推进发动机之可能性》的学术论文。这篇论文充满了科学的想象和伟大的远见。

钱学森的一系列研究成果，不仅得到了美国军方的欣赏，也得到了学术界的高度评价，他的论文经常被同行引用。

钱学森，一个年轻的中国人，靠自己的勤奋和努力奠定了他在美国空气动力学理论领域的领导地位，无可争议地成为世界空气动力学权威，被冯·卡门称为不可多得的科学天才。

1946年暑假结束后，钱学森来到麻省理工学院任教。在这里，钱学森被聘任为学院航空系副教授，负责空气动力学研究生的教学工作。

二

钱学森在麻省理工学院主讲的可压缩流体课，在当时是一门前沿科学，它是把稀薄气体的物理、化学、力学特性，综合起来进行研究。

钱学森在美国任教期间在办公室的留影

同时，钱学森在可压缩流体的研究上也取得了重要成果。他与好友、来自中国的科学家郭永怀合作，完成了题为《二维可压缩亚、超声速混合流和上临界马赫数》的论文，首次在可压缩流体研究中引入马赫数的临界概念。

此外，钱学森依然受到美国军方重视，获得了参与军事科研项目的安全认可证。1946年10月，他承担了美国海军的两项科研项目。一项是为海军研制固体燃料火箭，另一项是在麻省理工学院建造一座超音速风洞。

如同在加州理工学院一样，钱学森很快成为麻省理工学院教师中的佼佼者。

三

1947年2月，钱学森到麻省理工学院半年后，航空系主任汉萨克提议升任钱学森为正教授，冯·卡门为此写了推荐信。

冯·卡门在推荐信中写道：

1947年2月，经冯·卡门推荐，钱学森成为美国麻省理工学院最年轻的终身教授

1947年2月3日，美国航空咨询委员会（NACA）学术活动后的合影，除了钱学森（一排左三）外，还有中国学者林家翘（二排左一）、郭永怀（三排左二）

钱博士应用数学和数学物理解决气体动力学与结构弹性方面的难题，绝对是同辈中的佼佼者……他人格成熟，堪当正教授之责，也是一位组织能力极强的好老师。他对知识和道德的忠诚，使他能全身心奉献于科学，以及提供他机会从事科学研究的机构，我相信这些优点对贵机构极具价值。

1947年2月，钱学森被麻省理工学院聘为正教授，而且是终身职务，即终身教授。这时，钱学森还不满36岁。

四

1947年7月，钱学森获得终身教授一职后不久，得知父亲钱家治患病，需要进行胃部大手术，于是，决定回国探亲。这是钱学森到美国12

年后第一次回国。

钱学森回来后，成为人们竞相追捧的名人。他应邀在交通大学、清华大学、浙江大学演讲，演讲的主题是"工程科学"。演讲十分成功，他新颖的科学思想使大家耳目一新，甚为折服。

在演讲中，钱学森还说，由于美国十分重视发展先进的科学技术，尊重科学技术人才，注重科学技术人才的教育和培养，从而经过十几年的艰苦奋斗和第二次世界大战炼狱般的洗礼，美国的科技、经济、军事力量迅速发展起来，有可能成为世界上最强的国家。据此，钱学森说："既然工业是国家富强的基础，技术和科学研究就是国家富强的关键。"

国民党政府对钱学森也十分看重。在钱学森回国期间，当时的上海《申报》刊登了一则题为《教育部决定聘请钱学森继任交通大学校长》的消息：

> 据悉：教育部已决定聘钱学森出长（"长"似有误，应为"掌"——作者注）交通大学。按钱氏为交大校友，留美工学博士，历任美国麻省理工学院航空系专任正教授，现任教北大的胡适校长曾聘其为工学院长；学识湛深，为国内外极负声望之工程学家。此次朱部长家骅北行时，曾托人婉达聘请之意。闻钱学森氏犹在考虑谦辞中。顿悉：朱部长于（1947年7月）二十九日又曾专电叶企孙教授，敦促钱氏接长（掌）交大。

如果钱学森接任交通大学校长，无论从个人名利还是从家庭亲情来讲，都不失为一件好事：既能掌管国内著名高校，又能就近照顾父亲，两得其美。但钱学森一再拒绝。

叶企孙教授是钱学森的恩师，他问钱学森为何拒绝，钱学森答道："目前国内局势战乱不止，国民党政府腐败无能。在这样的情况下，我不能回来为国民党装点门面。"

1947年9月26日，钱学森离开上海，返回美国。

第九章　喜结良缘

———

　　钱学森此次回国探亲的最大收获是与青梅竹马的女歌唱家蒋英结婚。

　　钱家与蒋家为世交。蒋英的父亲叫蒋百里，中国近代著名军事理论家。蒋百里早年在杭州求是书院读书时，与钱学森的父亲钱家治相识，成为同窗好友、莫逆之交。

　　蒋百里与夫人蒋左梅生有五女，人称"五朵金花"。钱家治却只有独子钱学森。有一次钱家与蒋家聚会时，章兰娟当面恳求蒋百里夫妇，能否将其中的一个过继给钱家做女儿，蒋百里欣然答应。于是，"五朵金花"中的老三蒋英就成为钱家治夫妇的养女。

　　谈及此事，蒋英回忆说：

蒋方震（1882—1938），字百里，中国近代著名军事理论家、钱学森的岳父

　　钱学森的父亲和我父亲，既是同学又是好友，两人关系很好。他们在北京工作时，我们两家常有来往。钱学森是他们家的独子，我们家有5个女儿。钱学森的妈妈很喜欢我们，非要跟我妈要一个当女儿。我妈就说："那你就挑一个吧。"他妈妈就挑了我。我是老三，那时才5岁。

蒋百里、蒋左梅夫妇与女儿们合影
（右一为蒋英）

蒋英（右一）与大姐蒋昭（中）、二姐蒋雍（左一）、四妹蒋华（左二）、五妹蒋和（右二）
的合影

到钱家后，我改名为钱学英。钱学森那时已经10多岁了。他不带我玩。我记得他爱吹口琴，我也想吹，他不给我吹，我就闹，告诉他爸爸，说大哥哥不带我玩。他爸爸就带我到东安市场买了一个口琴给我。

在我家时，我们姐妹5个，还有5个奶妈，在一起很热闹。在钱家我很孤单，就闹着要回去。那时，我父母亲也后悔了，舍不得我。钱学森的妈妈看我不习惯在他家，也就同意把我送回去了。她对我妈妈说，女儿还给你了，但有个条件，将来长大后要给我当儿媳。其实，那时我小，对这些什么都不懂。钱学森后来去上海读大学，又去美国留学，之后，我们就一直没有见过面。

这段情缘，因钱学森这次回国，又续上了。

二

蒋英比钱学森小8岁，自幼就在中华民族传统文化的熏陶中成长。她是将门之女，虽为娇生，却没惯养。蒋百里为了养成女儿们自强的性格，从小就教她们骑马、游泳，培养战胜困难、临危不惧的精神。这使蒋英一生特别受益。

但蒋英更喜欢的还是音乐，在上海中西女塾就读时，蒋英就学习弹钢琴，走上了音乐之路。她具有歌唱天赋，蒋百里就"择其性之所近而辅导之"。

1936年，蒋百里受蒋介石委派，以国民党军事委员会高等顾问名义，出访欧美各国考察军事。这次出访，蒋百里不仅偕夫人同行，还带上了三女儿蒋英、五女儿蒋和，送她们去国外读书。

在途经德国柏林时，蒋百里把两个女儿留下来，送入贵族学校学习。不久，蒋英考上了国立柏林音乐大学声乐系，师从系主任、男中音歌唱家海尔曼·怀森堡，学习西洋美声唱法。

之后，蒋百里夫妇又到美国考察，专门前往洛杉矶，到加州理工学院看望了钱学森。蒋百里特意把蒋英的一张照片送给了钱学森。

1936年，蒋百里携妻子蒋左梅（左二）与女儿蒋英（右一）、蒋和（左一）参观德国柏林动物园时合影

　　蒋英在柏林音乐大学的必修课并不多，选修课则依个人的需要和能力选择。她除了学习声乐外，还选修钢琴、小提琴，一天下来忙个不停。用蒋英的话说："我一定要学出个样子来，不能丢中国人的脸。"

　　为了学好艺术歌曲和歌剧，蒋英还阅读了大量欧洲古典文学名著，由此打下了丰厚的文学基础。蒋英在一篇文章里曾这样写道："艺术歌曲是唱出来的诗，以歌声来加强诗的感性，歌中有诗，诗中有歌。"这实为音乐和诗歌彼此相通之真谛。

　　1944年，还未毕业的蒋英，初次在瑞士国际音乐节上演唱。她歌声甜美，音域宽广，此前已被历史悠久的德律风根唱片公司看中，成为该公司旗下的签约歌手。

　　二战结束后，蒋英于1946年回到了阔别多年的上海。1947年5月31日，28岁的蒋英在上海著名的兰心大戏院举行了一场独唱音乐会，深获好评。

　　而就在蒋英成功举办个人独唱音乐会之后一个多月，钱学森也回到了上海。这仿佛是上天的安排，让这两位青梅竹马的儿时伙伴再次相聚，真可谓是天赐良缘。

1947年5月31日，蒋英在上海兰心大戏院举行归国后首场个人演唱会

三

1947年9月17日，钱学森与蒋英在上海沙逊大厦举行了隆重婚礼。沙逊大厦位于上海南京东路外滩，是一座建于1929年的建筑，1956年改名为和平饭店，现已是世界著名饭店之一。世界著名科学家与崭露头角的音乐家联姻，一时在上海传为美谈。

婚后第9天，钱学森起程返回美国。一个多月后，蒋英也来到了美国的波士顿，钱学森在那里的新家迎接她。在这个新家里，钱学森特意买

1947年蒋英结婚前夕留影

了一架咖啡色施坦威大三角钢琴，作为新婚礼物送给了蒋英。

冯·卡门曾这样回忆说："钱现在变了一个人，英，真是个可爱的姑娘，钱完全被她迷住了。"

除了看书，他们的业余生活还是充满着艺术气息。蒋英回忆说："那个时候，我们都喜欢哲理性强的音乐作品。学森还喜欢美术，水彩画儿

钱学森与蒋英在上海的结婚照

钱学森夫妇在婚宴上的合影

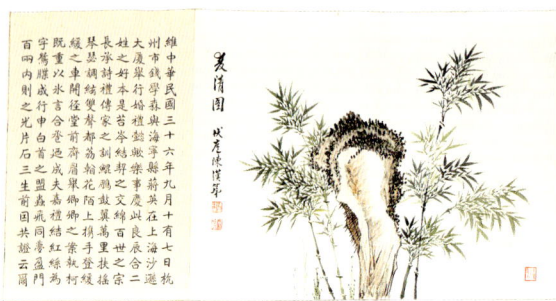

钱学森与蒋英的婚册

1947年9月26日，新婚的钱学森在上海
乘飞机返回美国，蒋英在机场送别钱学森

钱学森赠与蒋英的结婚礼物——一架施坦威大三角钢琴

也画得相当出色。因此，我们常常一起去听音乐、看美展。"蒋英幸福地说："不知为什么，我喜欢的他都喜欢。"

有了女主人，钱学森有时也在家里招待他的同事和朋友。这时候，钱学森常常亲自下厨，蒋英就担当起招待任务。美国专栏作家密尔顿·维奥斯特在一篇文章里这样写道：

1949年，钱学森与蒋英在前往加州理工学院途中合影

钱学森的一家在他们的大房子里过得非常有乐趣。钱学森的许多老同事对于那些夜晚都有亲切的回忆。钱学森兴致勃勃地做了一桌中国菜，而蒋英虽也忙了一天准备这些饭菜，却丝毫不居功地坐在他的身边。但蒋英并不受她丈夫的管束，她总是讥笑他自以为是的脾性。与钱学森不一样，她喜欢与这个碰杯，与那个干杯。

1948年10月，钱学森与蒋英有了第一个孩子，取名钱永刚。钱学森的儿子属于"永"字辈。也在这一年，钱学森被推选为全美中国工程师学会会长。

第十章　祖国召唤

1948年10月，新任加州理工学院院长杜布里奇致函冯·卡门和钱学森，邀请他们回加州理工学院工作。

1949年9月，钱学森与恩师冯·卡门一起回到了加州理工学院，蒋英和孩子也一起随之同行。

回到加州理工学院，冯·卡门再次担任了古根海姆空气动力学实验室主任和航空系主任；钱学森则出任古根海姆喷气推进中心主任，还担任了学院航空系教授。

古根海姆喷气推进中心的主要任务是从事喷气推进的新理论、新技术的研究。在喷气推进中心，从科研大纲、经费到人事，全部由钱学森做主。

应该说，这时的钱学森，功成名就，受人尊重，前程远大，这是许许多多美国人和在美国工作多年的外国人梦寐以求的事情。

不久，年近70的冯·卡门遭遇家庭不幸，他的母亲和妹妹先后逝世，他成了孤单的老人。

冯·卡门非常伤心。有一天，他把钱学森叫到自己的办公室，悲伤地对钱学森说："我的母亲和妹妹走了，我也要走了，你来接替我的工作吧。"

冯·卡门去了法国巴黎，作为美国政府的顾问，参与联合国教科文组织组建国际宇航联合会的工作。冯·卡门在古根海姆大楼里的办公室，现在成了钱学森的办公室。

1949年9月，钱学森（左三）在加州理工学院古根海姆喷气推进中心办公楼前与同事合影

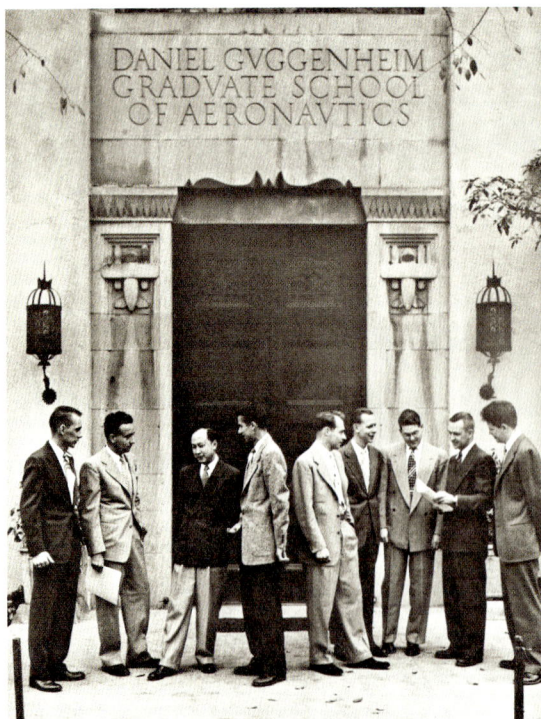

1949年9月，钱学森（左三）在加州理工学院古根海姆喷气推进中心办公楼前与同事们讨论学术问题

诚如美国专栏作家密尔顿·维奥斯特所说：

> 冯·卡门是空气动力学领域里独一无二的大师，而钱学森的名望仅在他一人之下，钱学森是冯·卡门雄心壮志与事业的继承者。

而这时的钱学森，尽管在美国身处事业的辉煌之巅，却依然牵挂着远隔万里的祖国。

二

1948年至1949年的中国，正在经历着历史性大转变，解放战争已进入了夺取全国胜利的最后决定性阶段。

为了谋划未来新中国的建设，中国共产党在推进人民解放战争胜利的同时，也关注着在海外的广大中国留学生和学者，其中，就包括钱学森。

1949年5月15日，身为中国共产党党员的留美科协香港分会负责人曹日昌教授受党组织委托，通过在美国芝加哥大学工作的葛庭燧教授，

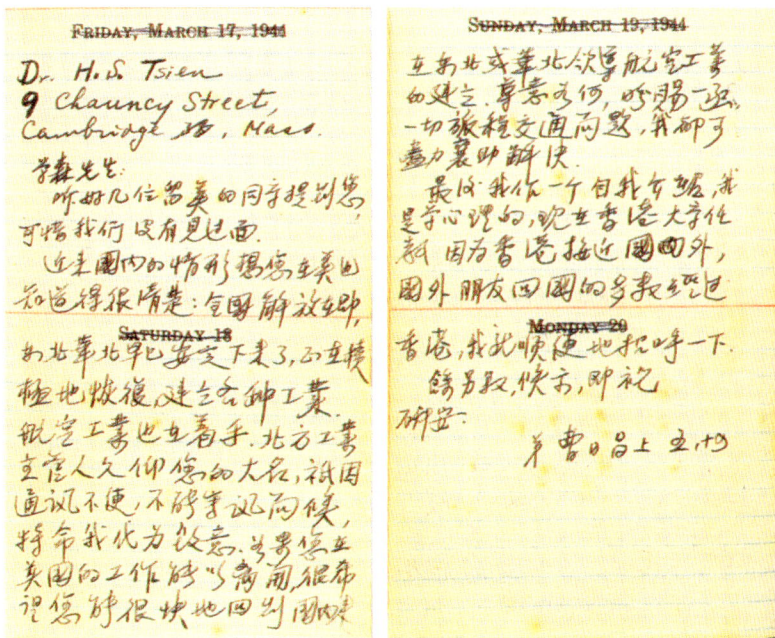

1949年5月，曹日昌受党组织委托致钱学森信函的手抄件

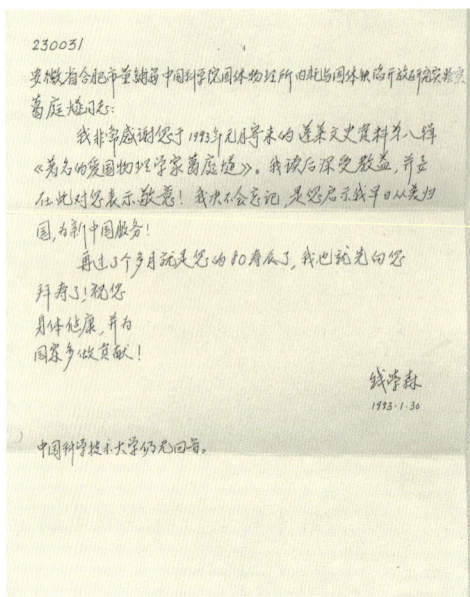

1993年，钱学森祝贺葛庭燧80寿辰的贺信

转给了钱学森一封信，转达即将解放的祖国召唤他返国服务的殷切期望。

葛庭燧于1949年5月20日把曹日昌的信转给钱学森，并附上自己写给钱学森的一封信。对葛庭燧的来信，钱学森甚为珍惜，一直保存了下来。两人回国后，还保持着书信来往。在1993年葛庭燧80寿辰时，钱学森亲笔写了贺信，其中写道："我不会忘记，是您启示我早日从美归国，为新中国服务。"

三

接到曹日昌和葛庭燧的信后，钱学森怦然心动。而不久，他也从父亲钱家治的来信中，知道了人民解放军已经渡过长江，解放了南京、上海。新生的人民政权即将在中国诞生。钱家治在信中写道：

生命仰有根系，犹如树木，离不开养育它的一方水土。惟有扎根于其中，方能盛荣而不衰败。儿生命之根，当是养育汝之祖国。叶落归根，是报效养育之恩的典喻，望儿三思。

对父亲信中之意，钱学森自然明了。他开始悄悄地为回国做准备。他先后辞去了美国国防部科学咨询团成员和海军军械研究所顾问的职务，以便渐渐脱离美国军方和政府的圈子。

从到美国的第一天起，钱学森就一直抱着学业有成，有朝一日能够报效祖国的远大志向。

钱学森曾这样回顾在美国的经历：

我从1935年去美国，1955年回国，在美国待了整整20年。这20年中，前三四年是学习，后十几年是工作，所有这一切都是在做准备，为的是日后回到祖国能为人民做点事。我在美国那么长时间，从来没想过这一辈子要在那里待下去。我这么说是有根据的。因为在美国，一个人参加工作，总要把他的一部分收入存入保险公司，以备晚年退休之后用。在美国期间，有人好几次问我存了保险没有，我说一块

20世纪40年代钱学森在美国留影

美元也不存，他们感到奇怪。其实没什么奇怪的，因为我是中国人，根本不打算在美国住一辈子。

钱学森旅美期间担任的重要职务及获得的重要荣誉

1942年	受聘为美国航空喷气公司技术顾问
1944年	应邀加入美国国防部科学咨询团
1945年	获美国国防部颁发的"国家服务优等勋章"
1946年	应邀担任美国海军军械研究所顾问
1947年	成为麻省理工学院正教授
1949年	成为加州理工学院终身受聘的"戈达德教授"，并出任古根海姆喷气推进中心主任

钱学森不仅没有在美国投保险，也没有在美国置一处房产和进行投资。1942年，航空喷气公司（Aerojet Company）成立，之后便得到美军的大笔订单，公司股票也节节攀升。钱学森一开始就被聘为技术顾问，每周去公司一次，帮助解决生产中遇到的问题。身为同事兼好友，公司

钱学森及家人在美国的生活照

钱学森在美国的工作照

创始人之一的马林纳曾极力劝说钱学森入股，均被其婉言谢绝。他当然不知道，这个中国人心里早已拿定了归国的主意，决不在美国待一辈子，因此也不愿发这笔"洋财"。

1949年10月1日，中华人民共和国在北京宣告成立，成为震惊世界的重大新闻。获知这一喜讯后，钱学森激动不已，向夫人蒋英说出了自己的决定："祖国已经解放，我们该准备回去了。"

然而，尽管钱学森已经辞去了一些敏感的职务，但真要回国，也不是一件很容易的事情。这时，钱学森的夫人蒋英因为怀孕行动不便，再加上钱学森自己刚到加州理工学院任职，还有许多事情需要处理；因此，钱学森决定寻找一个合适的时机、合适的理由返回祖国。

时任加州理工学院院长杜布里奇回忆：

> 1950年的一天，钱来看我，并且对我说："你知道我在中国有年迈的父亲。我很久没有见到他了。当然，在打仗的时候我是不可能回去的，但我现在也许可以回去了。我只想请一段时间的假。"我问："多久？"他说："嗯，我实在不知道自己想和他住多久，这取决于我父亲的健康。"

杜布里奇关于钱学森的回忆，现保存在加州理工学院档案馆。

但事情并没有如钱学森设想的那样发展，就在他为回国做准备的时候，恐怖的阴影，正悄悄地向他笼罩过来……

第十一章　遭受迫害

———

1950年2月，美国火箭学会在纽约举行年会。钱学森在会上作了关于火箭客机的精彩学术报告。

他说，无论是火箭或导弹，每小时能够飞行1.6万公里，不仅是一种可能的事情，而且已经接近完成的阶段。在这个新世纪里，人类可以遨游太空。住在纽约的人们，可以乘坐火箭，不到一个小时，便可以抵达洛杉矶。这样一个远景，现在已在科学家和工程师的掌握之中；因为无论在理论上和实践上，都已经有了极大的进展。

钱学森把这种新型飞机称为火箭客机。他向大家描述说：

钱学森在加州理工学院授课讲授火箭客机知识

这种新型飞机，犹如一支削了尖头的铅笔，长约80英尺，直径约9英尺，在腹部有一对十字翼，尾部是一个稍大的直翅。总体重量约为5吨。它垂直起飞，在最初以每小时1 200英里的速度穿越大气层，然后时速达到每小时1万英里，以椭圆形轨道飞行，然后再进入大气层飞行，滑行1 800英里后着陆。

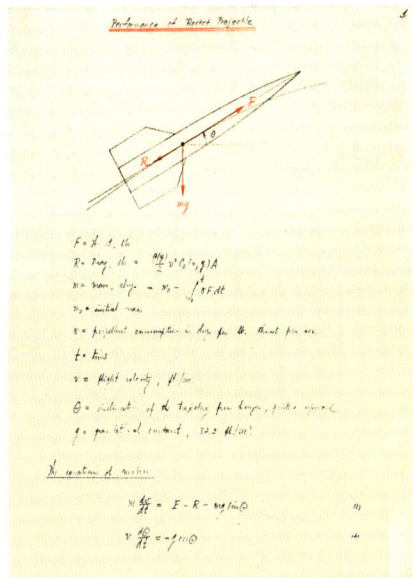
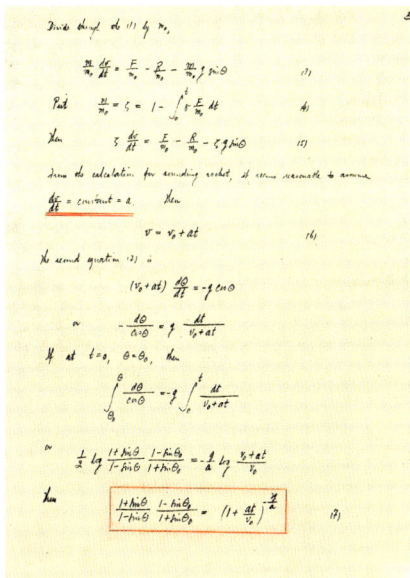

1949年，钱学森提出了"火箭旅客飞机"的概念，图为钱学森《远程火箭的飞行特性》的部分手稿

钱学森关于火箭客机的构想，实际上就是现代航天飞机的最初雏形。

钱学森还预测，随着科技的发展，"在30年之内，人类将能登上月球，而这趟月球之旅，能够在一个星期内完成！"

钱学森的这一科学预测，之后也成为现实。

科学家的伟大之处，就是能够科学地展望未来。犹如美国一位专栏作家所写的：

　　钱之所以成名，是因为四分之一个世纪以来，他一直被公认为世界上在航空学领域中最有独创见解的学者之一。他是一个理论家，而不是制造家。他利用在数学、物理学和工程方面的渊博才华，对各类飞行器提出了推进、制导以及设计方面的庞大规划。作为一个火箭建筑师，很少有人能与他匹敌。

钱学森的学术报告引起了全场轰动，把这次美国火箭学会年会推向了高潮。美国《纽约时报》《时代》周刊、《大众科学》《飞行》等报刊，纷纷报道了钱学森的惊人设想，还配发了钱学森的照片。钱学森再次成为全美国注目的公众人物。

二

1950年，麦卡锡主义横行下的美国掀起一股反共排外浪潮。在这场"清共运动"中，许多无辜的科学家被列入了"黑名单"，包括著名的物理学家爱因斯坦、"原子弹之父"奥本海默，钱学森也在其中。6月，美国军方致函加州理工学院，禁止钱学森从事任何与美国军事机密相关的科学研究工作，并吊销了他的安全许可证。

钱学森负责的古根海姆喷气推进中心，当时从事的大部分研究工作都与美国军事有关。被吊销了安全许可证，也就意味着钱学森虽然身为中心主任，却不能在自己负责的中心里从事科学研究工作了。

不久之后，当美国联邦调查局官员再度来到加州理工学院审查盘问钱学森时，钱学森拒绝回答他们的问题，只是把一份事先写好的声明交给了他们。

钱学森在声明中写道："当年我成为一位受欢迎的客人的情景已不再了，一片怀疑的乌云扫过我的头上，因此，我所能做的事就是离开。"

这份声明，钱学森把它作为辞呈，也同时交给了加州理工学院院长和教务长。钱学森的这份声明，实际上把他决定离开美国、要回到祖国去的意愿，公开地表达了出来。

加州理工学院极力挽留钱学森。院长杜布里奇当时兼任美国政府的科学咨询委员会主席。他运用自己的影响，试图让美国联邦调查局撤销审查。美国当局尽管承认指控钱学森是美国共产党党员的证据不足，但宁可信其有，绝不信其无，依然把钱学森作为清查对象对待。

三

1950年6月，朝鲜战争爆发。而在美国国内，"清共运动"更是甚嚣尘上。

此时，钱学森和蒋英的女儿钱永真出生。钱学森决定加快回国的步伐。7月底，蒋英雇了一家包装公司，将整理好的书籍、资料、手稿等物品，分门别类装了8个大木箱，准备海运至香港。

8月23日上午，钱学森拜访了他的朋友、美国海军部副部长丹尼尔·金贝尔，并告诉金贝尔，他已经决定离开美国。金贝尔极力劝说他留下，但钱学森此时去意已定。下午，他离开华盛顿，乘坐飞机赶回洛杉矶。

钱学森刚离开金贝尔的办公室，金贝尔立即打电话给美国司法部。他在电话里说："钱学森太有价值了，在任何情况下，他都抵得上5个师！我宁可毙了他，也不能放他回共产党中国。"金贝尔的这番话开启了钱学森此后几年梦魇般的艰难岁月。他遭受了进一步的迫害。

四

当天下午，钱学森乘飞机返回洛杉矶。他刚下飞机，一个移民局的官员就告知他：美国政府已禁止他出境。

此后，莫须有的罪名接踵而至：海关扣押了钱学森的所有行李，诬蔑他企图带"机密资料"出境，触犯了《出口控制法》，勒令他"不准离境"。事实上，钱学森带走的全是个人物品，他的笔记本、讲义手稿、公开资料等。所谓机密性质的蓝图和密码本，只不过是他手稿中的草图和对数表。

1950年9月7日，钱学森遭到美国司法部的无理拘禁，随后被关押在洛杉矶以南特米诺岛的移民局拘留所。钱学森被拘留的当晚，他在加州理工学院的许多朋友纷纷来到钱学森家里，看望和安慰蒋英，想办法营救钱学森，并帮助照看两个年幼的孩子。

钱学森被查扣的行李

Secret Data Seized in China Shipment

Caltech Professor's Property Held Up at Customs Here

1950年8月25日《洛杉矶时报》对钱学森的报道《机密资料被查扣——加州理工学院教授财产在海关被滞留》

蒋英至今还清楚地记得，加州理工学院的弗兰克·马勃、奥拉·李·马勃夫妇在钱家危难之中伸出的友谊之手。在那些日子里，奥拉·李·马勃帮助蒋英在家照看孩子；弗兰克·马勃则开车带着蒋英找律师，还四处打听钱学森的情况。

加州理工学院院长杜布里奇紧急致函美国海军部副部长丹尼尔·金贝尔，明确否定美国联邦调查局、美国司法部移民归化局对钱学森的指控。

经过各方努力，美国司法部移民归化局最终同意，钱学森可以被保释出狱，保释金为1.5万美元。这在当时可是一个不小的数字。一位富裕的朋友从银行里取出这笔钱，交给了蒋英。蒋英回忆说："当时听说要这么高的赎金，真把我吓坏了，幸亏朋友们的

1950年9月7日，钱学森遭美国司法部无理拘禁，被关押在洛杉矶以南特米诺岛上的移民归化局拘留所达15天之久。图为特米诺岛全景

热情帮助，才把他救出来。"

钱学森出狱后，曾对前来采访的记者说："我被禁止和任何人交谈。夜里，守卫每15分钟就来亮一次灯，使我没法好好休息。这样的痛苦经历使我在这么短的时间里瘦了30磅！"

对自己1.5万美元的保释金，钱学森充满讽刺地说："相比一般绑架者开口勒索1 000或2 000美元的赎金，我还真为自己不菲的身价感到自豪！"

钱学森虽然离开了特米诺岛拘留所，但依然受到美国联邦调查局和美国司法部移民归化局的管制。为了获得自由，为了返回祖国，钱学森开始了不屈不挠的斗争。

第十二章　冲破桎梏

———

钱学森获准保释后，美国司法部移民归化局规定：钱学森每个月都要到当地的移民机关进行登记，并要随时接受移民归化局官员的询问；不得离开洛杉矶，如要去洛杉矶之外的地方，必须提前申报，获得批准后才可以出行。

美国联邦调查局也没有放松对钱学森的审查和监管。他的来往信件受到拆封检查；他的电话受到监听；他在洛杉矶市内的活动，也经常受到监视。此时的钱学森已经失去了人身自由。

远在上海的钱学森的父亲钱家治，得知钱学森遭拘捕、受软禁的情况后，特意写信勉励他：

> 吾儿对人生知之甚多，在此不必赘述。吾所嘱者：人生难免波折，岁月蹉跎，全赖坚强意志。目的既定，便锲而不舍地去追求；即使弯路重重，也要始终抱定自己的崇高理想。相信吾儿对科学事业的忠诚，对故国的忠诚；也相信吾儿那中国人的灵魂永远是觉醒的……

患难之际，钱学森的妻子蒋英坚持要与他在一起，不同意带孩子先行回国。

为了防止节外生枝，蒋英还辞退了保姆，承担起了全部家务劳动。

他们相濡以沫，度过了此后长达5年的软禁生活。

二

在一次听证会上，美国检察官向钱学森提出了一个刁钻的问题："美国和中国交战，你忠于什么国家的政府？"钱学森的律师当场表示抗议："这个问题与钱学森案没有直接关系。"

但法官裁定说："抗议不成立。"

钱学森回答说："我是中国人，当然忠于中国人民。所以，我忠于对中国人民有好处的政府，也就敌视对中国人民有害的任何政府。"

钱学森的回答既聪明机智，又大义凛然。

检察官追问："你说的'中国人民'是什么意思？"

钱学森答："四亿五千万中国人。"

检察官又紧逼道："这四亿五千万人现在分成了两部分，那么，你是忠于在台湾的国民党政府，还是忠于在大陆的共产党政权？"

钱学森答："我认为我已经说过我忠于谁的原则了，我将根据自己的原则做出判断。"

1950年11月，钱学森（左二）参加洛杉矶移民局听证会

检察官再问:"你在美国这么长时间,你敢发誓说,你是忠于美国政府的吗?"

钱学森答:"我的行动已经回答了这个问题。在第二次世界大战中,我用自己的知识帮助美国做事。"

检察官又问:"你现在要求回中国大陆,那么,你会用你的知识去帮助大陆的共产党政权吗?"

钱学森毫不犹豫地回答:"知识是我个人的财产,我有权要给谁就给谁!"

检察官又问:"那么,你就不让美国政府来决定你所应当忠于的对象吗?"

检察官提的这个问题非常愚蠢,钱学森立即反击说:"不,检察官先生,我忠于谁是要由我自己来决定的。难道你的意愿都是美国政府为你决定的吗?"

检察官被钱学森反驳得狼狈不堪。

第二天,洛杉矶的报纸上登载了这次听证会的消息,标题十分醒目而有趣:《被审讯的不是钱学森,而是检察官》。

三

1950年11月,被美国海关扣留的钱学森的八大箱行李,特别是文字性的东西,经过美国联邦调查局、美国司法部移民归化局和美国军方的反复审查,没有发现任何机密文件。美国检察官于是就此事公布了调查处理结果:钱学森无罪,只是违反了《出口控制法》,即没有把要托运的科技书籍、剪报等资料,事先知会美国海关。因此,撤销关于托运行李中涉及机密文件的控告。八大箱行李发还给了钱学森。

自八大箱行李发还后,钱学森就一直没有打开,随时准备托运回国。而蒋英也将需要随身携带的日用品,准备了3个手提箱,一旦获准回国,提起来就可以走。

但对钱学森是美国共产党党员的指控,美国检方没有撤诉。1951年4月26日,美国司法部移民归化局经过多次审理后认定,钱学森为"曾经是美国共产党党员的外国人"。依据美国国家安全条例规定,美国司法部移民归化局决定驱逐钱学森。

按理说，既然判决驱逐钱学森出境，不管此判决的正当性如何，钱学森就可以离开美国了。

但美国军方不会轻易放钱学森回国。朝鲜战场上，中美两国正进行着血与火的对抗，双方已经是你死我活的敌人了。美国军方是不可能将世界最著名的火箭专家奉送给自己的敌人——"红色中国"的。

美国军方要求美国司法部移民归化局暂缓执行把钱学森驱逐出境的决定，继续将钱学森扣押在美国。他们想让钱学森在毫无尽头的等待中渐渐失去信心，让他头脑中所知道的美国导弹等核心机密过时，让他头脑中所掌握的现代科学知识老化，让他成为一个没有用的科学家。

1956年1月2日，钱学森归国后在《人民日报》上发表了一篇题为《我在美国的遭遇》的文章。文章中写道：

> 1950年夏间，我准备离开美国，由加拿大乘加拿大太平洋公司的飞机到香港，再由香港转归祖国。我历年来积聚了许多书籍及期刊，这些由运输公司代为装箱由船运香港。但是美国的特务机关知道了我的归国准备，首先由移民及归化局给我来了一个命令说，不许我离开美国国境，如果私自出境，抓到了就要罚款或监禁，或罚款而又监禁。这是1950年8月底的事。我自然是不能离开美国了。但是正在我忙着退飞机票、追回我的行李和书籍的时候，美国的海关把我的行李和书籍一概扣留，说是里面有机密文件，有电报密码，有武器的图纸，有喷射动力机的照片。然而

钱学森回国后撰文回忆自己在美国遭受迫害的那段痛苦经历

这还不能令美国政府满意。又过了几天，在9月初，美国移民及归化局的命令又来了，这次说我是美国共产党员，所以依"法"应当把我驱逐出境，为了准备驱逐我出境，把我关在移民及归化局的像监狱牢样的看守所。这真是什么卑鄙的手段都用出来了，一会儿不许我离境，一会儿又要驱逐出境，实际上是以此为借口来把我无理拘禁。

四

钱学森辞去了加州理工学院古根海姆喷气推进中心主任的职务，但加州理工学院依然聘请钱学森担任航空系的教授。

在被软禁的日子里，钱学森除了到学院教学外，基本闭门不出，继续进行他的科学研究。

其间，钱学森将研究的目光投入到了一个新的领域——工程控制论。钱学森后来说，研究工程控制论，只是为了转移美国特务们的注意力，争取获准回归祖国。当时并没有想到建立一门新的学科。

钱学森从技术科学思想的高度出发，把控制论推广到工程技术领域，用于工程中自动控制系统的设计、分析，创立了"工程控制论"这门新的技术科学。

1953年年底，钱学森在加州理工学院开设了一门新的课程——工程

在受美国当局监控期间，钱学森仍然坚持科学研究

控制论，讲的是全新的领域，力学、电子、通信等各类学科融会贯通，让听课的学生们耳目一新。

钱学森在极端困难的情况下，花了3年多时间，用英文写成30多万字的《工程控制论》。1954年，钱学森所著《工程控制论》一书，由美国麦格劳希尔图书公司正式出版。《工程控制论》问世后，迅速引起了美国科学界乃至世界科学界的关注，认为这是一部奠基式的著作，是科学技术领域里的辉煌成果，相继被翻译为俄文、德文、中文等多种文字。该书的出版被认为是系统科学发展的第一个里程碑。

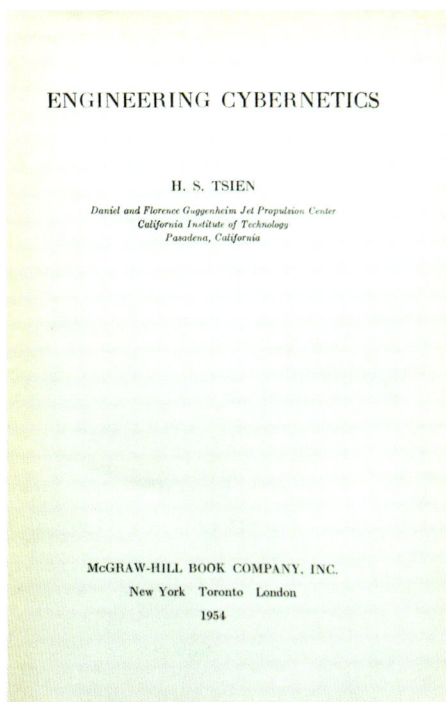

1954年出版的英文版《工程控制论》

《工程控制论》被译成俄、德、中、捷克等多种文字出版

五

1955年6月，软禁中的钱学森无意中从小贩送来的菜篮底下看到了一张中文画报的画页。上面有一张关于中国庆祝"五一"国际劳动节，毛泽东主席等党和国家领导人在北京天安门城楼上检阅游行队伍的照片。他在照片中看到了熟悉的陈叔通老先生的身影。

钱学森的父亲钱家治在求是书院读书和教书时就认识陈叔通，两家人可谓世交，钱学森尊称陈叔通为太老师。这消息使钱学森夫妇十分激动。夫妻二人随即给陈叔通写信，说自己"无一日、一时、一刻不思归国，参加伟大的建设高潮"，"心急如火，唯恐错过机会"，请求祖国帮助他们早日回国。

蒋英回忆说：

那天，我和学森装着一起散步，来到了一家比较远的黑人超市，

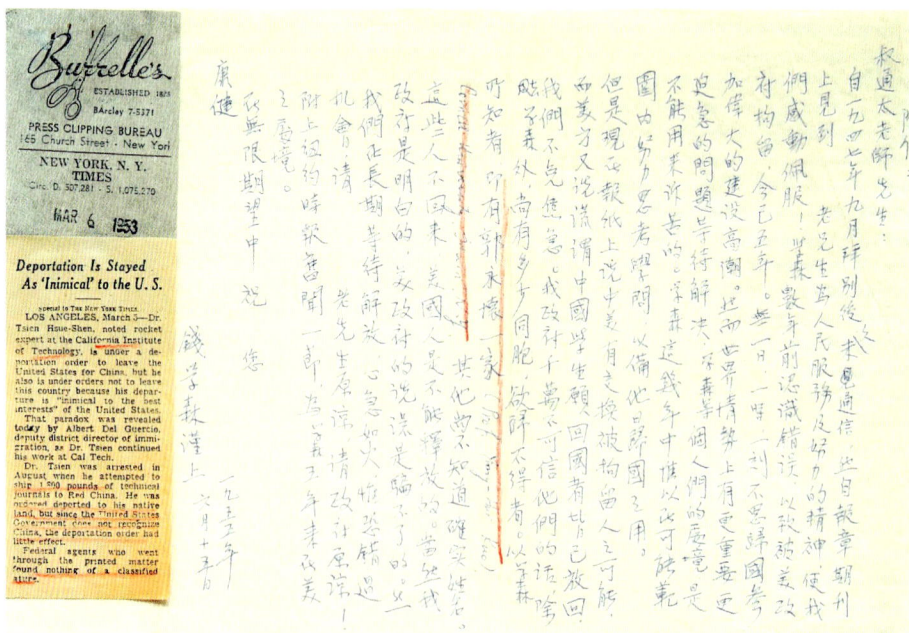

1955年6月15日，钱学森写给时任全国人大常委会副委员长陈叔通的求援信，以及所附1953年3月6日《纽约时报》剪报

那里人挺多的，我们东看看，西看看，很随意的样子。趁人多杂乱的时候，我把信扔进了超市里的邮筒。为了不让人看出来，我给妹妹信封上写的地址，还故意模仿小孩子的笔迹。我妹妹收到信后，挺聪明的，立即把学森写给太老师的信，转寄给了在上海的学森的父亲，他父亲又把信转寄给了陈叔通。

钱学森在信中还附上了一张1953年3月6日《纽约时报》剪报，上面刊登了一篇题为《驱逐对美国不利》的文章：

> 钱学森——加州理工学院著名的火箭专家，3月5日在洛杉矶被驱逐回中国。但同时又不许他离开美国，因为他的离去"不利于美国的最高利益"。
>
> 这个自相矛盾的消息是由美国移民归化局地区副局长阿尔伯特今天披露的，此时钱学森博士仍在加州理工学院工作。
>
> 钱学森博士是（1950年）8月（此处时间有误，应为9月——作者注）被逮捕的，他试图将1 800磅的技术资料运往"红色中国"。他被驱逐回他的祖国，但由于美国政府不承认中国，驱逐令并没有起作用。
>
> 检查这些打印材料的联邦机构人员没有发现任何秘密资料。

陈叔通收到钱学森的这封来信后，立即把它交给了周恩来总理。周恩来总理指示正在日内瓦与美国谈判的王炳南："这封信很有价值。这是一个铁证，美国当局至今仍在阻挠中国平民归国。你要在谈判中，用这封信揭穿他们的谎言。"

1955年8月1日，日内瓦谈判再次举行。为了表示中国的诚意，也为钱学森归国创造条件，在这次谈判举行前一天，即7月31日，经周恩来总理亲自部署，提前释放了被中国俘虏的11名美国飞行员。

在这次谈判开始时，美国大使约翰逊依然一口否认美国政府扣留中国公民。这时，王炳南大使拿出钱学森的信，当场宣读，使得约翰逊措手不及。

约翰逊立即要求休会，并马上向美国国务院作了报告。在铁的事实

1955年8月1日，中美大使级会谈在日内瓦举行

面前，万般无奈的美国政府，不得不在8月4日，匆忙通知钱学森，准许他离开美国。多年后，周恩来总理曾意味深长地说：

中美大使级会谈虽然没有取得实质性成果，但我们毕竟就两国侨民问题举行了具体的建设性的接触。我们要回了一个钱学森，单就这件事来说，会谈也是值得的，有价值的。

1953年3月至1955年9月，钱学森每个月都要到美国司法部移民归化局"报到"，这张表记录了钱学森连续31个月的"报到"情况

UNITED STATES DEPARTMENT OF JUSTICE
IMMIGRATION AND NATURALIZATION SERVICE
458 SOUTH SPRING STREET
LOS ANGELES 13. CALIFORNIA
August 4, 1955

PLEASE REFER TO THIS FILE NUMBER
1600/84439-Inv-S

Mr. Hsue Shen Tsien
1041 Beverly Way
Altadena, California

Dear Sir:

You are advised that the Order of this Service, dated August 23, 1950, has been revoked and you may now depart from the United States.

So that no difficulty will be encountered in leaving the United States, please keep this office advised of all plans and arrangements made for your departure.

Very truly yours,

ALBERT DEL GUERCIO,
Officer in Charge

1955年8月4日，美国司法部移民归化局致函钱学森，宣布取消对其的禁令

第十三章　归心似箭

—

获知可以回国的钱学森，想到的第一件事就是立即订购回国的船票。

从洛杉矶驶往香港的邮轮，最近的航班是1955年9月17日，邮轮名叫"克利夫兰总统"号，但这艘邮轮只剩下三等舱的票了。

离开美国之前，钱学森携夫人蒋英和幼子钱永刚、幼女钱永真去向恩师冯·卡门告别。见到冯·卡门时，钱学森送上了自己撰写的两部学术著作。一部是《工程控制论》，另一部是《物理力学讲义》。

《工程控制论》出版后，在学术界已经引起了轰动。物理力学是钱学森在加州理工学院研究生新开设的课程，这本书也是钱学森在软禁期间取得的研究成果。在这部《物理力学讲义》里，钱学森将稀薄气体的物理、化学和力学特性结合起来研究，提出了物理力学这一新概念，主张从物质的微观规律确定其宏观力学的特性，改变了过去只能靠实验来测定力学性质的传统方法。

1955年9月17日，钱学森搭乘"克利夫兰总统"号邮轮归国时购买的三等舱船票冯·卡门迅速翻阅了《工程控制论》这部著作后，充满感情地对钱学森说："你现在在学术上已经超过了我，我为你感到骄傲！"

自从钱学森拜冯·卡门为师后，他们一起相处了近20年。他们之间的关系，既是恩重如山的师生，也是默契与共的同事，在感情上已经情如父子。

冯·卡门拿出了自己的一张近照，题写了"不久再见"几个字，又签上了自己的名字，作为分别礼物送给钱学森留念。

晚年的蒋英，对这次难忘的分别，记忆犹新：

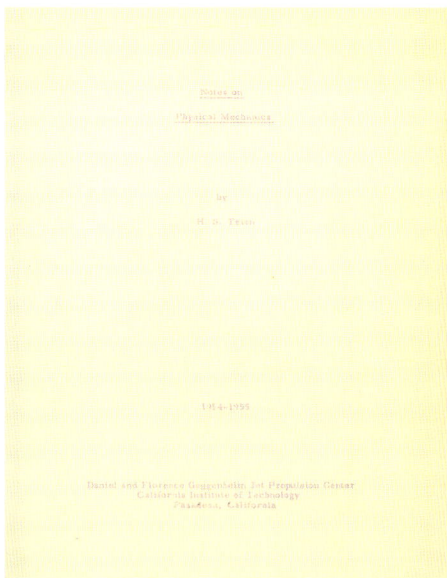

英文版《物理力学讲义》至今仍被加州理工学院用作参考资料

> 在离开的时候，冯·卡门一直依依不舍地把我们送到门口。他用手抚摸着永刚的头，两眼含着泪花。我当时就哭了，学森也是一样，我们当时都很伤感。他们两人已经情如父子。那时候，冯·卡门是一个孤单的老人，一个人

1955年9月，钱学森回国前夕，冯·卡门送给钱学森的签名照

生活在空荡荡的大房子里，很寂寞。当我们的车开出很远时，我回头望去，只见冯·卡门还一个人站在那里，默默地看着我们的车渐渐远去。

这年，冯·卡门74岁，钱学森44岁。此次一别，这两位伟大的科学家再也没有见面。

1963年5月6日，冯·卡门与世长辞，享年82岁。而在这年的2月18日，美国总统肯尼迪授予冯·卡门国家科学勋章，以表彰他对美国做出的巨大贡献。这是美国授予科学家的第一枚国家科学勋章。

1963年2月18日，美国总统肯尼迪授予冯·卡门国家科学勋章（原件存加州理工学院档案馆）

二

美国时间1955年9月17日下午4点，是"克利夫兰总统"号离开洛杉矶港口的时刻。这一天，也是钱学森与蒋英结婚8周年的纪念日。

钱学森一家早早来到了码头。加州理工学院的同事们赶来欢送。特别是喷气推进中心的朋友们，更是依依不舍地与钱学森告别。

钱学森乘坐"克利夫兰总统"号邮轮离开美国时，又收到了父亲钱家治发来的一封简短电报，叮嘱他："望小心保重，沿途勿登岸。"

回国后，蒋英曾问钱家治为什么发这封电报，钱家治回答：从未发过这封电报。这让钱学森全家迷惑不解。自此，这封电报成了钱家人的

1955年9月17日，钱学森、蒋英夫妇带着两个孩子抵达美国洛杉矶码头，准备乘船回国

1955年9月17日，洛杉矶码头送别情景

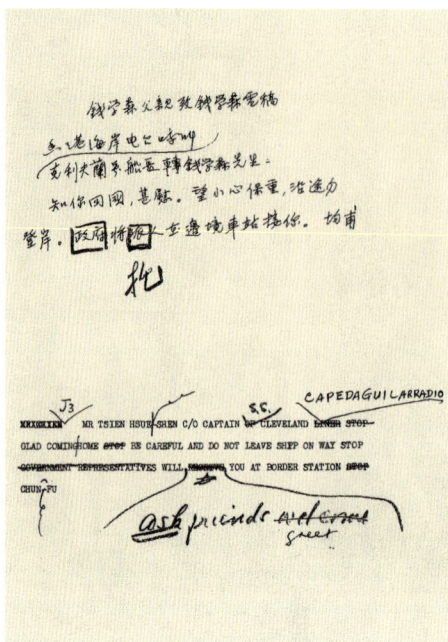

1955年9月，钱学森离开美国前夕，中国外交部以钱学森父亲名义发给钱学森的电报底稿（原件存外交部档案馆）

1955年9月17日，钱学森一家在"克利夫兰总统"号邮轮甲板上的合影

心头之谜。直至钱学森去世后，从外交部档案馆里发现了当年这封电报的底稿，这才真相大白。

原来，中国外交部为了防止钱学森一家在回国途中遭美国特务暗算，才在钱家治不知情的情况下，以他的名义发了这封电报。由此看出，中国政府对钱学森的归国非常重视，对安全上的一些细节，考虑得十分周到。

钱学森及其家人，历经5年磨难，终于可以回到祖国的怀抱，他们的脸上露出了胜利的微笑。

在轮船甲板上，钱学森接受了《洛杉矶时报》记者的采访：

> 我非常高兴能回到自己的国家，我不打算再回美国，我已经被美国当局刻意地延误了回祖国的时间，其中原因，建议你们去问美国政府。将来我要竭尽努力，同中国人民一道建设自己的国家，使我的同胞能够过上有尊严的幸福生活。

钱学森此时强调"有尊严的幸福生活"，乃是发自内心的肺腑之言。

9月18日，美国合众社发布了钱学森返回中国大陆的消息——

合众社美国加州威尔明顿9月18日电：加州理工学院钱学森博士，昨天搭"克利夫兰总统"号邮轮回中国，他发誓"再也不到美国了"。

钱学森和他的妻子、两个孩子同行，他说：他的回家的愿望曾受到"故意阻延"。

1955年9月，钱学森离开美国前在轮船甲板上留影

钱博士说，他对美国人民并无怨愤。"让狗咬了，你不能怨狗，只能怨养狗的人。"

和他同船回中国的还有一位中国科学家，贺浦市医学中心的李正武医生。移民局和海关人员曾彻底检查钱博士的行李。他离境时，一个联邦调查局的人也守在旁边。海关人员说，他的行李只是些私人物品和一本关于核子发射的教科书。

……

他说："我同情中国政府。我相信我的前途是在中国。我对美国人民并无怨愤。全世界的人民都是一样地在谋求和平，谋求幸福。"

钱博士说，他在中国的计划还"没有一定"。他说，他的妻子也生在中国，她"完全赞同"他回"红色中国"的计划。

钱博士说，他是1935年到美国搞研究的。他们夫妇的两个孩子也同船回家。

他说，他的（回国）决定不是"匆促判断"的结果，他"长时期"就想这样做。他说，飞弹研究工作只是他这个工程学家研究的一小部分。

他说，这情形"对于你们的国务院比对于我"更尴尬，又补上一句话："假如你想知道真实的情况，去问你们的国务院吧。"

说完这一句，他就匆匆转身，走进了他的三等舱房间。

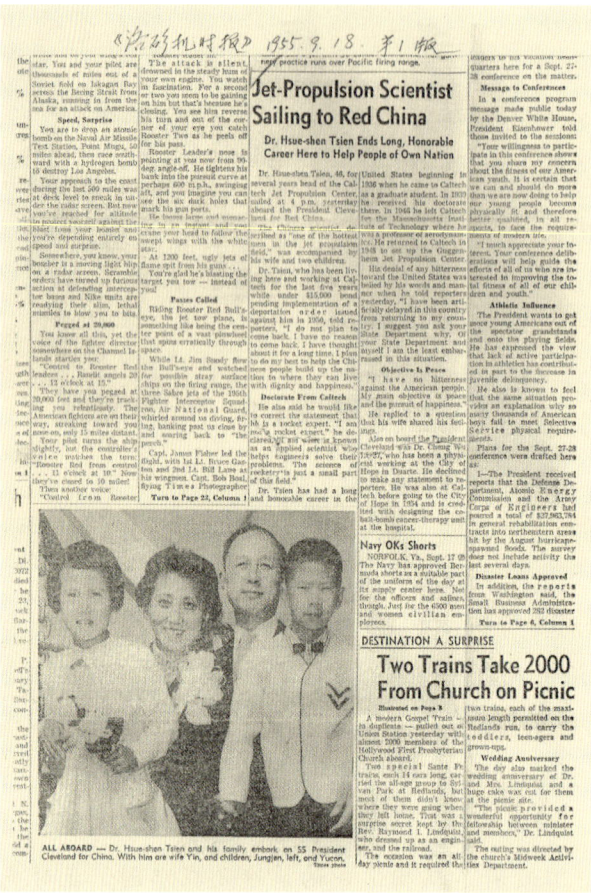

1955年9月18日，美国《洛杉矶时报》以《火箭专家返回红色中国》为题报道钱学森回国的消息

三

一声汽笛长鸣，"克利夫兰总统"号邮轮慢慢离开了洛杉矶港口。

邮轮刚驶离洛杉矶，许多同船回国的中国留学生和学者，就纷纷前来看望钱学森一家。

在大家的倡议下，"克利夫兰总统"号邮轮上的中国学者和留学生成立了一个同学会，并于9月20日印制了一份《克利夫兰轮第六十次航行归国同学录》。

在漫长的海上生活里，大家彼此交流，畅想未来，特别是回国后该如何投入新中国建设，成为讨论最多的共同话题。

与钱学森同船回国的数学家许国志回忆说：

1955年9月，钱学森一家乘坐的"克利夫兰总统"号邮轮在海上行驶

1985年，钱学森与部分乘坐"克利夫兰总统"号邮轮留美归国人员举行回国30周年聚会

　　有一天，我来到钱先生的三等舱房间，舱内狭小，环境嘈杂，钱先生却能专心致志地看书。我非常敬佩，就说："钱先生果然名不虚传，真是一心扑在事业上，是我们学习的楷模啊！"之后，我们就热烈交谈起来。得知我从事数学研究后，钱学森兴奋地说："回国后，有不少事情需要我们去做。我们国家是计划经济，很多计划管理方面的科学技术会在国家经济建设中发挥作用。例如运筹学、系统工程等，这些东西对祖国建设很有用。"

　　我当时担心地说："有用是有用，可是牵扯到计算机，国内恐怕不一定用得上。"钱先生却非常自信，他说："暂时没有计算机也没关系，可以先搞个讨论班，发挥人的聪明才智，来弥补计算机方面的不足。中国是会出成绩的。"

　　在谈到美国政府对他的迫害时，钱先生风趣地说，在他被捕释放回到加州理工学院后，每个月都要定期向洛杉矶的移民局报到。去移民局路上要经过一家咖啡店，这家小店出售的咖啡味道极佳。虽说去移民局是件极为恼人的事，但每一次去都可以顺路买一包好咖啡回家，也算是一种补偿。

　　与钱先生的这次接触，我感受到他身上有着强烈的民族自豪感，这种自豪感既是现实的，有时也带点浪漫色彩。顺便说一句，几十年来，钱先生一贯反对机械唯物主义，始终强调人的能动作用。

　　"克利夫兰总统"号邮轮平静地向太平洋彼岸驶去。在到达夏威夷港后，一位素不相识的住在头等舱的美国老太太，突然邀请钱学森夫妇去她那里喝咖啡。

　　钱学森感到很奇怪，见面之后，才得知这位老太太原来是美国著名的女权主义者。她在美国就听说了钱学森的事情，很敬佩这位来自中国的科学家。她知道钱学森与她同在这艘邮轮上时，很想与钱学森认识，但一直没见到钱学森的身影。一打听，才知道钱学森一家住在三等舱，这让她甚感惊讶。

　　她把船长叫来，当着钱学森的面问船长："你认识他们吗？"

　　船长回答说："NO."

QUADRUPLICATE NON-TRANSFERABLE Passenger's Identification Copy	**AMERICAN PRESIDENT LINES**	FORM 45 No. **4443**

ACCOMMODATION TICKET

The original of this ticket good only for change of accommodations shown below. It is not good for transportation, does not carry baggage privileges and will be honored only in connection with ticket described below.

NAME
Mr. Hcue Shen Tsien
Mrs. Yin Tsien
Mstr Yucon Tsien
Miss Jungjon Tsien

BY _T. C. Marcello_ AGENT
T. Marcello, Ch. Purser. Pres. Cleveland

ADULTS	HALF	QUARTER	INFANT	SERVANT
Two	Two	X X X X X	X X X X	X X X X

Description of Passenger Ticket:	FORM	NUMBER	ISSUING AGENCY	DATE ISSUED
	43	15403	Los Angeles, A.P.L.	9/19/55

NEW ACCOMMODATIONS

STEAMER	VOY.	FROM	TO	ROOM	BERTH	GRADE	VALUE
Pres. Cleveland	60	Yokohama, Japan Los Angeles	HongKong	103		C-1	561.00

OLD ACCOMMODATIONS

STEAMER	VOY.	FROM	TO	ROOM	BERTH	GRADE	VALUE
Pres. Cleveland	60	Yokohama, Japan	HongKong	Ord		T-2	270.00

ENDORSEMENTS

ADDITIONAL FARE U.S. $	291.00
TAX $	
TOTAL $	291.00

ISSUING AGENT'S STAMP

1955年9月19日，钱学森全家在"克利夫兰总统"号上由原来的三等舱升至头等舱的船票补款收据

老太太生气地说："钱先生是世界知名科学家，你怎么可以让他和太太住在三等舱呢？"

船长不敢怠慢，连忙说："我去查一查，看还有没有多余的头等舱房间。"

船长回来后说，还有空着的头等舱。于是，钱学森全家经这位素不相识的美国老太太帮助，在离开夏威夷港后，住进了头等舱。

四

为了防止意外事件发生，也为了防止美国特务使坏，在"克利夫兰总统"号航行期间，每到一个港口，钱学森一家都不下船，即使住进头等舱后也是如此。

蒋英说，当时每到达一个港口，她都要把钱学森隐蔽起来、保护起来，不让陌生人接触他。

即便如此，也难逃避新闻记者的围堵。许国志回忆说：

沿途船到各个港口，外国记者都要包围采访我们，特别是要追踪钱先生。船到了马尼拉，有一个美联社记者居然跑到船上来找钱先生，问他是不是共产党员。钱先生当即回答："我还不够格做一名共产党员，共产党人是具有人类最崇高理想的人！"这个记者听了回答，没敢再问第二个问题，就灰溜溜地跑了。之后，钱先生嘱咐我们，对外国记者讲话要谨慎，并建议关于回国问题要有个统一的口径。

但也有例外，对自己的同胞，钱学森有着血浓于水的亲切感。2005年8月，一位居住在菲律宾的75岁老华侨林孙美玉，给钱学森写来一封信，回忆当年"克利夫兰总统"号邮轮停靠马尼拉港时，她与钱学森的一次谈话。尽管时间已经过去了整整50年，但当年的情景依然历历在目——

尊敬的钱学森先生：

距我们第一次见面已经50年了，那时您正在归国途中，船停泊在马尼拉。与您见面的那一刻对我来说是极其重要的，我一直铭记在心。那时，我们当地的日报有对您的报道，说您是中国伟大的科学家，放弃了在美国的舒适生活毅然回归中国。这让我对您产生深深的崇敬之情，因为很多人为了自己的生活，不惜做任何事情也要到美国去。但是，您却放弃了优越的物质生活坚决要回到中国，为自己的祖国服务。

我已经记不起具体是哪一天见到您，但我知道是1955年，那一天我弟弟正好乘您坐的船去加拿大。我们全家登上船送弟弟，我们都盼望能有机会在船上见到您。我们找到了您的舱位，问保安人员是否可以与您谈话。非常幸运，当您走出船舱见我们时保安同意了。我们介绍了自己并说我们是中国人，您看起来与众不同，表情生动灵活，人显得高、瘦，当然不用说非常英俊潇洒。

我们进行了如下谈话：

"您为什么想回到中国？"我问。

"我想为仍然困苦贫穷的中国人民服务，我想帮助在战争中被破坏的祖国重建，我相信我能帮助我的祖国。"您回答。

"您离开美国困难吗？"我又问。

"是的，美国政府设置了太多的条件。他们不允许我带走我的书和笔记，但是，我将尽最大的努力恢复它们。"您接着回答。

"菲律宾怎么样，这里的中国人被歧视吗？"您轻声询问。

"是的，非常受歧视，他们瞧不起中国人，很多人被错误地怀疑是共产党。"我回答。

"你是做什么工作的？"您又问。

"我姐姐是初中老师，我是高中老师。"我回答。

您说："非常好，中小学的老师非常重要，因为这是一个社会发展的基础。青年是社会的未来，他们必须受到好的教育，以培养他们的潜能和创造力。"

我说："但是，我只能教低层次的东西。不像您，是杰出伟大的科学家，能够创造伟大的事业。"

您又说："不，我只是蛋糕表面的糖衣。蛋糕要想味道好，里面的用料必须好。基础非常重要，培养年轻人是一个国家进步的基础。不要瞧不起你的工作，你是在塑造年轻人的灵魂。"

……

致以最崇高的敬意和最殷切的祝愿。

林孙美玉

2005年8月4日

五

1955年10月1日，是新生的中华人民共和国成立6周年的日子。克利夫兰轮归国同学会要在这天举行庆祝会。他们借用了邮轮上一个小餐厅当会场。墙上挂着一面由他们自己动手制作的五星红旗。

钱学森应邀在会上作了主题发言。他的开场白激情澎湃而富有诗意，

1955年10月1日，在"克利夫兰总统"号邮轮中国归国侨民举行的国庆联欢晚会上，蒋英弹琴，孩子们唱歌，即将回到祖国的喜悦心情溢于言表

他说："我身未到祖国，心已经飞回去了！"他怀着兴奋的心情，向大家叙述新中国的建设情况，从第一个五年计划的实施，到全国进行的156项重点工程，如数家珍。

大家甚感奇怪，钱学森何以对国内情况如此熟悉呀？询问之下，原来在回国前，钱学森就注意从报刊上搜集新中国点点滴滴的情况，对这些材料和数字早已熟记于心了。

钱学森在发言中诚恳地告诫大家："我们国家的领导人，以及国家机关的许多领导干部，都是身经百战的老革命，他们对祖国的解放有卓越功绩。回国后，我们要虚心地接受他们的领导，与他们很好地合作。"

结束发言时，钱学森颇为激动地说："祖国正在建设时期，迫切需要各方面的人才，我们会大有用武之地的！"

庆祝会上，大家纷纷表演节目，自娱自乐，为新中国的生日欢庆。

1955年钱学森一家乘坐"克利夫兰总统"号的就餐券和登岸证

钱永刚、钱永真上台了，稚嫩的歌声，让大家笑声不断。

蒋英这位歌唱家，自钱学森遭受迫害后，已好久没有唱歌了，但在这天的庆祝会上，她也放声歌唱，赢得了阵阵掌声。

让大家没有想到的是，钱学森在庆祝会上也露了一手——箫独奏。

钱学森的箫声优雅婉转，宛如在叙述游子对母亲的思念，一时间，把大家的心带到了祖国和亲人的怀抱。

第十四章　温暖怀抱

―

1955年10月8日清晨，经过20多天的海上航行，"克利夫兰总统"号邮轮就要驶入香港了。

钱学森早早地起了床，望着渐行渐近的香港，眼眶不由得湿润起来。他后来写道："我热切地望着窗外，经过这20年漂泊在美国的岁月之后，现在我终于要回到家乡了。"

当时的香港还由英国统治，社会情况十分复杂。中国政府为了保证钱学森以及同船回国的中国学者和留学生们的安全，特意通过设在香港的中国旅行社，与港英当局协商后，专门派了一艘驳船，直接到海上去接钱学森一行人。

接上钱学森一行后，驳船没有在香港码头靠岸，而是绕过香港岛，直接驶往九龙。然后，他们由九龙搭乘火车到深圳——中国的南大门。

原以为，这样可以躲避人群围观和记者采访，谁知道，一大批在香港的国内外记者，早早地

钱学森与同船归国人员商议后在过香港时向新闻界发表的《向祖国致敬》一文

就等候在九龙火车站候车室了。

面对众多的新闻媒体，钱学森一行向他们散发了事先已经准备好的书面声明——《向祖国致敬》。

二

下了火车，钱学森一家和同船归国的中国学者及留学生，一起步行向九龙海关走去。

受中国政府委托，中国科学院、广东省政府领导和科学家代表，在中国海关前的桥头上，热烈欢迎钱学森归来。

当时迎接钱学森的中国科学院代表朱兆祥，曾在2005年的一次会议上，深情地回忆起50年前欢迎钱学森归国时的情景：

1955年秋天，钱学森先生突破美国政府的封锁回国。我受陈毅副总理的派遣，代表中国科学院去深圳迎接。那时我不认识钱先生，出发前我找到了中国科学院的赵忠尧和郑哲敏先生，又到上海拜访钱先生的父亲钱家治老先生，了解钱先生一家的有关情况。钱老先生还给了我钱先生夫妇和子女永刚、永真的一张合照，以便辨认。当我到广州时，陈毅副总理已有电报来请省府关照。

1955年10月8日，深圳罗湖桥头动人心魄的一幕是很难忘怀的。当时我们已经从中国旅行社探知，钱先生等20多位离美归国人员所乘邮船将在九龙靠岸，当时的港英当局屈从美国的压力，对钱先生等一行将以所谓"押解过境"的屈辱名义来对待。近中午时分，罗湖桥门打开了，这支光荣的爱国者队伍踏上界桥，面向祖国，步行过来了。正当我们拿着照片紧张地搜索钱先生一家之时，我的手突然被队伍中的一位先行者抓住，使劲地握着。我猛转身，发现对方眼眶里噙着的眼泪突然掉了下来。我意识到，此时此地我这个人，虽然原来谁也不认识我，也不知道我是来干什么的，现在却被看作伟大祖国的代表了。我也极为感动。就这样，一个挨着一个，每个人都带着激动的泪痕跨入国门——我终于接到了钱学森先生一家。

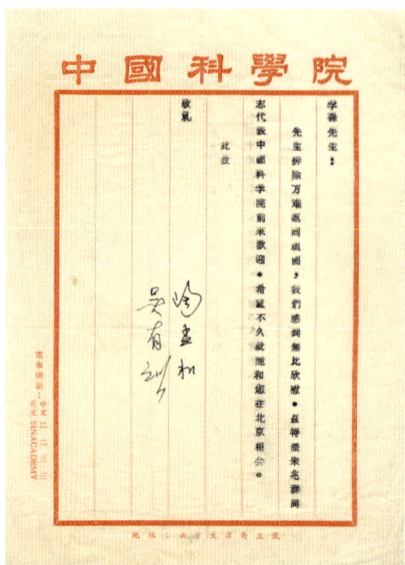

1955年10月8日，朱兆祥迎接钱学森时，所持的中国科学院副院长陶孟和、吴有训的亲笔签名信

永刚和永真两个天真的孩子拉着我的手，不停地喊着："Uncle Zhu！ Uncle Zhu！"他们也和父母一样沉浸在回到祖国的幸福之中。同时从美国加州理工学院所在地帕萨迪纳出发，和钱先生一家一路同行的还有李正武、孙湘教授一家。

进入深圳车站休息室坐定后，我把科学院吴有训副院长和院学术秘书钱三强先生的欢迎函面交给他们。

钱学森先生站了起来，再次和我们握手，并走到李教授跟前说："正武兄，这下我们真的到了中国了。恭喜！恭喜！"两个人又激动地握手。

孙湘教授把怀中的孩儿递给丈夫，从手提包里取出他们随身带来的离美那天出版的《帕萨迪纳晨报》给我看，上面印着特大字号的通栏标题——《火箭专家钱学森今天返回"红色中国"！》

三

在朱兆祥的陪同下，钱学森一家直接坐火车前往广州。当晚，中共广东省委书记兼广东省省长陶铸接见并宴请了钱学森。陶铸告诉钱学森：中共中央、国务院和中国人民十分欢迎他归来参加新中国建设。周恩来总理专门打来电话，指示陶铸："要好好接待钱学森。科学家是我们国家的精华，钱学森是科学家的一个代表。"

钱学森说，他一踏上国土，就从周恩来、陈毅、陶铸等共产党领导人身上，进一步认识了共产党，坚定了他跟共产党走的信念。

在陶铸的安排下，第二天，钱学森参观了广州农民运动讲习所旧址。在游览广州的路上，喜爱读书的钱学森，特意去了广州新华书店，购买了《第一个五年计划》和《中华人民共和国宪法》两本小册子，认真研

1955年10月10日，《人民日报》第一版对钱学森一家回国的报道

读和学习。这是当时新中国的两件大事。

钱学森以科学家的敏感和热情，回国后做的第一件事，就是尽快学习，加快了解，从中吸取参加新中国建设的营养。

四

1955年10月12日，在朱兆祥的陪同下，钱学森一家回到了阔别多年的上海。

在愚园路钱家治的住处，全家团聚，其乐融融。钱家治特意给钱学森买了一套复制的中国历代名画，作为礼物送给他。全家在一起，开心

1955年10月12日，钱学森一家回到上海与父亲团聚

1955年10月13日，钱学森一家（后排左一为蒋英，右一为钱家治干女儿钱月华）在上海愚园路家中拍摄的全家福，那天正好是钱永刚的生日

1955年10月15日，钱学森从上海回到阔别20年的家乡杭州探亲。图为钱学森一家与亲属合影

1955年10月，钱学森参加母校举办的座谈会，并在会上发言

地拍了全家福照片。

10月15日，钱学森一家专程去了杭州，到母亲章兰娟墓前祭奠，还参观了浙江大学。

10月20日，钱学森一家返回上海。在上海期间，钱学森两度前往母校——交通大学，看望昔日的老师和朋友，并且受到了师生们的热情欢迎。

可以说，在回国后的这些日子里，钱学森一直处在幸福和激动之中。特别是在上海参观了中国科学院的几个研究所后，他感到十分惊奇，许多当时在世界上

1955年10月23日，中国科学院上海植物生理研究所副所长殷宏章（中）邀请钱学森（右）参观研究所

属于先进的科研项目，国内也在进行研究。如钛金属的研究，这是现代航空领域正在研究的尖端课题。看到这些，钱学森说，想不到国内的科研条件和科研氛围这样好。

他向陪同参观的朱兆祥说：在第二次世界大战期间，自己曾是美国军方科学咨询团的成员，比较了解如何规划大规模的现代化的航空工业和如何将新的技术用于航空工业，他愿将这方面的经验贡献出来。

五

10月26日，钱学森一家在朱兆祥的陪同下乘火车离开上海，于10月28日抵达北京。中国科学院副院长吴有训和著名科学家华罗庚、周培源、钱伟长、赵忠尧等20多人，亲往火车站迎接钱学森的到来。

11月5日，国务院常务副总理陈毅亲切接见钱学森，代表党和国家欢迎钱学森归来。陈毅副总理亲切地问钱学森，回国后这些日子里对祖

1955年10月28日，中国科学院副院长吴有训等到北京火车站迎接钱学森

1955年11月5日，主管科技工作的国务院副总理陈毅在北京宴请钱学森

国的感受如何？钱学森激动地说："通过回国后近一个月的参观，我感到，新中国虽然才成立几年，但面貌发生了很大变化，这是我回国之前没有想到的。"

陈毅说："现在国家解放了，要搞建设了。我们这些人打仗是可以的，搞建设就不行了。所以，我们千方百计要把你们这些科学家请回国来。"这让钱学森深为感动，他急忙说："陈副总理这样说，我就不敢当了。我们回来，就是为国家效力的。"钱学森在一篇访谈文章中敞开心扉，谈了这些日子的感受：

祖国的亲切和温暖，使我深受感动。在美国遭受迫害的日子里，我一直相信我一定能回到祖国。今天，我终于回到了祖国。我为自己有一个强大而进步的祖国，感到无限的自豪。在回国的20多天里，我和广州、上海、北京的许多科学家见过面，也参观访问过学校和研究所，这些初步的接触，已经给我留下了深刻的印象。这几年，祖国处处都有很大变化。我生长在杭州，这是过去豪门

1955年，钱学森回国后接受新华社记者采访

官僚的避暑之地，现在我去看看，那里的别墅，都成了劳动人民的休养所。从前我所认识的一些朋友，个个都在兴致勃勃地工作，而且都把工作做得很出色。这只能有一个解释：他们的思想提高了，知道自己的工作，是为人民、为祖国。祖国各地新建扩建了大批高等学校，为祖国社会主义建设培养人才。我要把我的全部力量，献给社会主义建设，为祖国培养迫切需要的科学研究人才。

此时的钱学森，回国后原本打算继续在高等院校工作，教书育人搞科研，但不久之后的东北之行，让他的人生轨迹发生了改变……

第十五章　一诺千钧

——

为了让钱学森更多地了解新中国，中国科学院根据周恩来总理的指示，从1955年11月22日起，又安排钱学森到东北地区去参观调研了一个月。东北地区是当时中国最大的工业基地。这次考察，是让钱学森对中国的现代化工业有个实地了解。

1955年11月20日国务院就钱学森的东北之行发给有关省市的电报（原件存吉林省档案馆）

在东北地区，钱学森先后在哈尔滨、长春、吉林、沈阳、抚顺、鞍山、大连7个城市，参观了当时全国最大的钢铁厂、煤矿、水电站、炼油厂、机床厂、汽车厂、电机厂、飞机厂，还和不少教授、专家进行了座谈。

在参观访问中，他提出了一系列新颖的观点和建议：科学应该领导工业，不应该老是跟在工业的后面跑。

科学研究机构应该研究关键性的问题，而不是去研究那些具体的枝节问题。但是，对工厂向科学研究机构提出来的问题，不应该一概拒绝，应该将这些问题作一番分析，然后才决定做不做、如何做。不要不加分析就动手去做。

各高等学校、工厂和科学研究机构之间，缺乏统一的联系。国家计划委员会应该把这个工作抓起来，现在因为缺乏联系，有的问题在这个工厂已经解决了，在另一个工厂还在研究如何解决这个问题。

目前工厂中的严重问题是缺乏设计人员。不能专靠苏联专家，否则一定要苏联已经有的我们才能够有，永远跟在后面。要大力培养设计人员，而且要赶快下手，培养的方法要像工人那样，订师徒合同，包教包学。不应该有依赖苏联的思想，好像没有苏联专家就什么也搞不起来了。

做科学研究工作要发扬集体智慧，不要各搞各的。任何成就都不能离开群众的智慧。要采取苏联的习米纳尔（俄语，意为"课堂讨论"——作者注）的方式，进行集体讨论。

从事科学研究，就要有这样的抱负，要做最先进的、前人没有做成功的研究，要把自己的见解提高到世界的水平，要以这样的水平作为自己的研究工作的基础。

目前国家给教授、专家们的科学研究工作的条件太好了，没有一个国家有这样好的条件，但是，教授、专家们的勇气很不够，总觉得自己无把握，彷徨，这是太保守了！

1955年刚归国时的钱学森

对钱学森的这些观点和建议，中国科学院整理后写成简报，呈送给了中国科学院领导和中央领导。

从这些观点和建议里也可以看出，钱学森不是一般的从事科学研究的专家型科学家，在他身上体现出帅才的素质，是具有战略眼光的大科学家。

二

钱学森这次东北之行的高潮，是在哈尔滨参观访问"哈军工"。这是一次计划之外的访问，却得到了中央军委和解放军总部机关高层领导的高度重视，由此，掀开了中国国防科技和军事装备事业崭新的一页。

"哈军工"全称是中国人民解放军军事工程学院。因为学院设在哈尔滨，人们习惯地把这所学院简称为"哈军工"。这是新中国成立后组建的第一所高等军事工程学院。

由于"哈军工"培养的是军事工程高级人才，研究的是当时先进的军事工程技术，所以，是一所对外严格保密而又特别神秘的军事院校。

因此，在安排钱学森的东北之行时，并没有参观"哈军工"这项内容。但钱学森在美国加州理工学院时有两个学生，一个叫罗时钧，另一个叫庄逢甘。罗时钧师从钱学森读博，庄逢甘在学术研究上得到过钱学森的指导，当时钱学森担任古根海姆喷气推进中心主任。两人先于钱学森回国。回国前，钱学森曾对他们说，新中国诞生了，祖国迫切需要人才，你们读完书要早点回国服务。组建"哈军工"时，这两人都被陈赓作为人才"挖"了去。

钱学森在1955年11月23日到达哈尔滨后，就向陪同参观的朱兆祥提出，自己有两个老朋友在哈尔滨的军事工程学院工作，希望能够见见他们。

按照当时的保密规定，"哈军工"严禁参观，黑龙江省也只有省委领导去过这所院校。朱兆祥立即把这个情况向中共黑龙江省委领导报告。省委领导做不了主，又向总参谋部报告。很快，总参回电，同意钱学森去"哈军工"参观。

三

11月25日上午8时30分，钱学森在朱兆祥的陪同下，驱车来到了"哈军工"办公楼前。他刚下车，只见一大群身着将校军装的军官们迎到车前。为首的一位首长，中等身材，肩佩大将军衔，和颜悦色地向钱学森伸出了右手，大声地说："欢迎钱先生来学院参观指导，我是陈赓！"

钱学森一下子愣住了，有些不相信自己的耳朵。大名鼎鼎的陈赓大将亲自来迎接他，这是他万万没想到的。

不要说钱学森没有想到，连"哈军工"的那些院首长们也没有想到。陈赓虽然担任了"哈军工"的院长，但依然担任中国人民解放军副总参谋长，平时主要在北京总参谋部办公。

钱学森急忙握住陈赓的手，激动地说："您好，陈院长，您这是……"

陈赓率直地说："我今天起了个大早，刚从北京飞来哈尔滨，我要为钱先生接风洗尘啊！"

陈赓以大将之尊，在军务繁忙之中，特意从北京赶来陪同钱学森参观"哈军工"，这是钱学森平生，从未得到过的礼遇。他深深感受到了中国共产党对科学人才的重视。陈赓接下来的话语，让钱学森更深深感受到了中央领导对他的信任和真诚。

大家进入办公楼会议室后，陈赓发表了简短的欢迎词。陈赓说：

> 我们军事工程学院打开大门来欢迎钱学森先生。对于钱先生来说，我们没有什么秘密要保的。那些严格的保密规定，无非是在美国人面前装蒜，不让他们知道我们武器装备的发展水平。

原先设想的参观方案没有用了。在陈赓亲自陪同下，钱学森首先来到了院陈列馆。陈赓指着许多从朝鲜战场缴获的军事装备，笑着说："都是些美国人的玩意儿，保什么密！"

接着，他们驱车来到了学院进行参观。炮兵工程系副主任任新民教授引导钱学森观看了火箭实验室，这引起了钱学森极大的兴趣。

任新民指着一个十多米高的铁架子，谦虚地说："不怕钱先生笑话，我们做比冲试验，方法很原始。另外，用火箭弹测曲线，也是笨办法上马。"

钱学森认真地说："不容易，你们的研究工作已有相当的深度，尽管条件有限，但已经干起来了嘛！迈出这一步，实在出乎我的意料。"

钱学森对陈赓说："任教授是你们的火箭专家，我今天有幸认识了他！"

123

钱学森与任新民的这次会面，为之后中国航天事业的发展埋下了伏笔。

这时，陈赓的神情突然变得严肃起来。他面对着钱学森认真地问道："钱先生，你看我们中国人能不能搞导弹？"钱学森望着陈赓，脸上露出坚定的神色，不假思索地说："有什么不能的？外国人能造出来的，我们中国人同样能造出来。难道中国人比外国人矮了一截不成？"

陈赓大喜过望，紧紧握住钱学森的手，大声地说："好极了！我要的就是您这句话！"

一诺千钧！

1997年，钱学森接受中央电视台采访，回忆与陈赓大将会面的经历

钱学森回忆与陈赓的这次会面时，曾说：

我那个时候正憋着一肚子气呢，中国人怎么不行啊？所以，就回答得很干脆，我说外国人能搞的，难道中国人不能搞？中国人比他们矮一截？陈赓大将听了以后非常高兴，说好极了，就要你这句话！

就因为这句话，钱学森与中国的火箭和导弹事业结下了不解之缘。

第十六章 乘风扬帆

一

新中国成立之初，百废待兴。进行社会主义经济建设，成为共和国的中心任务。但同时，要不要加快进行国防现代化建设，在一部分人中间是有不同认识的。

一部中国近代史已经证明，落后就要挨打。帝国主义是用枪炮打开中国大门的。毛泽东、周恩来等共和国的领导者们，决心要把国防现代化建设作为国家建设的重要任务之一。特别是朝鲜战争爆发后，美国内部有些人叫嚣要对中国使用核武器。这更让党和国家领导人清醒地意识到，加强国防现代化建设已经到了迫在眉睫的时刻。

虽然直至朝鲜战争结束，美国迫于国际舆论压力，最终没敢使用原子弹，但对新中国的领导者来说，这是必须面对的现实。

然而，新中国成立初期，经济基础的薄弱、科学技术的落后、科技人才的缺乏，影响着国防现代化建设的脚步，也制约着领导者们的决策。因此，火箭专家钱学森从美国归来，理所当然引起了中央领导和军方高层的重视。

二

1955年12月23日，在东北地区参观考察了一个月的钱学森回到了北京。12月26日下午，钱学森在陈赓的陪同下，来到北京医院看望彭德怀。

1955年12月16日《东工生活》上刊登的关于钱学森参观东北工学院并举行座谈的报道

彭德怀是中国工农红军创始人之一，共和国的开国元勋，元帅军衔，时任国防部部长。

彭德怀见到钱学森后，就像看见久别的老朋友，亲切地拉钱学森坐在自己身旁，并仔细向钱学森询问一些有关导弹方面的问题。他感慨地对陈赓说："真是听君一席言，胜读十年书啊。我们军队不能老是'土八路'，也要学点洋玩意儿。你回去安排钱先生给我们高级干部讲讲课，让大家都开阔开阔眼界，长长见识。"送走钱学森后，彭德怀特意关照陈赓："钱学森是难得的人才，是国家的宝贝。陈赓啊，你要照顾好他的生活。"彭德怀和陈赓对钱学森如此重视，对研制中国自己的导弹如此关切，应该和他们在朝鲜战场上与拥有现代化武器装备的美军打了多年交道有关。他们两个，一个是中国人民志愿军司令员，另一个是副司令员，比其他人有着更深刻的切身感受。

三

在彭德怀接见钱学森的当天晚上，钱学森出席了周恩来总理为欢迎苏联科学家访华代表团举行的宴会。

这是钱学森第一次同周恩来见面。他的归国，正是由于周恩来的亲自谋划和安排才得以实现。周恩来是钱学森十分敬重又十分敬佩的党和国家领导人。

不久，陈赓大将以国防部的名义，代表彭德怀设宴欢迎钱学森归国。

出席宴会作陪的有两位著名高级将领。一位是时任中国人民解放军副总参谋长的王震上将，另一位是时任总参谋部装备计划部部长的万毅中将。

这次宴会的主题，又是在一起热烈探讨如何发展中国的火箭和导弹。由于导弹出自西方国家，翻译成中文时，有的把它称为"飞弹"，有的把它称为"弹道导弹"。万毅就问钱学森，到底是翻译成"飞弹"好，还是翻译成"弹道导弹"或者"导弹"好？

钱学森说，以他看来，翻译成"导弹"为好，因为"导"字体现了制导系统，是在自动控制下才能精确命中目标。此后，我国就一直将它称作"导弹"，而我国台湾、香港地区和海外的华文媒体，至今还比较喜欢叫"飞弹"。

因为研制导弹事关中央重要决策，陈赓又跑到叶剑英元帅家里，把钱学森这位大科学家大大赞扬了一番，说钱学森会"研究一种能追着飞机飞的炸弹"。

叶剑英是陈赓在黄埔军校时的老师，听陈赓说完，叶剑英吩咐道："陈赓啊，你就当个牵线人吧，请钱学森夫妇到我这里吃顿便饭。日子嘛，我看就定在春节如何？"

陈赓高兴地说："好啊，大家在一起过年，就更有气氛了！"

1956年新春，在陈赓的引领下，钱学森和蒋英来到了叶帅家。

席间，宾主之间谈论的话题，依然是导弹和火箭。有了和彭德怀元帅谈话的基础，这次钱学森谈得更加具体、更加深入，从研制导弹的基本思路到研究机构的设置，从研制人员的调配到研制经费和物力的大致估算，让叶帅和陈赓听得十分着迷。

叶帅直截了当地对钱学森说："希望钱先生在科学技术上主持这件事。"陈赓则提出趁热打铁，现在就去找周恩来总理，把钱学森的设想向周总理汇报。三人马上驱车直奔离中南海不远的"三座门"。

叶帅向周总理报告了钱学森关于研制导弹的有关设想。周总理听了十分高兴，频频点头，说："好啊，我很赞同你们的想法。"

周总理热情地握着钱学森的手说："学森同志，刚才叶帅向我谈了你的想法，我完全赞成。"

回到祖国以后，大家都尊称钱学森为"钱先生""钱教授"。这是钱学森第一次被称为"同志"，而且出自国家总理之口，这让钱学森异常激动。

从"同志"的称呼中，钱学森感受到了祖国的信任和重托。多年之后，谈起这件事，钱学森都抑制不住激动。

1956年2月16日，由陈毅、范长江、张稼夫、刘杰等人陪同，周恩来总理又一次接见钱学森。他委托钱学森，将研制导弹的设想，包括如何组建机构、调配人力，需要些什么条件等等，写成一个书面意见，以便提交中央讨论。

中国的导弹事业乃至航天事业，就这样摆到了党和国家领导人的议事日程上。

第十七章　身负重任

—

　　1956年2月17日，即周恩来交给钱学森任务的第二天，钱学森就将一份《建立我国国防航空工业的意见书》（以下简称《意见书》）呈交给总理办公室。

　　当时为了保密，用"国防航空工业"代表"火箭、导弹工业"。钱学森在《意见书》里，提出了我国火箭、导弹事业的组织方案、发展计划和一些具体措施。

　　钱学森的《意见书》为我国火箭和导弹技术的创建与发展提供了极为重要的实施方案，受到了中共中央和中央军委的高度重视。

　　1956年2月22日，周恩来总理批示，将《意见书》印发中央军委各委员；并在《意见书》的标题下面，亲自写下了"钱学森"的名字。

　　在呈送给毛泽东的那份《意见书》的报告上，周恩来特意写道："即送主席阅，这是我要钱学森写的意见，准备在今晚谈原子能时一谈。"

　　周恩来说的原子能也就是原子弹。

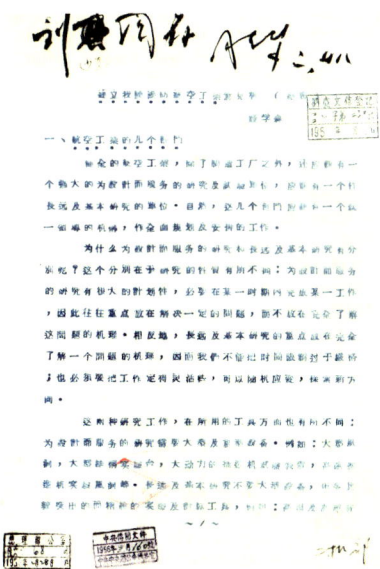

1956年2月，钱学森起草的《建立我国国防航空工业意见书》

129

当时，中共中央和中央军委领导已基本形成共识，要研制原子弹和导弹，之后又增加了研制人造地球卫星。

这就是我国著名的"两弹一星"工程。

二

1956年1月10日，全国政协二届常委会第十二次会议增补钱学森为第二届全国政协委员。1月30日至2月7日，全国政协二届二次会议在北京召开。钱学森出席会议，并在会上作了发言。

在给钱学森的晚宴请柬上，写着他的席位在第37桌。然而，到了宴会厅，第37桌上没有钱学森的名字。正在纳闷儿之际，一名工作人员走上前来，引导钱学森来到了第1桌，在毛泽东的右面，第一贵宾的位置上写着钱学森的名字。事后，钱学森才知道，是毛泽东在审阅宴会来宾名单时，亲自用红铅笔，将钱学森的名字从第37桌勾到了第1桌，安排在他的身边。

这是钱学森与中国最高领导人第一次亲密接触。毛泽东亲切地对坐在身边的钱学森说："听说美国人把你当成5个师呢！我看呀，对我们来说，你比5个师的力量大得多。我现在正在研究你的《工程控制论》，用来指导我们国家的经济建设。"

1957年1月，根据国务院颁布的《中华人民共和国科学奖励条例》，中国科学院1956年度科学奖金（自然科学部分）评选结果揭晓。钱学森

1957年1月，钱学森荣获中国科学院1956年度科学奖金一等奖奖章和奖状

1957年3月，《人民画报》刊登了钱学森的工作照，并介绍了《工程控制论》的获奖情况

在美国出版的专著《工程控制论》，被评为3个一等奖项目之一。这是新中国第一届国家级自然科学成果奖。

三

1956年3月14日，中南海西花厅。

国务院总理周恩来亲自主持召开中央军委会议。周恩来说："今天军委会议的议题，就是请钱学森同志谈谈我国发展导弹技术的设想和规划。"

钱学森依照自己向中央提交的《建立我国国防航空工业的意见书》的内容，在会上作了《发展我国导弹技术》的报告。

参加会议的中央军委委员和军委总部机关领导听后十分兴奋。国防部部长彭德怀当即明确表态：中国要搞原子弹和导弹！

会议决定组建中国导弹研制工作的领导机构——航空工业委员会（简称"航委"）。

1956年4月13日，经报中共中央和毛泽东批准，国务院决定正式成立航空工业委员会，直属国防部领导。聂荣臻任航空工业委员会主任，黄克诚、赵尔陆任副主任，钱学森、刘亚楼、王净、安东、王士光、李强、钱志道为委员，负责领导新中国导弹和航空工业的发展建设。

中華人民共和國國防部辦公廳

通知
一九五六年四月十三日

1956年4月13日，中国导弹研制工作的领导机构"航空工业委员会"成立，聂荣臻任主任，钱学森等为委员

建立我国导弹研究工作的初步意见

1956年5月10日，聂荣臻向中央军委提出《建立我国导弹研究工作的初步意见》，内容之一是提议建立导弹研究院，并由钱学森任院长

1956年4月25日，毛泽东在中共中央政治局扩大会议上作了《论十大关系》的报告，其中，深刻阐述了发展原子科学和发展导弹事业的决策。毛泽东说：

我们现在还没有原子弹。但是，过去我们也没有飞机和大炮，我们是用小米加步枪打败了日本帝国主义和蒋介石的。我们现在已经比过去强，以后还要比现在强，不但要有更多的飞机和大炮，而且还要有原子弹。在今天的世界上，我们要不受人家欺负，就不能没有这个东西。

1956年5月10日，航空工业委员会主任聂荣臻向国务院和中央军委提出了《建立我国导弹研究工作的初步意见》（以下简称《初步意见》）的报告。

1956年5月26日，周恩来出席中央军委第71次会议，代表中共中央宣布发展中国导弹武器的决定。周恩来在会上说："导弹研究工作应当采取突破一点的办法，不能等待一切条件都具备了才开始研究和生产。"并且指示：

研制导弹所需要的技术专家和行政干部，从工业建设、高等教育、科学研究等部门和军队中抽调；要说服更多的人，为研制导弹出力；军队要起模范作用，要人要钱首先拿出来。

中共中央书记处批准了聂荣臻的《初步意见》。中共中央书记处总书记邓小平表示："大家放手去干，成功了，功劳是你们的；失败了，责任由书记处承担。"

四

1956年7月，中央军委正式批准成立导弹管理局（国防部五局）。钟夫翔任局长，钱学森被任命为第一副局长兼总工程师。

1956年10月，中央军委正式批准成立导弹研究院（国防部第五研究院），钱学森任院长。

1956年11月16日，全国人大常委会第五十一次会议决定，任命聂荣臻为国务院副总理。当日，周恩来在国务院第40次全体会议上宣布：聂荣臻分管国家自然科学和国防工业、国防科研工作。

从此，钱学森在周恩来、聂荣臻的直接领导下，开始了中国导弹事业的创建工作。

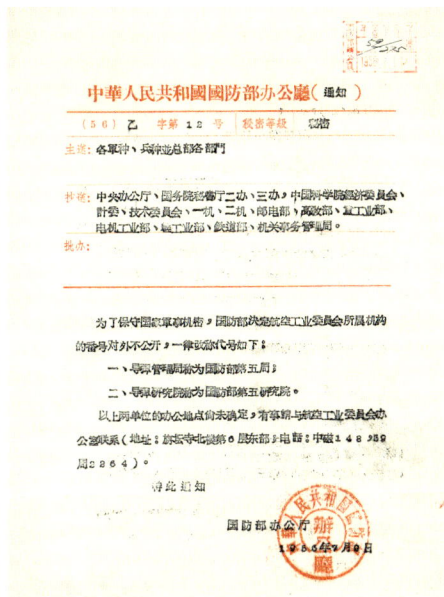

1956年7月9日，国防部关于成立国防部第五研究院的通知

第十八章　起步维艰

一

　　1956年10月8日，中国第一个导弹研制机构——国防部第五研究院在北京召开成立大会。钱学森任国防部五局副局长、总工程师兼国防部第五研究院院长。

　　也许是历史的巧合，也许是有意的安排，一年前的这一天，即1955年10月8日，钱学森冲破重重阻挠，踏上了祖国的国土。

　　仅仅一年时间，10月8日这一天，又成为中国导弹事业和航天事业奠基的纪念日。

国防部第五研究院旧址

1986年6月6日，钱学森（前排左四）陪同有关领导及专家到北京玉泉山9号楼看望聂荣臻（前排左五）

聂荣臻元帅亲自主持召开国防部第五研究院成立大会。会上，聂帅首先宣读了中央军委命令，之后又作了热情洋溢的讲话。他热忱地勉励大家，发扬自力更生、奋发图强精神，进行学习、研究，毕生致力于新中国的导弹事业。

聂帅讲完话后，首任院长钱学森进行了简短的任职讲话。他说：

这是一个宏伟的、具有远大前途的事业。投身这个事业是很光荣的。大家既然下决心来干这一行，就要求大家终身献身于这个事业。由于工作性质的关系，干我们这一行是出不了名的。所以，大家还要甘当无名英雄！

同志们，我们是白手起家，创业是艰难的。我们会遇到许多意想不到的困难。但是，我们不会向困难低头。我说，对待困难有一个办法，那就是"认真"两个字。只要大家认真对待，就没有攀登不上的高峰，就没有克服不了的困难。我相信我们一定会完成党中央交给我们的任务。我们一定要下决心完成这个光荣任务。

钱学森讲完话后，就在主席台上摆起一块黑板，给大家讲起了导弹技术的基本知识。

当时，国防部第五研究院其实还属于筹建阶段。全部科技人员就是从有关部门抽调的30多名科技专家和当年刚分配来的100多名大学生。行政干部大多是红军时期、抗战时期和解放战争时期的军队干部。不管是大学生，还是久经沙场的军队干部，对导弹基本上是一无所知。就是为数不多的专家，连导弹是什么模样也都没有见过。任新民在一篇文章里这样写道："钱学森同志是当时我国唯一在这个领域工作过的专家。"

钱学森的第一堂课讲得通俗易懂。科技干部听了，不感觉浅；军队老干部听了，不感觉深。钱学森以自己独特的魅力，向大家打开了导弹的神秘之门。

国防部第五研究院最初成立时，没有设院机关。机关职能由国防部五局代行。1957年3月，按照聂荣臻关于要加强航委直接领导、减少层次、充实五院的意见，将国防部五局的机构和人员合并到国防部第五研究院。

1957年8月，中央军委任命国防部第五研究院新的领导班子：钱学森任院长，谷景生任政治委员，王诤、刘秉彦任副院长。

除了钱学森，其他几位都是共和国的高级将领。从国防部第五研究院新领导班子的配备可以看出，除了钱学森，这些人既是知识分子出身的领导干部，又都是红军时期

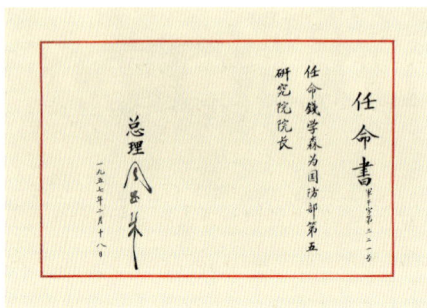

1957年2月18日，周恩来签署的任命钱学森为国防部第五研究院院长的任命书

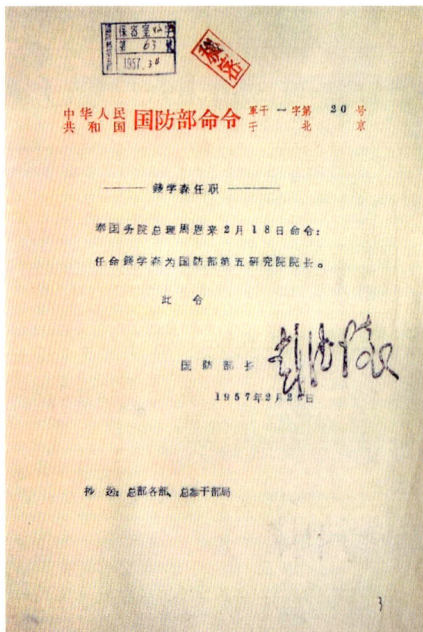

1957年2月26日，国防部长彭德怀签署命令，宣布钱学森任国防部第五研究院院长

参加革命的高级将领。可以想象，为了研制中国的导弹，在组建五院强而有力的领导班子上，中央军委是费了一番苦心的。

根据聂帅和总政治部商定，经中央军委批准，国防部第五研究院机构按兵团级、下属分院按军级行使职权。兵团级，介于军级和大军区级之间。从中也可以看出中央对发展导弹事业的高度重视。1988年中国人民解放军实行新军衔制时，取消了兵团一级。

1964年，钱学森在国防部第五研究院首届党代会上发言

二

万事开头难。由于是从平地盖高楼，一切都得从打地基开始。

首先是组建科技专家队伍。1956年6月2日，聂荣臻元帅根据周恩来总理的指示，在中央军委驻地"三座门"召开专门会议，研究落实为国防部第五研究院选调技术骨干。

聂帅首先介绍了经中共中央和毛泽东批准，决定发展和研制导弹的有关情况。他说："我国发展尖端武器迫在眉睫，但国际技术援助还没有落实，尽管困难很多，但中央下了决心。当前急需的是各类人才，请在座诸位大力支援，鼎力相助。"

听完聂帅的开场白后，会场一时安静了下来。道理大家都明白，但新中国建立之初，技术人才在哪儿都是宝。

最后，还是陈赓大将打破了沉默。他站起来，掷地有声地说：

4年前"哈军工"筹建时，全国、全军支援了我们，现在应该是我们回报国家的时候了。

搞导弹需要集中全国的优秀技术骨干，才能攻克难关，把研工作进行下去。我们"哈军工"有一批从事航空和火箭专业教学的专家教授，可以抽调6名教授支援五院。

陈赓的表态让聂帅十分满意，他脸上露出了高兴的笑容，期盼的目光又向其他人扫去。

他希望陈赓的发言得到大家响应，但依然是难堪的沉默。有人念叨着说："搞尖端武器是国家急需，很重要。可是，我们的科技人员太少，每年只分几个大学生，我们恨不得拿他们一个顶几个用。老专家是我们的老母鸡，大学生是未来的母鸡，我还指望他们给我下蛋呢！"

会场上响起了一阵苦涩的笑声。陈赓大将这时又站了起来，双目炯炯，眉宇间透出一股凛然正气，大声地说："聂总，选调专业技术干部，我们'哈军工'准备再增加3～4名。至于大学生，再过一年半，我们第一期学员毕业，届时，我们可以向五院输送足够的新生力量。"

陈赓以国家利益为重的大局意识和具有大将风度的表态，让在座的人坐不住了。大家纷纷表态，愿意回去商量后，为五院输送科技人才。

三

虽然大家已经表态了，但具体落实起来还是很不容易的。两个月过去了，只来了几位专家，人员还是没有到齐。钱学森很不高兴，气呼呼地问有关同志："导弹、火箭还搞不搞了？要搞，就应该赶快着手调人，不能再拖了。"

聂荣臻之女、原国防科工委副主任聂力中将回忆说：

> 这些话，反映到父亲这里，父亲掂量出，钱学森这些话分量不轻，他就去找周总理想办法。周总理叫父亲约钱学森到北戴河面谈，顺便可以让他休息几天。总理又对父亲说："需要哪些人，提出名字，你写报告，我批！"

后来，有些专家就是通过行政手段，聂帅写报告，由周恩来批准后调来的。由此可见，"两弹"的研制，从一开始就充满着艰难，不是一帆风顺。

终于，除先期到达的任新民、梁守槃、庄逢甘、朱正几位"哈军工"专家外，蔡金涛、屠守锷、黄纬禄、吴朔平、姚桐斌等数十位专家，先后来到五院，开始了导弹事业的创建工作。

聂帅还建议，在哈尔滨军事工程学院、北京航空学院、北京工业学院、解放军西安军事电信工程学院、北京邮电学院、交通大学、清华大学等高等院校，设置与导弹相关的专业。这一建议得到了中央批准，这为中国"两弹"事业的持续发展，奠定了技术人才培养的坚实基础。

四

五院成立后，钱学森首先要做的工作是对科技人员进行技术培训。选调来的专家虽然许多人都曾留学海外，也是当时国内的顶级专家，但对导弹也基本上是门外汉，更不用说那些刚刚分配来的大学毕业生了。

钱学森亲笔撰写了授课教材——《导弹概论》。这也是中国第一部航天专业方面的教材，是中国航天技术的奠基之作。《导弹概论》的内容深入浅出，通俗易懂，逻辑严密。对为什么要搞导弹，导弹是什么，导弹的推进系统、制导系统及结构，导弹涉及的空气动力学问题等等，既有宏观的描述，又有微观的介绍；既有他推导的公式，又有他绘制的图表；许多与导弹相关的名词，都是他亲自翻译的。

钱学森还亲自授课，为技术人员举办导弹技术训练班。在当时，这实际上就是导弹技术的"扫盲班"。

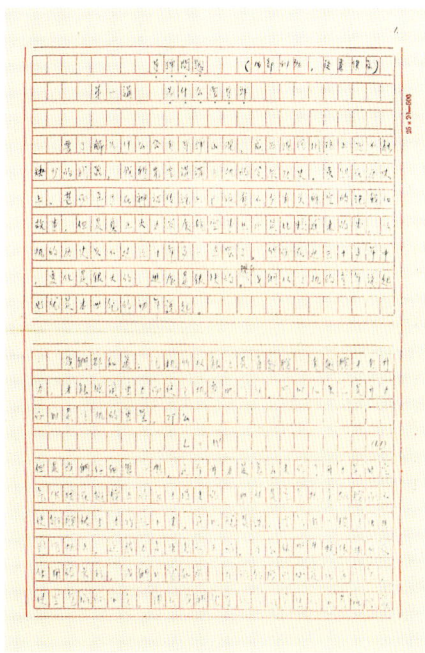

1956年，钱学森为导弹技术培训班撰写的《导弹概论》讲义

钱学森不仅给五院的技术人员和干部进行"扫盲"，也对军委总部机关干部进行了导弹技术的"扫盲"。

1956年1月，根据彭德怀交代的任务，陈赓亲自安排在解放军总政治部文工团排练场，请钱学森给在京的军队高级领导干部讲授关于导弹武器方面的知识，一连讲了3场，听众踊跃，一票难求，一时形成了"导弹热"，钱学森成了军中名人。

1956年1月，钱学森在解放军总政治部文工团排练场为在京的军队高级领导干部授课

贺龙、陈毅、叶剑英元帅都兴致勃勃地前往听课。

在国防部第五研究院成立后，钱学森不仅亲自讲授《导弹概论》，还拟定了空气动力学、火箭发动机、弹体结构、自动控制、电子线路、计算机等有关专业的学习和讲授计划。他请"哈军工"来的庄逢甘教授讲空气动力学，梁守槃教授讲火箭发动机，朱正教授讲制导系统，自己讲授弹体结构。

就是因为钱学森"手把着手教"，新中国的导弹研制队伍逐渐成长起来。

五

国防部第五研究院成立后，技术干部陆陆续续调来了，各种技术培训班也陆陆续续开办起来了，但选择一条什么样的导弹研制道路，摆在了大家面前。

聂帅召集航空工业委员会的领导人反复研究，统一思想，最后认为应该把我们的立足点放在依靠自己的力量上，在坚持自力更生的同时，尽可能争取必要与可能的国际援助。

反复思考之后，聂荣臻在给中央的报告中提出：我国导弹的研究，要采取"自力更生为主，力争外援和利用资本主义国家已有的科学成果"的方针。

1956年10月15日，周恩来批阅了这份报告，并转呈给毛泽东。10月17日，毛泽东批准了这个方针。这也就成为国防部第五研究院的建院方针。

钱学森十分赞同这个方针，并在国防部第五研究院的开创和建设过程中，很好地坚持和贯彻了这个方针。他根据中国的国情，吸收了美国、苏联的经验，组建了导弹总体、空气动力、发动机、弹体结构、推进剂、控制系统、控制元件、无线电、计算机、技术物理十个研究室，并确定从地地弹道式导弹、地空导弹和无人驾驶飞机三个方面入手进行研究。

在钱学森等的主持下，国防部第五研究院先后组建了十个研究室，后又成立了四个分院，其组织机构不断充实和加强，为导弹研制工作奠定了基础。

表18-1　国防部第五研究院成立初期机构设置

研究室名称	导弹总设计师室	空气动力研究室	发动机研究室	结构强度研究室	推进剂研究室	控制系统研究室	控制元件研究室	无线电研究室	计算技术研究室	技术物理研究室
室主任	任新民（正）	庄逢甘（副）	梁守槃（正）	屠守锷（正）	李乃暨（正）	梁思礼（副）	朱敬仁（副）	冯世璋（副）	朱正（副）	吴德雨（副）

表18-2　国防部第五研究院

一分院	1957年11月	导弹总体设计和弹体、火箭发动机研制
二分院	1957年11月	导弹控制导引系统设计
三分院	1961年9月	岸舰等飞航式导弹研制
四分院	1964年4月	固体弹道导弹研制

　　钱学森是一位有远见的科学家。他在组织液体弹道导弹研制队伍的同时，还安排了少数科技人员进行固体燃料推进剂的探索研究。这为后来我国固体火箭和固体战略导弹的研制打下了基础。

　　由于预见到运筹学不单能运用于武器装备研制，还要为研究未来武器装备的规划服务，钱学森在国防部第五研究院机构设置里，成立了我国第一个军事运筹学研究机构——作战研究处，这可以说是我国国防系统分析研究工作的起源。

　　在国防部第五研究院的直接领导下，国防科技情报研究中心成立了，其主要任务是广泛收集火箭、导弹、无线电电子技术、耐高温材料、高能燃料等方面的科技情报资料。钱学森为此指示说："情报研究工作应以建立专题技术资料档案为主，缩短翻译战线，提高出版物质量。"

　　中国导弹的先期研究工作，按照正确的方针，在钱学森的领导下，开始了万里长征的第一步。

第十九章 一肩双挑

一

1956年1月16日，国务院常务副总理陈毅签署批复了中国科学院《关于成立力学研究所的报告》。之后，中国科学院正式发文，任命钱学森为力学研究所所长，钱伟长为力学研究所副所长。

从钱学森回到祖国那一天算起，到建立中国科学院力学研究所，从头到尾才总共3个月时间。这可能是中国科学院历史上成立最快的一个研究所。

就这样，钱学森身负中央重托，一肩双挑，主持和领导新中国力学研究与导弹研制两项工作。表面看起来，这两项工作似乎没有什么关联，但在钱学森的领导下，力学研究和导弹研究之间，有着内在的密切联系。后来，钱学森又与从事核物理研究的钱三强，在"两弹"工程中走到了一起，这就成为中国"三钱"的佳话。

1956年，钱学森任中国科学院力学研究所所长

143

1985年4月17日，钱学森（中）与钱三强（左）、钱伟长（右）在参加全国交叉学科讨论会时的合影

二

1956年，钱学森在中国科学院力学研究所工作

力学研究所成立后，在钱学森的领导下，摆脱了力学研究的传统内容，组建了弹性力学、塑性力学、空气和流体力学、自动控制理论、化学流体力学、物理力学、运筹学、激波管、等离子体动力学等研究室，成为一个综合性的技术科学研究所。

这些研究内容，既符合力学的长远发展，又适应了新中国的社会主义建设需要。

三

力学研究所创建初期，只有十几个人，人才的缺乏也是一个最大的问题。

钱学森想到了此时还远在美国的挚友郭永怀教授。

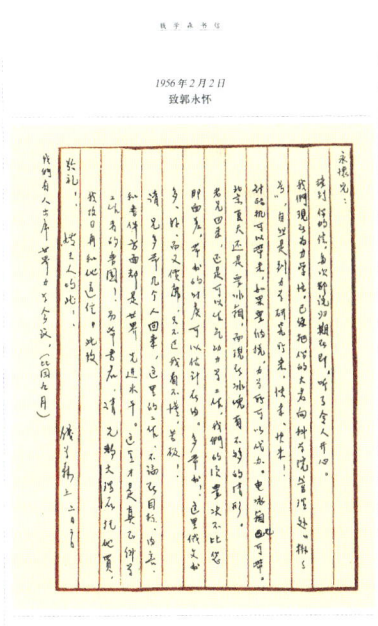

1956年2月2日钱学森致郭永怀的信

郭永怀（1909—1968），空气动力学家，"两弹一星"功勋奖章获得者

1956年2月2日，归国后的钱学森给郭永怀写了一封信："快来，快来！"钱学森的呼唤之声，短短数言，渴望之情溢于言表。

郭永怀收到信后，立即为回国做准备。他请了律师向美国司法部移民归化局交涉。为了避免美国当局节外生枝，制造麻烦阻拦他回国，他当着学校许多人的面，把多年来撰写的科研文章和教学讲义一把火焚烧了。

许多人为之可惜。这可是郭永怀的心血啊！夫人李佩焦急地想阻拦："何必烧掉？回国后还有用啊！"

郭永怀淡淡地说:"省得他们找麻烦,反正这些东西都在我的脑子里了!"

1956年8月,郭永怀夫妇终于登上了回国的轮船,还是那艘"克利夫兰总统"号。随船同行的还有核科学家张文裕、王承书夫妇。正当轮船要起航时,突然上来了好几个美国司法部移民归化局和美国联邦调查局的官员。他们直奔张文裕夫妇的舱房,仔细搜查了他们的全部行李,使开船的时间推迟了两个小时,但没有搜查郭永怀夫妇的行李。望着这些特务,郭永怀露出了蔑视的冷笑,因为人的头脑是无法搜查的。

当郭永怀一行人踏上祖国国土的第一刻,来迎接他们的中国科学院的同志,把钱学森写于1956年9月11日的一封信交给了他。

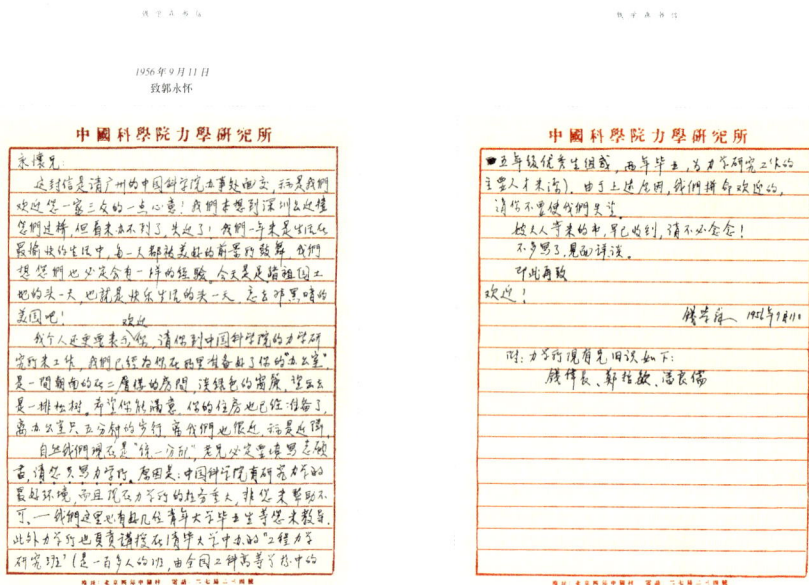

1956年9月11日钱学森致郭永怀的信

"足踏祖国土地的头一天,也就是快乐生活的头一天",这是钱学森归国后的真切感受,也是他从内心深处发出的肺腑之言。

郭永怀归国后,担任了中国科学院力学研究所副所长,成了钱学森的得力助手;后来又在钱学森的推荐下,参加了中国原子弹的研制工作,成为中国"两弹"元勋之一。

1960年5月16日，中国科学院力学研究所召开座谈会，畅谈苏联巨型宇宙飞船上天。图为钱学森（右一）在座谈会上发言，右二为郭永怀

四

力学研究所需要人才，新中国的社会主义经济建设也需要力学方面的人才。钱学森把培养人才作为力学研究所一项义不容辞的使命和任务。在培养过程中，他特别强调要加强科学工作基本功的训练。

钱学森还亲自给力学研究所的年轻科研人员讲授流体力学课，"手把着手"指导他们进行科学研究。

钱学森的知名度越来越高，北京许多高等院校也纷纷请他去讲课。他讲的课吸引了很多人。在力学研究所讲课时，中国科学院其他研究所的人也赶来听讲。在高校讲课时，更是座无虚席，引起学生们满场轰动。

为了更系统地传授力学知识，在钱学森的倡导下，力学研究所与清华大学联合举办了一个力学研究班。学制为两年。学员从高校理工科青年助教、应届大学毕业生、大学高年级学生中选调。钱学森亲自当班主任。通过在应用力学方面对学员进行专门训练，以达到研究生水平，为国家培养新一代专业人才。

钱学森在讲课

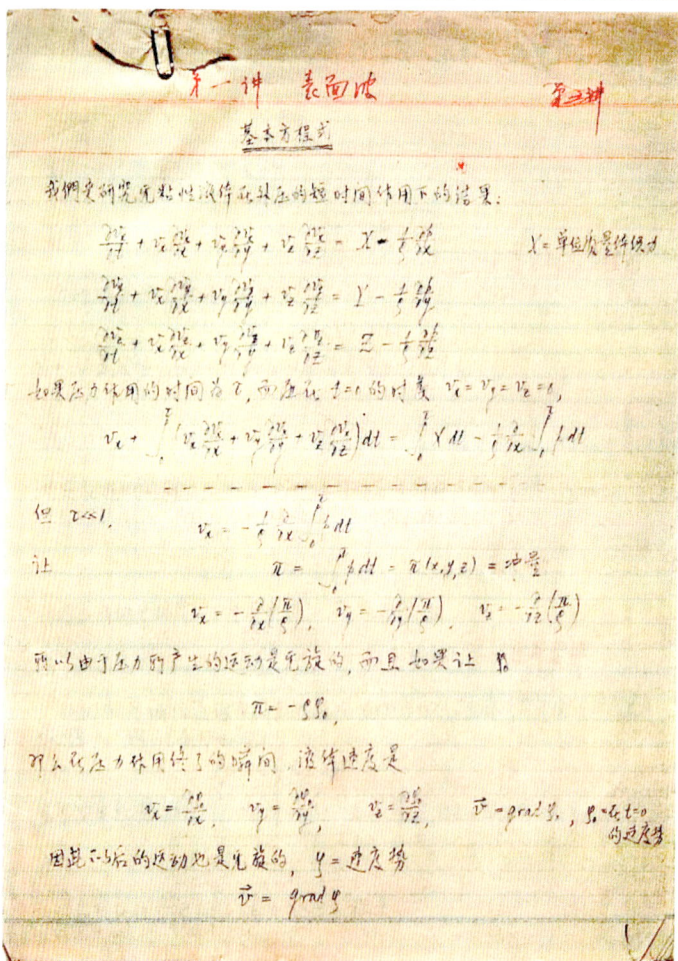

1958年，钱学森为清华大学工程力学研究班学员讲授水动力学课程时的讲义手稿

1958年12月，清华大学工程力学研究班第一届学员与钱学森、郭永怀等教师合影

钱学森在接受新闻媒体采访时，曾这样说道：

> 为了使我国科学事业迅速赶上世界先进水平，大力培养新生力量，是十分重要的事，在这方面，我们还做得很不够。现在，我们只有少数一些科学家达到世界先进水平，仅有那么几个"冒尖"的科学家是不够的，这不能显示我国的科学力量，也不足以代表整个中国的科学水平。像华罗庚是世界有名的数学家，但不能就此说中国的数学水平已经达到世界先进水平了。

为此，钱学森认为："作为一个科学家，应该把培养人才的工作看得比自己的研究工作还重要。"

在那些日子里，人们看到，这位刚刚归国不久的科学家，每天早出晚归，十分忙碌。钱学森不是开会研究学术问题，就是辅导科研人员；不是作学术报告，就是深入一线筹划实验室建设……

第二十章　春风化雨

一

新中国成立后，建设一个富强的中国，让人民过上幸福美好的生活，成为中国共产党和全国人民日益渴望的追求。

1956年1月25日，毛泽东在最高国务会议第六次会议上说："我国人民应该有一个远大的规划，要在几十年内，努力改变我国在经济上和科学文化上的落后状况，迅速达到世界上的先进水平。"

根据毛泽东的指示，周恩来召集国家计划委员会、中国科学院和有关部门领导开会，决定制定从1956年到1967年的十二年科学技术发展远景规划。

周恩来提出："争取在第三个五年计划末使我国最急需的科学部门能够接近世界先进水平。"

制定这样一个远大的科学规划，是新中国成立以后的第一次。中央对此十分重视。1956年3月，国务院成立了科学规划委员会，陈毅任主任，李富春、郭沫若、薄一波、李四光任

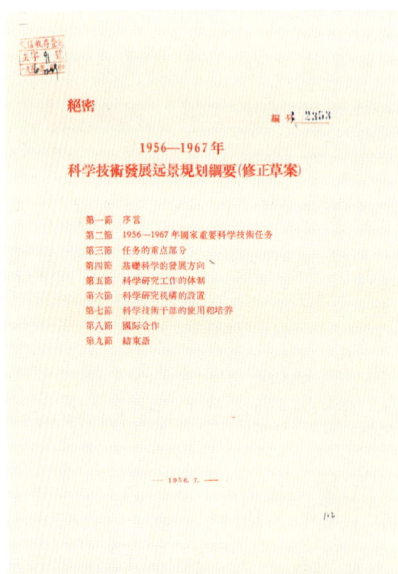

1956年春，钱学森参与制订《1956—1967年科学技术发展远景规划纲要》，担任综合组组长，并主持完成了第37项《喷气和火箭技术的建立》规划

副主任，中国科学院常务副院长张劲夫任秘书长。

之后，来自全国的600多位科学家和科技工作者集中在北京西直门外的西郊宾馆，参与制定十二年科学技术发展远景规划。

当时全国最著名、最杰出的科学家吴有训、竺可桢、严济慈、周培源、钱三强、钱学森、钱伟长、王淦昌、王大珩等人全部到会。

钱学森当时被任命为十二年科学技术发展远景规划综合组组长。综合组由12名科学家组成，负责对大家提出的所有规划项目进行评价、选择和推荐，然后综合各方面的建议，最终提供给中央决策。

中央确定由钱学森牵头负责，一方面是考虑到钱学森的知识渊博，另一方面也是众望所归。钱学森不负党和国家对他的信任与重托，圆满完成了任务。

十二年科学技术发展远景规划列出了12个发展重点：原子能的和平利用，喷气技术，无线电电子学方面的半导体、电子计算机、遥控等新技术，生产过程自动化和精密仪器，石油等重要资源的勘探，建立中国自己的合金系统和新冶炼技术，燃料等重要资源的综合利用，新型动力机械和大型机械，长江、黄河的综合开发，农业的化学化、机械化、电气化，

1956年5月，全国"十二年科学技术发展远景规划"编写小组开会讨论规划纲要（左三为钱学森）

几种主要疾病的防治和消灭，自然科学中若干重要的基本理论问题。

十二年科学技术发展远景规划制定了57项重大研究任务，并确立了其中的6项作为国家当时急需的项目。这6项急需的研究项目是：原子能、导弹、电子计算机、半导体、无线电电子学、自动化技术（对外只公布了4项，原子能和导弹属于保密项目，未公布——作者注）。

由于当时许多人对导弹不熟悉，甚至不知道导弹是怎么回事，比较熟悉的倒是飞机。因此，在确立这个项目时，引起了比较激烈的争论。争论的焦点就是：我们国家要不要搞导弹？导弹和飞机的关系是什么？

对此，钱学森在发言中强调：飞机的重要性自不待言，而导弹确是一种新的有巨大威胁力的武器，其作用在第二次世界大战末期已初现端倪，希特勒德国就使用了V-1、V-2火箭。飞机与导弹各有优缺点，在战争中是相辅相成、缺一不可的。飞机的机动性好，但导弹的优点是它的速度快，这在战争中无论是从攻击还是从防御的角度看，都是一个重要的战术技术性能指标。

钱学森还从技术角度分析：导弹虽然是一种新型武器，但攻克火箭导弹技术并不见得比飞机更难，从一定意义上说，研制一枚导弹也许比制造一架高性能飞机更容易一些。因为导弹是无人驾驶的一次性武器，而飞机则有人驾驶，且要求多次使用，这在发动机、结构、材料和飞行安全等问题上都有许多特殊的要求。可以说，它是一个更为复杂的问题，需要更为先进的、坚实的工业基础，我们国家目前不具备这个条件。

钱学森也实事求是地给大家介绍说，发展导弹当然在技术上也会遇到许多难关，比如制导问题。这也是当时大家还不清楚导弹为什么会自动飞向目标的一个神秘问题。钱学森于是给大家讲解了许多制导的原理，对制导技术的方方面面进行了剖析，并由此得出结论说：这个问题在短期

1956年，钱学森在力学所办公室留影

内易于突破。所以，导弹作为一种现代武器，应及早引起重视，并列入
重点项目予以突破。

钱学森的真知灼见为大家所接受后，他亲自主持，与王弼、沈元、
任新民等人合作，完成了《喷气和火箭技术的建立》这一项目书的撰写，
将喷气技术和火箭导弹技术纳入了国家科学技术发展远景规划。

在《喷气和火箭技术的建立》项目的说明书中，他们指出："喷气和
火箭技术是现代国防事业的两个主要方面：一方面是喷气式飞机，一方
面是导弹。没有这两种技术，就没有现代的航空，就没有现代的国防。
建立了喷气和火箭技术，民用航空方面的科学技术就不难解决了。"

该项目规划的目标是："本任务的预期结果是建立并发展喷气和火箭
技术，以便在12年内使我国喷气和火箭技术走上独立发展的道路，并接
近世界的先进技术水平，以满足国防的需要。""1963—1967年在本国研
究工作的指导下，独立进行设计和制造国防上需要的达到当时先进性能
指标的导弹。"

二

作为世界著名科学家，钱学森在制定
十二年科学技术发展远景规划过程中，他
的聪明才智和渊博知识得到了充分展示。

对钱学森在制定十二年科学技术发展远
景规划中做出的重要贡献，张劲夫回忆说：

　　在讨论制定规划的过程中，钱学
森发言很积极，他用自己的智慧，给
规划出了不少好主意，特别是亲自主
持制定的第三十七项任务《喷气和火
箭技术的建立》，我感到既志存高远
又切实可行。郭沫若院长看后更是诗
兴大发，当即挥毫赋诗一首："赠钱学

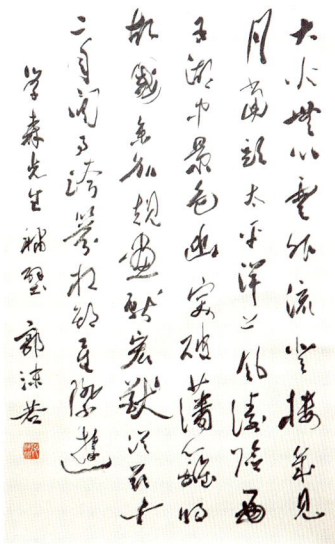

中国科学院院长郭沫若赋诗一首，
赠予钱学森

153

森——大火无心云外流，登楼几见月当头。太平洋上风涛险，西子湖中景色幽。突破藩篱归故国，参加规划献宏猷。从兹十二年间事，跨箭相期星际游。"

三

1956年6月14日，毛泽东、周恩来、朱德、陈云、邓小平、聂荣臻、林伯渠等中共中央领导人，在中南海接见了参加十二年科学技术发展远景规划制定工作的全体科学家与科技人员。

1956年10月，经过600多名科学家和科技工作者的努力，十二年科学技术发展远景规划起草工作基本完成。10月29日，陈毅、李富春、聂荣臻联名向中共中央写了《关于科学规划工作的报告》和《1956—1967年科学技术发展远景规划纲要（草案）》的报告。

这是新中国成立后的第一张科学发展蓝图。它提出了国家建设所需要的57项重要科学任务和616个中心研究课题，连同附件共达600多万字。十二年科学技术发展远景规划的制定，迎来了新中国的科学春天。

而此时，远在东欧的波兰和匈牙利，发生了震惊世界的反政府事件。为了镇压匈牙利国内的反对派，赫鲁晓夫派出了20万苏军进入匈牙利。这在国际上引起了一片谴责声，也使苏联在外交上陷于孤立。

迫于国内外形势的压力，赫鲁晓夫需要寻求中国政府和中国共产党的支持，明显地对中国热情了起来。聂荣臻敏锐地意识到，这是争取苏联援助国防新技术的好时机。所谓"国防新技术"，最主要的就是"两弹"：原子弹和导弹。

1957年9月3日，经中共中央批准，赴苏联谈判代表团正式成立。为了保密起见，代表团对外的名称为"中国政府工业代表团"。团长由聂荣臻担任，宋任穷（当时任第三机械工业部即后来的核工业部部长——作者注）、陈赓为代表团副团长，团员有钱学森、李强、刘杰、万毅、王诤、张连奎、刘寅。同时，选调了13名火箭、原子能、飞机、电子等方面的技术专家为顾问。

9月7日，代表团全体人员乘飞机前往莫斯科。

四

中国代表团到达莫斯科后，受到了苏方的热情欢迎。苏方谈判代表团由苏联部长会议国家对外经济联络委员会主席别尔乌辛任团长。双方代表团第一次见面，别尔乌辛就表示：苏方代表团接受苏共中央交付的任务，将尽量给予中国帮助。

谈判从9月9日开始，至10月15日正式签署协定，共进行了35天。整个国防新技术谈判，分军事、导弹、原子、飞机、无线电5个组进行。

在谈判过程中，中国代表团内部也在热烈讨论和研究，甚至有分歧，主要还是在导弹和飞机谁先上方面。有的同志主张先搞飞机，因为先进国家走的都是先飞机、后导弹的发展道路。苏方在谈判中也以他们的成功经验，有意无意之间透露了这一意思。

钱学森不同意这样的观点。他认为，美苏先飞机、后"两弹"的成功道路，是有其各自的历史条件的，中国不宜照搬。我们应该以"两弹"为主，飞机和其他装备的仿制、研制同时进行。

聂荣臻、宋任穷、陈赓等领导赞成钱学森的意见。特别是陈赓更是旗帜鲜明地表态：坚决支持先上"两弹"，飞机继续搞仿制和研制。他说：我们国家底子薄，钱不够用，人才匮乏，不能两全，只能紧握拳头，用于主攻方向。在研制"两弹"的过程中，肯定会遇到重重困难，但决心不能动摇。否则，我们将长期落后和受制于人。

最后，代表团统一了认识。9月14日，中国代表

1957年9月，钱学森作为科学技术顾问随聂荣臻赴苏联访问

团收到了苏方提出的协定草案。根据这个草案，苏联答应在原子能、导弹、火箭武器、航空新技术以及导弹和原子弹试验基地建设等方面，对中国进行援助。

其中，在"两弹"方面，苏联答应将于1957年年底至1961年年底，为中国提供原子弹教学模型和图纸资料，提供P-2导弹样品和有关技术资料，提供导弹研制、发射试验基地的工程设计，增加接受原子能、火箭专业留学生的名额等。经报毛泽东、周恩来批准，同意由聂荣臻代表中国政府，同苏联政府签订苏方建议的协定，这就是中苏两国历史上有名的"国防新技术协定"，全称是《中华人民共和国政府和苏维埃社会主义共和国联盟政府关于生产新式武器和军事技术装备以及在中国建立综合性的原子工业的协定》。

10月15日，聂荣臻率中国代表团全体成员出席了在苏联国防部大楼举行的签字仪式。聂荣臻代表中国政府，别尔乌辛代表苏联政府，分别在协定上签字。

五

中国代表团在苏联期间，钱学森受邀在苏联科学院作学术报告。钱学森以《工程科学》和《工程控制论》为题，向苏联科学家作了讲演，受到热烈欢迎和高度评价。

1956年，钱学森撰写的《工程控制论》被翻译成俄文在苏联出版。苏联科学界对钱学森提出的工程控制论刮目相看，认为这是科学的、崭新的学术。

但在参观苏联导弹研制和发射设施的时候，钱学森没有受到苏方邀请。个中原因，颇耐人寻味。有的人猜测，因为钱学森是世界著名火箭专家，怕他参观后，会了解苏联在这方面真正的技术水平。多年后，社会上流传，当时苏联为了不让钱学森参观，说他不是军人，级别也不够，于是，经毛泽东批准，紧急授予钱学森"中将"军衔。这已证实是误传。

钱学森晚年曾说："这是误传。当时中苏关系比较好，我们的谈判也比较顺利。有的设施我没看，不是苏方不让看。苏联专家说，那些东西都是仿造德国的，你很熟悉，还用得着看吗？"

这应该是真实的理由。在苏联期间，苏联军方还就他们在导弹研制方面遇到的一个技术难题，主动向钱学森请教。在钱学森的提示下，这个技术难题很快得到了解决。在钱学森离开莫斯科的时候，苏联军方特意派出代表向钱学森表示感谢。

中苏"国防新技术协定"签署后不久，苏联方面同意从中国留苏的理工科高年级学生中，各选送50名改学原子能和导弹技术专业。

1956年夏，钱学森在莫斯科留影

1956年夏，钱学森与蒋英在莫斯科留影

中国载人航天工程首任总设计师王永志就是其中的一个。当时，他是莫斯科航空学院飞机设计专业三年级学生，并担任该学院中国留学生中共党支部书记。

中国驻苏联大使馆遵照国内指示，决定在莫斯科航空学院飞机设计专业三年级的8名留学生，全部改学火箭与导弹设计专业。

王永志回忆说：

接到改学专业的通知，心里确实也很矛盾。一方面，飞机设计专业已经学了几年，有了一定的基础，从情感上有点割舍不下；另一方面，火箭导弹专业是一个新兴的领域，心里没有底。但那个年代，我们的命运是和国家的命运紧紧连在一起的，祖国的利益高于

王永志，中国工程院院士、国际宇航科学院院士

一切！我当时就表示，坚决服从组织安排。

王永志留学归来后，成为钱学森领导下的一员得力干将，真的越飞越高，一直将"神舟"飞船送上了宇宙太空，在领导研制长征系列运载火箭和载人航天工程中作出了突出贡献，在2003年获得中国国家最高科学技术奖。这些都是后话了。

第二十一章　励精图治

—

根据中苏双方签订的"国防新技术协定"，苏联政府决定于1957年年底前，向中国政府提供两枚P-2导弹进行教学和科研使用。

先进的科学技术，特别是先进的武器装备，买是买不来的，依靠外援毕竟是有限的，必须自力更生。在这方面，聂荣臻和钱学森的认识高度一致。他们利用苏联提供的有限帮助，确定了中国导弹的研制工作实行"三步走"的方针：先仿制，后改进，再自行设计。

因此，从苏联归来后，钱学森立即将国防部五院的研究工作重点，转向了对苏联P-2导弹的学习和研究上。

1957年12月24日，运载P-2导弹的中国专列到达北京。在钱学森的领导下，对P-2导弹的研究工作分两条线展开。一条线是由国防部五院的科技人员，对P-2导弹进行解剖式研究，通过对这枚教学导弹的测绘、通电试验、取样分析，增加对导弹的感性认识，为仿制工作做基础性准备。另一条线是由炮兵教导大队在苏军火箭营官兵的指导下，对P-2导弹的维护和使用，进行基本知识的训练。

而就在苏联决定提供给中国P-2导弹之前不久，即1957年8月21日，苏联成功发射了世界上第一枚陆基洲际弹道导弹。

导弹按射程分类，分为近程、中程、远程和洲际导弹四种。近程导弹的射程一般为几十公里至几百公里，属于战术导弹。中程导弹的射程为1 000公里至3 000公里，远程导弹的射程为3 000公里到8 000公里，

洲际导弹的射程在 8 000 公里以上，它们都属于战略导弹。

可见，在中国开始起步学习和研制导弹的时候，美国、苏联等国家已经远远走在了我们的前面。

1958年1月，炮兵教导大队第一期导弹训练班开学。国防部五院的科技人员和炮兵教导大队的官兵成为第一批学员。钱学森的授课把复杂的尖端技术问题讲得既通俗易懂，又生动形象，许多学员对当时的情景记忆犹新。

在开学典礼上，钱学森说："对导弹武器装备来说，我们还是个不会走路的孩子，现在是刚刚起步。我们深信在党中央的正确领导下，在启蒙老师苏联专家的帮助下，经过我们自己的辛勤努力，一定能会走、会跑，成长壮大。"

导弹训练班部分学员对当时授课情况的回忆

国防部第五研究院专家工作室人员合影

第一期导弹训练班由苏军火箭营官兵直接任教，3个月后，就由国防部五院及炮兵教导大队独立举办了第二期、第三期导弹训练班。

1958年3月16日，贺龙元帅、陈毅元帅、聂荣臻元帅、黄克诚大将和陈锡联、杨成武、张爱萍三位上将，一起来到炮兵教导大队参观P-2导弹。钱学森亲自为他们进行讲解。参观结束后，陈毅和聂荣臻亲切地勉励钱学森，一定要尽快把中国的导弹造出来！

二

研制导弹是一个既复杂又庞大的系统工程。不仅要有专门的研制机构，还要有进行发射试验的地面靶场，即导弹发射试验基地。

早在国防部五院成立之初，钱学森就提出，为了配合导弹的研制，应该成立一个导弹试验靶场。

1957年7月，聂荣臻听取钱学森对组建导弹试验靶场的汇报后表示同意，并指示钱学森以国防部五院的名义向中央军委写一个报告。

参照美国和苏联的经验，并结合中国的国情，钱学森亲自主持起草，向中央军委上报了《关于建设导弹靶场和试验场的规划（草案）》。

1958年1月8日，彭德怀、聂荣臻、黄克诚、陈赓等中央军委领导研究后决定，由时任中央军委炮兵司令员的陈锡联牵头，苏联专家参加，成立导弹试验靶场勘察小组。

导弹试验靶场的选址涉及诸多方面的因素，既要地域和空域广阔，适合导弹发射试验需要；又要地处偏僻，人烟稀少，保证老百姓安全；还要便于保密。

导弹试验靶场的具体位置选定在额济纳旗一个名叫赛汗桃莱的地方。这里地处甘肃、内蒙古交界的巴丹吉林沙漠西部，自然环境十分恶劣。有首民谣这样形容它："天上无飞鸟，地上不长草；长年不下雨，风吹石头跑。"

这里的气候属于内陆干燥性气候，干旱少雨，日照充足，温差极大，年平均气温8.3摄氏度，极端低温在零下36.4摄氏度，极端最高气温在42.5摄氏度。

对人类生活来说，这里不是适宜居住的地方；但对导弹火箭发射试验来说，这里就是理想之地了。

三

1958年3月14日，中央军委决定，组成以中央军委工程兵司令员陈士榘上将为领导的特种工程指挥部，调集工程兵、铁道兵等数万人的施工部队，开赴额济纳旗地区。

1958年4月，国防部部长彭德怀元帅召见黄克诚大将和张爱萍、陈士榘上将，代表中共中央提出：导弹发射试验基地第一期工程，一定要在1959年6月1日前完成。

在中央军委的领导下，新中国导弹发射试验基地建设掀开了轰轰烈烈的序幕。

四

在进行导弹研制和导弹发射试验基地建设的同时，"两弹"之中的另一弹——原子弹，也开始了初期的艰难创业。

1956年11月，国务院成立了主管原子能事业的核工业部门，对外称中华人民共和国第三机械工业部，1958年改为第二机械工业部，宋任穷

1958年，大批特种工程部队官兵开进巴丹吉林沙漠，在艰苦卓绝的条件下投入导弹发射场的建设

为部长，刘杰、钱三强为副部长。中国科学院所属的物理研究所，也在1958年更名为中国科学院原子能研究所，受二机部（即第二机械工业部）和中科院双重领导，以二机部为主。

对核试验基地的领导人选，陈赓亲自挑选，决定由解放军第三兵团参谋长张蕴钰担任基地司令员。核试验基地的选址要比导弹发射试验基地更复杂，对试验场区的安全性要求更高。勘察小组先后到青海省西部、内蒙古自治区西部、新疆维吾尔自治区东南部、甘肃省西部进行了实地考察。

从地图上看，罗布泊西北地区，有一片东西长百余公里、南北宽60余公里的戈壁，地形平坦、开阔，自北向南倾斜。北有天山的博格达峰和它的支脉库鲁克山，南有塔克拉玛干大沙漠和阿尔金山。经过实地勘察，在直径300公里范围内，没有具备开采价值的矿藏，基本没有居民。地形、地质等条件符合核试验要求，可以进行多种方式、不同规模的核试验，是个得天独厚的核试验场。

1959年2月，陈士榘、万毅、张蕴钰联合向中央打报告，建议把罗布泊西北地区作为核试验场。同年3月，中央批准了他们的意见。核试验基地的建设工作由此开始展开。

五

西北导弹发射试验基地与核试验基地的建设，面临的困难基本相同，都是在荒无人烟的戈壁沙漠里进行。

1964年冬，钱学森在导弹试验基地作报告

导弹发射试验基地建设初期，科技人才也极度匮乏。钱学森主动向聂荣臻元帅建议，从全国重点院校、科研院所、大型企业和全军各大单位，选调了一大批大学生和各方面的特殊人才，充实到导弹发射试验基地工作。

钱学森多次深入基地，亲自为这些领导干部和技术人员讲授导弹技术方面的课程。许多人多年后仍然记忆犹新，说钱老的课讲得既通俗易懂，又生动形象，令人终生难忘。

第二十二章　激情年代

一

1958年春，中国科学院为了适应科学技术发展的需要，决定创办一所理工结合的科技大学，这就是中国科技大学。从决定创办到招生开学，前后用了不到一年时间。

钱学森是中国科技大学10名筹备委员之一。这所新型大学走的是"所系结合"的办学道路，初期设立的13个系的系主任，全部由中国科学院各研究所所长兼任，全是国内著名的大师级人物，可谓"豪华阵容"。钱学森担任了力学系的系主任，时间长达20年之久。

在组建力学系时，钱学森亲自将该系定名为"力学与力学工程系"（1964年，该系改名为近代力学系）。之所以定名为力学与力学工程系，反映了钱学森的深刻思想。他认为，力学要走技术科学的道路，其核心理念是：力学研究必须与国民经济和国防建设紧密结合，为实现国家目标服务。尽管不少力学家都认为力学兼有基础科学和技术科学双重属性，但钱学森特别

钱学森兼任中国科技大学力学与力学工程系系主任时，给学生讲解分子间相互作用问题

1960年1月13日，在中国科技大学任教的科学家和学校各系负责人（左前一为钱学森，左二为郭永怀，左前三为柳大纲）在研究教学工作

强调力学的技术科学属性最根本的就是应用性，他说："近代力学实为应用力学。"

为了办好力学与力学工程系，从确定培养目标、设置专业和课程，到聘请主讲教师，直至安排学生实习和做毕业论文等一切环节，钱学森都精心设计。

钱学森还亲自指导学生的科研活动，提倡学生从低年级起就开始科研实践。中国科技大学力学与力学工程系火箭小组，在钱学森的亲自指导和支持下开展活动，并取得了非同一般的成果。

1961年冬，钱学森给中国科学技术大学学生上课

1960年2月，钱学森召集科大力学系火箭小组成员座谈

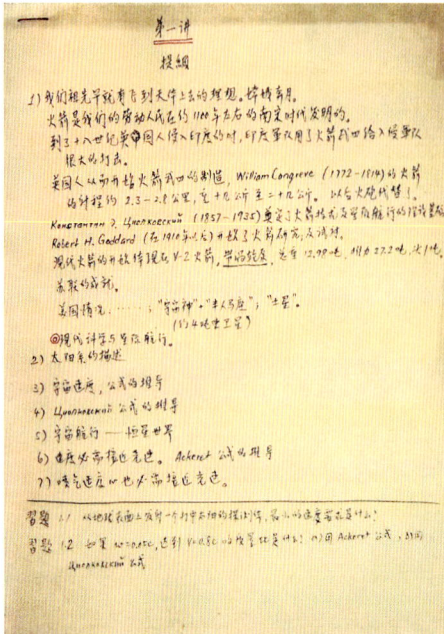

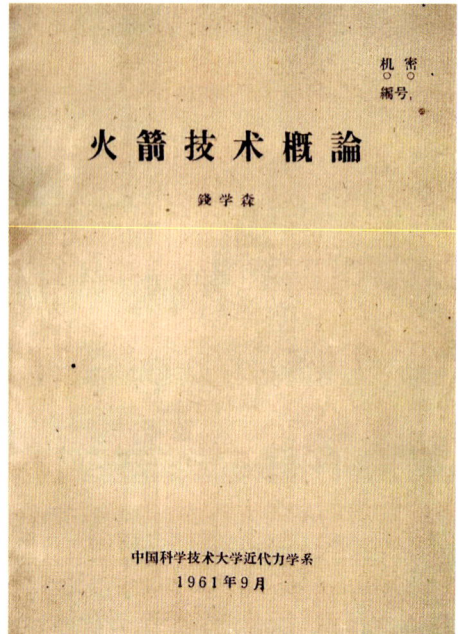

钱学森编制的《火箭技术概论》教学大纲手稿和刊印件

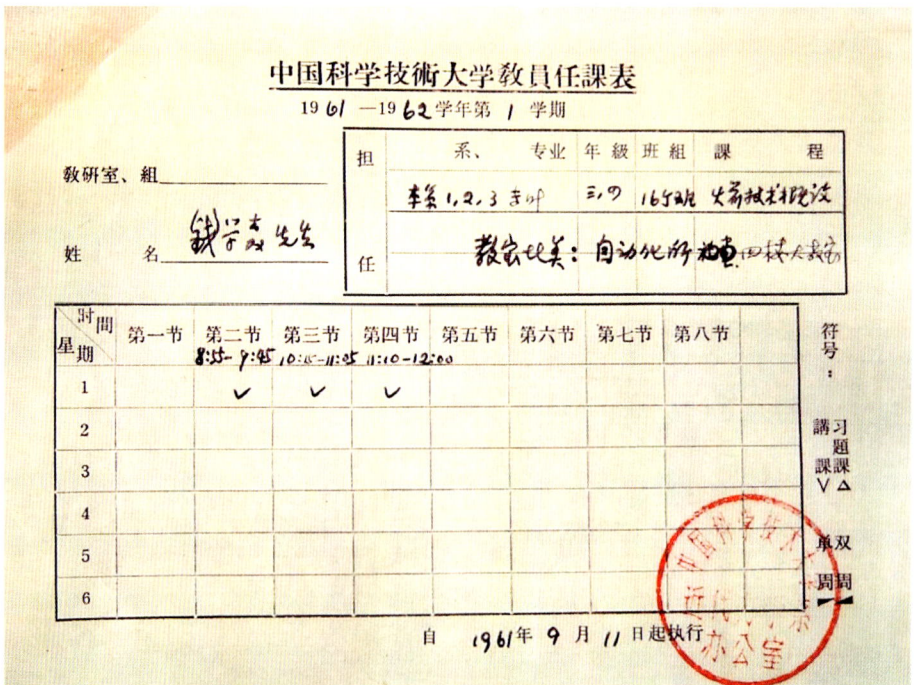

1961—1962学年第一学期，钱学森为中国科学技术大学近代力学系1958、1959级学生讲授火箭技术概论。这是中国科学技术大学教员任课表

1960年，钱学森（前排右二）在中国科技大学观摩并指导学生们做实验

中国科技大学的学生在加工小火箭发动机的关键部件——超音速喷管

发射架上的小火箭

　　钱学森曾为《人民日报》撰写了一篇文章，题目就是《中国科学技术大学里的基础课》。文章认为："中国科学技术大学是为我国培养尖端科学研究技术干部的，由此学生必须在学校里打下将来做研究工作的基础。"

1959年，钱学森在《人民日报》发表《中国科学技术大学里的基础课》一文

1959年，钱学森将《工程控制论》的稿费1000多元捐出，资助中国科学技术大学贫困学生购买学习用具。这是给学生购买的计算尺

1961年12月25日，钱学森捐赠1.15万元，资助中国科技大学购买实验仪器设备。这是中国科学技术大学党委为此致钱学森的感谢信

　　在这篇文章里，钱学森详细地对基础理论和基础技术进行了深入浅出的分析，认为这样能把理论与实践结合起来，让学生既充分掌握理论，也能灵活地运用理论，进行计算和分析。

　　钱学森的这些教育思想，在今天依然有着重要的指导意义。

一

1958年9月25日，彭德怀主持召开中央军委第157次会议，讨论通过了聂荣臻代中央军委起草的给中共中央的报告。

这份报告的主题，是对当时我国国防科研领导体制进行改革。为了统一组织力量，把研究设计、试制和使用三方面结合起来，加强组织领导和规划协调，报告建议："把原国防部航空工业委员会的工作范围加以扩大，改为国防部国防科学技术委员会，在军委（国防部）、中央科学小组（国务院科委）领导下进行工作。"

1958年10月16日，经中共中央批准，原先成立的国防部航空工业委员会与国防部第五部（负责常规武器的科研工作）合并，成立国防部国防科学技术委员会，简称国防科委。聂荣臻任国防科委主任，陈赓任副主任，黄克诚、万毅、刘亚楼、萧劲光、陈士榘、宋任穷、赵尔陆、许光达、张爱萍、张劲夫、钱学森、刘居英等23人为委员。

钱学森领导的国防部第五研究院，也从即日起接受国防科委领导。

而在这年8月，毛泽东约周恩来、聂荣臻、宋任穷、钱学森、钱三强等人谈话时，钱学森从现代大科学战略考虑，提出国防科研特别是"两弹"工程，"要组织全国大协作"的开拓性建议。这个建议，也符合中央在国防科研领导体制上的改革思想。

同年11月21日，国务院第82次会议决定，将国家技术委员会和国务院科学规划委员会合并为国家科学技术委员会，简称国家科委。

由此，国家科委、国防科委分别成为国务院、中央军委直接领导全国科学技术和国防科学技术工作的主管部门。

在之后的几十年间，国家科委、国防科委为中国科学技术和国防科学技术的发展起到了十分重要的作用。

而在这之前，国防部第五研究院的领导机构也进行了调整。1957年12月2日，国防部部长彭德怀签署命令：奉国务院总理周恩来11月16日命令，任命钱学森为国防部五院院长兼第一分院院长，刘有光为五院政治委员，王诤为副院长兼第二分院院长，刘秉彦为副院长。

第二十三章　光荣入党

———

置身如火如荼的社会主义建设热潮中，钱学森心底蕴藏多年的加入中国共产党的愿望越来越强烈。

1958年初春，钱学森来到中国科学院党组书记、常务副院长张劲夫家，首次表露了想加入中国共产党的愿望。

按照张劲夫的提示，钱学森请中国科学院杜润生、杨刚毅两位同志作为他的入党介绍人。杜润生、杨刚毅欣然答应，并要求钱学森写一份对加入中国共产党的思想认识。1958年4月6日，钱学森向力学研究所党支部递交了一份长达7页的"思想检查"。

这在当时是申请入党的必经程序。申请人要对自己的历史、为什么要入党、思想和工作上存在什么问题等等，向党组织作一次深入的交代和自我解剖。

钱学森把这份思想认识取名为"思想检查"，也可见他当时是很认真地对待这件事的。

力学研究所党支部对钱学森的入党申请很重视，专门召开了有部分群众参加的党支部大会，征求大家意见。在这次会上，大家发言热烈，既肯定了钱学森的成绩和进步，也坦率地提出了批评和要求。

钱学森头一次参加这样的会议，有一种非常神圣的感觉。他认真地记录着大家的意见，整整记了8页纸。这份8页纸的记录，钱学森作为宝贵的财富一直保留了下来。

　　1958年4月19日，钱学森又向力学研究所党支部递交了一份长达8页的"交心"材料。在这份材料里，钱学森进一步谈了对中国共产党的认识、对党的各项方针政策的认识，对于党支部大会上大家向他提出的批评表示虚心接受，并深刻检讨了自己的错误。

　　鉴于钱学森对中国共产党的深厚感情和认识上的进一步提高，力学研究所党支部认真研究后，决定发展钱学森为中国共产党党员。

　　1958年9月24日，钱学森正式填写了入党申请书。同年10月16日，力学研究所党支部召开支部大会，讨论钱学森入党问题。参加支部大会的全体党员一致同意钱学森加入中国共产党。

　　由于钱学森的特殊身份，中国科学院党组在对待接受钱学森入党问题上，既十分重视，又十分慎重。1958年10月30日，张劲夫以中国科学院党组的名义，专门向周恩来总理、聂荣臻元帅和中共中央写了请示报告。报告中说：

　　　　钱学森同志在上海读书时曾参加过交通大学党的外围组织，
　　1935年在美国留学时也曾与美国共产党组织发生过一定关系，以后

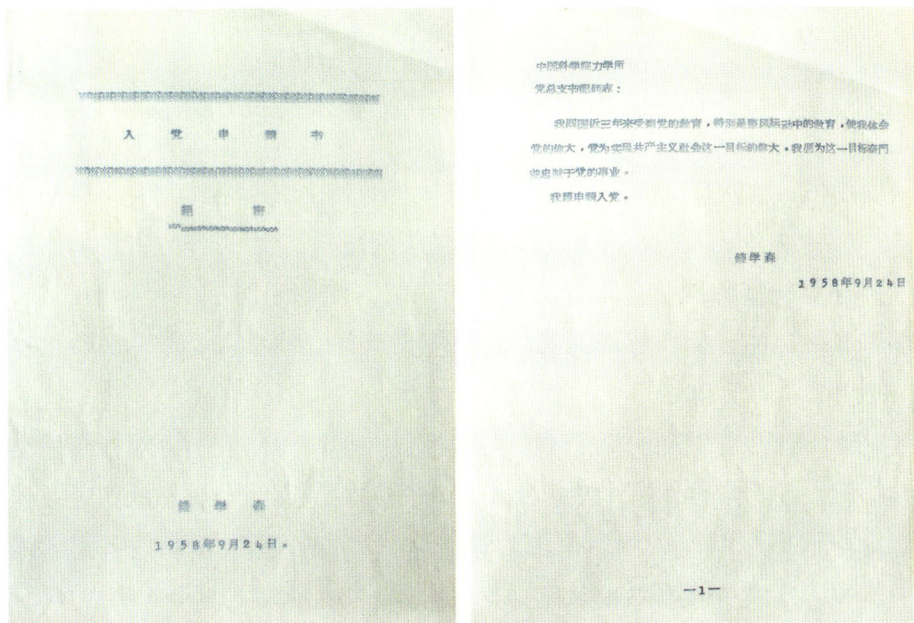

钱学森的入党材料

又脱离……钱学森同志在国内外时期的表现，一般地都有人证明，总的讲，具有爱国思想，在回国后向党靠拢……钱学森同志的主要缺点，是矜持傲慢，旧学者作风严重，与群众关系不够平易近人，不能密切相处，经过整风后，已开始有了改变。今后在党的教育和群众的帮助下，这些缺点是可以逐渐克服的。钱学森同志曾几次提出入党要求，这次经过杜润生、杨刚毅同志介绍，经过支部讨论通过，我们同意吸收钱学森同志入党，作为预备党员，预备期一年。

1958年12月27日，《人民日报》在第一版显著位置报道了钱学森入党的消息。

二

钱学森要求加入中国共产党，并不仅仅是为了追求进步，而是有其深层久远的思想根源。

从青少年时期，他就开始接受先进思想教育，有着强烈的爱国主义情结，思想左倾。在交通大学读书时，好友之中就有几位是中共地下党员，他自己也参加了共产党的外围组织。

钱学森到美国后，虽然身在异国，但心系祖国的抗日战争，经常与志同道合的朋友聚在一起，谈论战争形势，对祖国的命运深为忧虑。这些朋友中间，就有美国共产党党员 F.J. 马林纳和 S. 威因鲍姆。

马林纳和威因鲍姆，都是钱学森在加州理工学院工作时古根海姆喷气推进实验室的同事。当时，马林纳、威因鲍姆组织了一个学习小组，学习恩格斯的《反杜林论》等马克思主义著作。钱学森受邀多次参加这个小组的学习活动。

钱学森在美国期间，把主要精力都放在了科学研究上，对社会活动并不感兴趣，唯独对这个学习小组情有独钟。这说明在思想认识上，钱学森与他们之间有共鸣。也因为这个学习小组，为钱学森埋下了"祸根"，以致后来被美国政府认定为美共党员，被捕入狱，遭受迫害。

钱学森在一份自述材料里曾谈到这段经历：

1936年暑假由美国麻省理工学院转学到加州理工学院的途中，看到美国《芝加哥论坛报》（美国极右报纸之一）载当时美总统竞选的报道。报纸为了攻击罗斯福，载了美共支持罗斯福的消息，但对我恰恰起了相反的作用。我因为美共支持罗斯福，对罗斯福有好感。这是我第一次注意到美国的政治。到了加州理工学院第二年，即1937年秋间，认识了同学马林纳，他的思想比较进步，结成良友。由于他的介绍，我参加了在加州理工学院中的马列主义学习小组，也得认识该小组的书记威因鲍姆。记得我们念的是英国斯崔奇著的一本书，后来小组也学习过恩格斯的《反杜林论》。其他每星期例会常讨论时事。当时主题是反法西斯和人民阵线。由于小组组织参加过几次当时美共书记布劳德的演讲，大概在1938年冬季，小组中有不少成员加入了美国共产党。

当时美国共产党规定，非美国公民不能加入美国共产党。钱学森虽然参加了美国共产党的学习小组，但最终没有成为美共成员。

钱学森在自述里还谈道：

1955年10月8日到达香港，同日过了国境，回到了解放了的祖国。从香港码头上开始，通过中国旅行社的工作同志，我就感到了祖国的温暖。过了国境，我们一家就见到了（中国）科学院派来接我们的朱兆祥同志，对我们的照顾可以说是无微不至。朱是我见到的第一个党员，我对他有感情和敬重的心。在广州的参观使我第一次感到毛主席的伟大，以及革命先烈对人民事业立下的丰功。我所接触的党的领导同志，他们看事物的清晰、深刻，使我对他们起了敬佩的心。我的确认为党是英明的，我可以完全接受党的方针政策……总的说来，这时期我对党的认识是很不对头的，党在我心目中只是一个个党员，不是一个组织。

但经过回国后参加了中国科学院力学研究所的工作，特别是国防部第五研究院的工作，以及参加了全国政协会议、访苏、参观、讲学等社

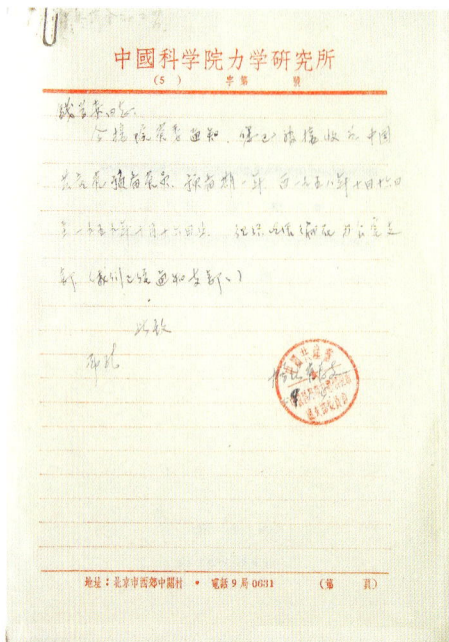

1959年1月5日，中科院力学所党总支下发钱学森被吸收为中共预备党员的通知

会活动，目睹了新中国的种种新气象，钱学森对党的认识逐渐发生了变化。他由衷地说："这使我认识到党是集体，是一个可爱的集体，我开始对党有了感情。""我开始感到人民群众的大家庭，我是其中的一份子，我一定要拿出一切来为大家的幸福生活而奋斗！而最幸福的生活是通过社会主义达到的共产主义社会！"

因此，钱学森入党，典型地反映了具有爱国主义思想的中国知识分子，从满目疮痍的旧社会到生机勃勃的新社会、从半殖民地半封建的旧中国到社会主义的新中国，思想演变的真实过程，是历史的必然，也是钱学森人生道路上的一个里程碑。

1959年1月5日，中国科学院力学研究所党总支告知钱学森："今接院党委通知，您已被接收为中国共产党预备党员，预备期一年，自一九五八年十月十六日至一九五九年十月十六日止，组织生活编在办公室支部。"钱学森后来说，在成为中国共产党党员的那一天，他激动得彻夜未眠。

第二十四章　搏击长空

一

1958年10月16日，对钱学森来说，是一个难以忘怀的特殊日子。

这一天，中国科学院力学研究所党支部召开大会，讨论通过了钱学森加入中国共产党的申请。

这一天，中国人民解放军国防科学技术委员会宣告成立。国防科委成立后抓的第一项任务，就是将国防部第五研究院仿制P-2导弹工程正式立项，并将工程代号取名为"1059"。

P-2导弹是苏联在P-1导弹基础上的改进型。"1059"，意思就是要在1959年10月1日之际，完成对苏联P-2导弹的仿制设计任务。因此，这枚仿制导弹也就被称为"1059"地地导弹。

虽然有苏联的支援，但自力更生一开始就成为研制工作的主线。钱学森创造性地提出了"反设计"的新颖思想。《当代中国的航天事业》一书里这样写道：

> P-2导弹的仿制，虽然是按照苏联的图纸和技术标准进行的，但是我国科技人员在仿制中着眼于学习自行设计的本领，除了下厂配合试制生产，解决工艺、材料问题和处理超差代料外，还对苏联提供的样机进行性能测试和理论分析，并在此基础上进行反设计，为后来转入新型号的研究设计，打下了一定的基础。

钱学森提出的"反设计"思想，其实质就是要求设计人员在仿制P-2导弹过程中，下功夫吃透导弹的设计理论，不仅要知其然，更要知其所以然，通过仿制为自行研制打下基础。

1959年10月17日，P-2导弹的仿制设计工作，取得了基本成果。钱学森在国防部五院党委扩大会议上明确提出："我们现在搞的苏联这种设计方案是1959年定案的，它不是一成不变、万年都妥的方案，以后一定有改进的必要。我们应该解放一点思想，建一点自己的设备，以适应将来可能的改进。""我们应该灵活地学习，而不是死板地学习。""这是一个从仿制转入自行设计任务的正确途径。"

1959年年底，钱学森要求全院对仿制工作进行阶段总结。他说："不限文化水平，只要做了工作，都要写出总结报告。""有些报告将是比较完整的，如'1059'全部材料的分类整理、火箭推进剂性能汇编等。其中，大多数将是进一步编写火箭设计手册的资料。"

对火箭设计手册的编写，钱学森也提出了很具体的要求："手册的标准要高，文字要清楚，使用的名词、符号要统一。"并细心地交代，火箭设计手册"使用的纸张质量要好，不能一碰就破；手册每一页的格式都要规范；手册内的符号以拉丁标准拼音为准，'公斤'用'kg'，'米'为'm'；小图直接画在文字页上，大图另用标准纸；文字用现代口语写，不能文言、口语夹杂"等等。

从中可以看出，大到设计思想，小到书写细节，钱学森以一位伟大科学家的远瞻目光和严谨作风，倾心培养新中国第一代航天人。

二

钱学森曾经充满感情地回忆说："有些事说起来外国人都不敢相信。我们搞火箭发动机，开始是在一个简陋的工棚里干起来的。许多部件的加工需要精密机床，我们没有，怎么办？只好调来一些手艺高的老工人师傅，那些奇形怪状的部件，都是靠这些钳工师傅们用手工一点一点'抠'出来的。"

随着导弹仿制工作的进一步展开，钱学森等五院领导认为，迫切需要加快五院的基本工程建设和研究试验设施建设。

由于建设规模大，工艺设计复杂，对施工质量要求高，所需要的器材、设备许多在国内无法解决，要在短期内完成是很困难的。

为了加强领导，动员各有关方面支援国防部五院的建设，经中央批准，1959年12月，成立了国防部第五研究院基本建设工程修建委员会。

基本建设与研制试验工作关系密切，钱学森虽然不是搞基建的，但他明确提出："一切试验室、实验室、试验台、实验台的技术参数只能由研究、设计人员自己提，因为这是专业性很强，又带有研究性的工作。例如风洞，研究人员自己提出风洞的尺寸、功率、压力要求等等，由他们自己搞非标准设备，提出测量系统的方案及仪器要求。这是基本资料。然后，基建设计工作分两步走：① 结合原提出任务的研究人员搞出风洞的设计图纸、技术资料；② 根据风洞的图纸，搞基建设计，包括水、电、气等系统。"

当时，中央军委对导弹技术的发展，总的要求是一个"快"字。在一切为了争取时间、一切为了导弹研究设计的原则下，按基本建设的规模和研制任务的需要，国防部第五研究院还需要补充几千名科技人员。

为了集中抽调一批留学生和大学生，1960年3月23日，中央正式发出了《关于迅速完成提前选调给国防部五院的应届大学毕业生的通知》。该通知要求各省（市）委要指定组织部部长亲自负责，进行挑选、审查，将原定数额迅速选齐。3月30日，国家计委又专为五院提前抽调数百名大学生发了通知。解放军总政治部也发出通知，于1959年年底为五院配备了几千名领导干部和技术干部，并从各大军区动员了数千名复员军人到五院来工作。

这批新选调来的科技人员，绝大多数的专业不对口。当时，仿制任务很重，能够承担对他们进行系统培训工作的人很少。钱学森就采取讲大课的方式，亲自授课。除了讲导弹业务知识，他还特别强调出成果与出人才的关系。他说：工作是第一位的，学习是为了工作，为了工作好，又必须学习好。

在当时，研制导弹是"天字第一号"的任务，中央重视，全国支持。

正是在这样的环境和条件下，国防部五院的建设和导弹仿制工作得以高速展开。

苏联专家米辽申介绍说：苏联从开始研制Ρ-2，花了4年多的时间才定型。而且在这几个阶段开始以前，就进行了比较充分的准备，如筹建了一个专门的大工厂，配备了有一定经验的技术干部，并准备了各种原材料。美国在第二次世界大战之后着手研制的"红石"导弹，也是在V-2火箭基础上发展起来的，射程300多公里，从1946年开始设计，到1953年进行飞行试验，用了七八年时间。

由此可见，尽管美国、苏联两国科学技术和工业生产都有雄厚的基础，战后又都是从纳粹德国搞到设计和制造V-2火箭的技术、技术人员与设备，但在起步打基础阶段，发展速度都不是很快的。

而我国的导弹研制，在科学技术、工业生产、技术力量都很薄弱的条件下，从零开始，采取边学习、边仿制、边建设同步进行的途径，在较短的时间里，就取得了明显的成果，走出了一条中国特色道路。

三

一方面要领导"1059"地地导弹的仿制工作，另一方面要筹划自行研制导弹的各类型号，还要操心国防部第五研究院的工程建设和大量科技干部以及大学生的培训，作为院长的钱学森，有些顾不过来了，特别是许多烦琐的行政工作，本不是钱学森所长。经过反复思考，钱学森决定请辞国防部第五研究院院长职务，以便专心致志搞导弹研制。

接到钱学森的请辞报告，周恩来、聂荣臻十分重视，果断决定，配备强有力的行政领导，处理国防部第五研究院的行政、后勤事务，让钱学森集中精力思考和解决重大技术问题。

1960年3月，国务院总理周恩来签署命令，任命空军司令员刘亚楼兼任国防部第五研究院院长；空军副司令员王秉璋任五院副院长，主持常务工作。后来，王秉璋又改任五院院长。从此，钱学森由五院副院长，到第七机械工业部（即后来的航天工业部）副部长，再到国防科委副主任、国防科工委科技委副主任，虽然都是副职，但一直是领导我国导弹

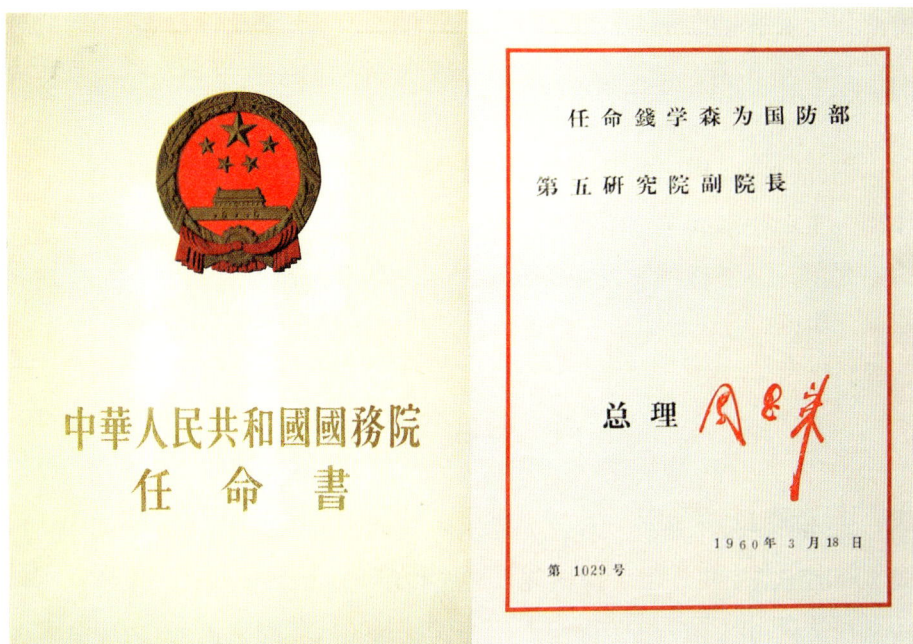

任命錢学森为国防部
第五研究院副院長

总理　周恩来

1960年3月18日
第 1029 号

中華人民共和國國務院
任　命　書

1960年3月18日，周恩来总理任命钱学森为国防部第五研究院副院长

1962年，国防部第五研究院刘亚楼院长（前排右）、王秉璋副院长（后排右）、钱学森副院长（前排左）等人在检查工作

事业和航天事业的科技主帅。

1960年10月，国防部第五研究院党委专门做出决定："凡是科学技术上的事，只能由科技人员定，其他人不能干预。"

据此，这时期国防部第五研究院的技术工作中，钱学森发挥着主导作用，重大技术问题都由他决定。而钱学森对每项重大技术问题在做出决定之前，又坚持技术民主、学术民主，认真听取研究院各方面专家的意见，集思广益，形成了一个十分良好的局面。

四

导弹研制是个系统工程，光靠国防部第五研究院自己是难以完成的。钱学森向中共中央提出：应该逐步形成和建立全国协作网。

钱学森当时既是国防部第五研究院院长（后为副院长），又是中国科学院力学研究所所长，身兼两职，在这方面做了极其有效的工作。针对导弹研制，他明确提出：中国科学院主要做前期探索，而五院则重在工程实践。

1959年7月，聂荣臻向毛泽东和中共中央建议：在原材料方面，我们应当及早拟定发展品种、提高质量，使金属和非金属材料都得到妥善安排的规划。否则，单纯数量上的增长不仅不能适应国防方面的需要，而且也不能适应工业现代化的需要。

聂荣臻的建议得到了毛泽东的赞同。1959年11月，由国家科委、国防科委牵头，成立了国家新技术材料小组。小组的工作范围是：从提出新材料要求、安排科学研究、中间工厂试制到工业化生产为止。可以说，研制"两弹"是举全国之力。

五

在钱学森领导下，与仿制P-2导弹同时起步的还有探空火箭的研制，这项工作主要在中国科学院进行。

探空火箭是用于在近地空间范围内进行环境探测、科学研究和技术试验的火箭。其主要任务是把科学仪器、试验部件或实验生物等有效载荷送到高空，以测量、获取所需要的数据和资料，研究自然现象的发展变化，试验新技术的可行性等。

1958年2月，钱学森主持制定《喷气与火箭技术十年（1958—1967）发展规划纲要》时，探空火箭的研制是其中首先要启动的一个项目。

同年，中国科学院在上海组建了机电设计院，专门承担探空火箭的设计工作。这支技术队伍十分年轻，大多数人缺乏火箭方面的专门知识和实践经验。设计院副院长杨南生为探空火箭项目技术负责人，设计院总设计师王希季主持探空火箭设计，他俩当年也只有40岁左右。钱学森多次亲临上海向研制人员授课，对研制工作进行指导。1963年，上海机电设计院划归国防部五院。

1959年秋，探空火箭研制工作转向"T-7"无控制探空火箭，并从研制其模型火箭"T-7M"开始。"T-7M"火箭是由液体燃料主火箭和固体燃料助推器串联起来的两级无控制火箭。当助推器工作完毕后，主火箭

1960年4月29日"T-7M"探空火箭第四次发射时，钱学森在上海南汇发射场指导工作

1960年4月18日，钱学森（左二）等陪同聂荣臻来到位于上海江湾机场内的简易试车台，视察"T-7"探空火箭主发动机热试车

在空中自动点火，继续飞行。

1959年12月6日，国家主席刘少奇，中共中央总书记邓小平，国务院副总理李富春、陈毅元帅亲临上海，视察探空火箭试制生产情况。

1960年2月19日，"T-7M"火箭进行首次试验发射。发射场设在上海市南汇县老港镇以东两公里的平坦土地上，这里临近东海，人烟稀少。

"T-7M"探空模型火箭研制成功后，为"T-7"探空火箭研制打下了扎实的技术基础。1960年4月18日，聂荣臻在张劲夫、钱学森的陪同下，冒雨来到上海机电设计院视察，并观看了"T-7"火箭主发动机热试车。

1960年5月28日晚，毛泽东主席亲临上海新技术展览会尖端技术展览室，视察了"T-7M"探空火箭。毛泽东仔细阅读展示说明，并询问"T-7M"火箭能飞多高，讲解员回答："8公里！"

毛泽东轻轻地"哦"了一声，仿佛有些遗憾，但很快就笑了，说："了不起呀，8公里也了不起！我们就要这样，8公里、20公里、200公里地搞下去！搞它个天翻地覆！"

　　1963年12月22日，由钱学森指导设计、上海机电设计院研制的我国第一枚"T-7A"气象火箭，在安徽广德首射成功。

1963年12月22日，"T-7A"火箭点火后升空的情景

第二十五章　逼上梁山

—

探空火箭依靠我们自己的力量，成功地飞向了蓝天，而导弹的仿制工作却经历着艰难和曲折。

中苏之间的"蜜月"期，由于两国之间的政治原因和意识形态方面的分歧，刚开始不久，就被一片阴影笼罩着，导弹的仿制工作也受到了严重影响。

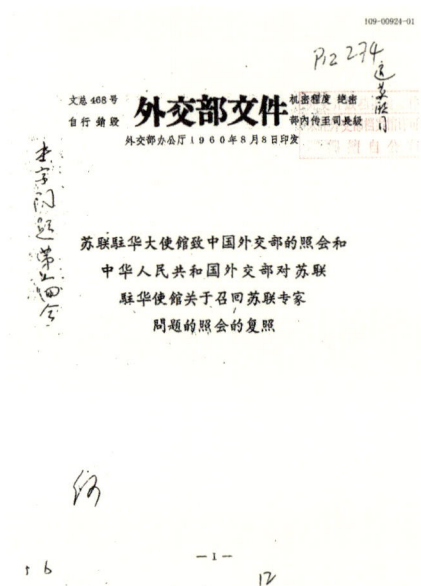

1960年7月16日，苏联突然照会中国政府，单方面决定全部召回在华苏联专家

1960年7月16日，苏联政府照会中国政府：召回在中国工作的苏联专家和顾问。没等中国政府答复，苏联政府又通知说：在华工作的全部苏联专家将于7月28日至9月1日离开中国。

8月22日，苏联政府撤走了在国防部第五研究院工作的全部专家，并带走了有关导弹研制的重要图纸资料。钱学森与五院其他领导专程赶到北戴河，向正在那里参加中央工作会议的聂荣臻作了专题汇报。

聂荣臻鼓励他们说："大家不要着急，这些困难是可以克服的，是暂时的。希望你们下决心依靠自己的专家，把导弹和试验设备研制出来。"

同时，聂荣臻指示国防科委机关："国防科研要缩短战线抓重点。地地导弹的研制是战略任务，人力、财力、物力，要确保首先用于五院。"

聂荣臻回到北京后，又与钱学森、梁守槃、屠守锷、任新民等五院专家座谈。钱学森坦言道：

　　现在国家遇到来自多方面的困难，国外压我们，国内经济困难，反右派斗争中一些科技人员也受了委屈，有的人自然有想法，有点怨气，但是，我们绝大多数人绝不会动摇对祖国、对党的信心。我们五院的同志，一定会在（苏联）撤走专家的压力面前挺直腰杆，我们通过努力能够建立起我们自己的导弹事业。请聂帅转告中央放心，苏联压不倒我们。

1986年6月，钱学森同任新民、屠守锷、黄纬禄、梁守槃畅谈航天30年发展历程

这是钱学森的典型性格：自尊、自信、自强。面对压力，绝不屈服；面对困难，绝不退缩。

不久，聂荣臻又在国防部第五研究院召开更大范围的科技人员座谈会。钱学森在会上作了充满激情的发言：

> 聂帅说，中国科技人员不比别人笨，这是我们中国人的志气。我说，中国科技人员是了不起的。我们不仅具有聪明智慧，我们还特别能艰苦奋斗。国家有难，我们科技人员寝食难安，我们会夜以继日、废寝忘食地去干，甚至为此损害健康、牺牲性命也在所不辞。具有这种精神的中国不怕困难大，不畏惧暂时的落后。我们一定能够赶上去！

那些日子里，钱学森憋着一股气，亲力亲为，主持着导弹的仿制和研制工作。凡重大技术问题，都由他亲自拍板决定。每到星期天下午，他就把五院几位总师请到家里，讨论重大技术问题的处理意见。他按照民主集中制的原则，先请每位总师充分发表意见。对于意见一致的，当即决策去做。意见不一致的，如果不是急办的，下次继续讨论；如果是急办的，则由他根据讨论情况，提出解决办法，大家分头去办。如果在办的过程中，发现有行不通的地方，下星期提出来重新讨论。这实际上成为钱学森独特的一种领导方法。

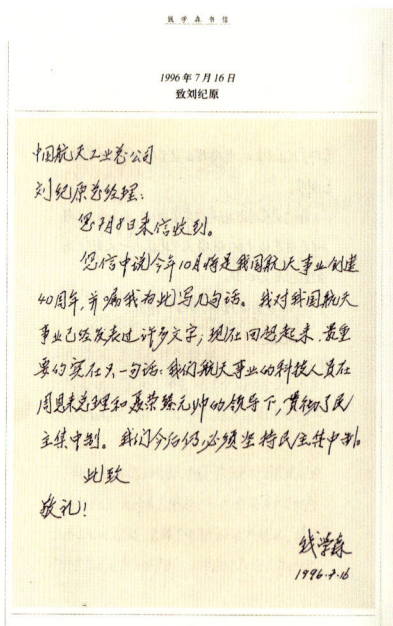

1996年7月16日，钱学森在写给中国航天工业总公司总经理刘纪原的信中，总结了中国航天事业创建与发展的宝贵经验——民主集中制

在研究重大技术问题时，钱学森明确表明：每一项重大技术问题，如果成功解决了，功劳是大家的；如果失败了，责任由他承担。要知道，在那个时代，承担责任，特别是承担事

关国家大局的责任，需要大无畏的勇气和敢于牺牲的精神。

正因为有钱学森这样的科技主帅，在他领导下的几位总师，心情舒畅，能够畅所欲言。全院科技人员群策群力，克服了无数技术和非技术的难关，解决了苏联专家遗留下来的许多技术难题，终于在1960年9月，仿制成功第一枚"1059"地地导弹。

从1958年10月开始，到1960年9月，"1059"地地导弹的设计和制造，前后只用了两年时间，比最初设想的研制计划大大提前了，而且这是在苏联停止援助的情况下，就更加难能可贵了。

二

"1059"地地导弹仿制成功后，首要的任务是进行发射试验，以考核导弹的各项性能指标。

1960年年初，在"1059"地地导弹仿制取得重要成果后，中央军委就考虑，先用苏制的P-2导弹进行导弹发射试验。这一方面是为了考核刚建成的导弹试验靶场的能力；另一方面也是为了积累经验，为"1059"地地导弹正式进行发射试验打下基础。

1960年7月，苏联国防部致电中国国防部："因西伯利亚液氧厂发生不可抗拒的事故，不能履行合同。"不久，苏联就单方面撕毁了全部援助项目合同，撤回了专家，停止了供货。

面对困难，聂荣臻元帅勉励科技人员："逼上梁山，自己干吧！靠别人是靠不住的，党中央寄希望于我们自己的专家。"

不久，中央军委成立了P-2导弹首次飞行试验委员会。张爱萍任主任，孙继先、钱学森、王诤为副主任。

1960年9月10日，就在苏联撤走专家后不久，在张爱萍指挥下，用我国自己生产的火箭推进剂，成功发射了苏制P-2导弹。导弹在空中按预定轨道飞行了7分钟，成功命中目标，顺利地揭开了中国导弹试验史上辉煌的第一页。

首次导弹发射试验获得成功，为"1059"地地导弹的发射试验开了一个成功的好头。在钱学森的领导下，对"1059"地地导弹进行最后总装和测试。10月18日，国防部第五研究院完成了导弹发射试验前的一切准备工作。

10月27日，两发战斗弹被运抵导弹试验靶场。钱学森和国防部第五研究院的专家、技术人员一起随同前往。

在发射现场，钱学森深入第一线，与广大参试人员打成一片，掌握测试情况，解决技术问题，一丝不苟地进行检查、指导、把关，确保导弹的各项技术指标处于最佳状态。

经试验委员会研究决定，第一枚"1059"地地导弹于11月5日发射。11月4日，聂荣臻亲临发射场，在张爱萍、钱学森、孙继先等人的协助下，亲自组织指挥我国自行研制的第一枚地地弹道导弹发射试验。

11月的戈壁滩，寒意甚浓，发射场的气温降到了零下20多摄氏度。11月4日晚，导弹从测试阵地转到发射阵地，进行发射前的垂直测试。为了操作方便，许多人扔掉了皮手套。负责控制系统电解积分仪的操作手——箭上技师蒋时庄，冒着刺骨的寒风，在10多米高的工作平台上工作。这里是导弹控制仪器密集的地方，舱口狭小，只能侧身将头部和肩

1960年11月，"1059"地地导弹进入发射厂房作吊装测试

部伸入舱内操作，稍有不慎，就有碰坏仪器和折断电缆的危险。为确保操作安全可靠，他甩掉皮帽，脱下棉工作服，只穿着单衣工作达半小时之久，直至将仪器调试完毕。

钱学森与国防部第五研究院的专家、技术人员也坚持在现场，虽然不需要他们直接上阵操作，但有他们在，操作人员就有安全的依靠。而钱学森也深深被这些指战员的精神所感动，直至全部测试完毕才回去休息。

11月5日上午8时，聂荣臻在张爱萍、钱学森等人的陪同下来到发射阵地，亲切接见了参试人员。

上午9时，发射阵地指挥员下达了一连串口令："5分钟准备!""1分钟准备!""牵动!""开拍!""点火!"顿时，导弹喷射出一团浓烈的火焰，拔地而起，直上蓝天。

"1059"地地导弹飞行了7分37秒后，在554公里处的预定弹着区准确命中目标。这个距离已经超过了被仿制的苏联P-2导弹。

发射试验获得圆满成功，聂荣臻立即向北京守在电话机边的周恩来总理报告："试验成功!"

1960年11月5日，我国第一枚仿制的近程导弹发射成功

聂荣臻、钱学森（前排右五）在近程导弹发射试验现场同参试官兵、科技人员留影

当天晚上，在基地招待所小礼堂进行庆祝宴会。聂荣臻兴奋地拿起酒杯，激动地说：

> 今天，在祖国的地平线上飞起了我国自己制造的第一枚导弹，这是我国军事装备史上一个重要的转折点，是毛泽东思想的伟大胜利。从此，我们有了自己的导弹了！

12月6日和12月16日，又成功发射了第二枚、第三枚"1059"地地导弹，都达到了预期的试验目的。"1059"地地导弹，后来被命名为"东风一号"，列入"东风"导弹系列。

三

20世纪60年代初期，正是我国导弹研制的艰难时期，也是我国的三年困难时期。

1960年，因天灾人祸，粮食、棉花及其他农副产品的产量，都跌到了1951年的水平。全国人民都在挨饿，毛泽东、周恩来等党和国家领导人与人民共甘苦，自觉实行粮食定量，并带头不吃鱼、肉。

当时，海军和北京、广州、济南、沈阳军区积极响应聂荣臻的号召，勒紧自己的裤腰带，给国防科技战线送来了一批猪肉、黄豆、鱼、海带、鸡蛋、豆油等副食品。在当时，这些可是无比珍贵的东西。北京军区副司令员郑维山是聂荣臻在晋察冀边区时的老部下，接到聂老总指示后，专门布置内蒙古的部队打黄羊，特别提出这些黄羊肉是给科学家的，谁也不准动。

这些副食品以中央和中央军委的名义，全部分给了国防部第五研究院、核武器研究所等科研单位的专家和技术人员。

有一次，国家特别调给国防部第五研究院一批猪肉。聂荣臻办公室专门打来电话，交代要给钱学森家半边猪。那时还没有电冰箱之类的保存设备，这半边猪肉只得先称好重量，放在食堂。每次来了猪肉，钱家的炊事员就到食堂割一小块儿，切成肉末，放在菜里，以便细水长流，一直吃到够半边猪的重量为止。

有一天，炊事员看到钱学森因为工作劳累，人瘦了许多，心里难受，就多割了一些肉，做了一碗红烧肉，想给钱学森补补。当他把红烧肉端到饭桌上时，平时和颜悦色的钱学森，一下子把脸沉了下来，严肃地对家人和工作人员说："你们知不知道，现在全国人民都生活困难，连毛主席、周总理都不吃肉了，你们居然给我做红烧肉！我不吃！"

挨了批评的炊事员，含着感动的热泪，把这碗红烧肉端了下去，只得又细水长流地每次吃一点点。

而就在这困难的时期，1962年、1963年，钱学森撰写的两部科学著作《物理力学讲义》和《星际航行概论》由科学出版社相继出版，得到了3 000多元的稿费。这在当时可算得上一笔巨款，接近钱学森10个月的工资、普通老百姓100个月的工资。钱学森接到稿酬通知单后，转手就交给了党小组长，交了党费。他说："现在党困难，国家困难，人民困难。我要和全国人民同甘共苦，共渡难关。"

第二十六章 成功之母

—

　　"1059"地地导弹发射成功后，下一步怎么走？

　　聂荣臻及时指示国防部第五研究院："要突破从仿制到独立设计这一关，迅速发展提高，建立我们自己的高技术水平的导弹技术体系。"

　　作为五院技术总负责人的钱学森，立即调整技术力量，加强设计队伍，部署自行设计导弹的计划。

　　从仿制走向自行设计，这是我国导弹技术初期发展中的一个质的飞跃。

　　钱学森反复思考后提出：自行研制的导弹，在技术上要与"1059"地地导弹有一定的继承性，可以先迈小步，搞一个中近程的导弹，取得经验后，再向中程、中远程、远程导弹发展。

　　钱学森与五院几位技术总师分析、商量后，又在技术人员中进行民主讨论，最后确定了自行研制导弹的总体设计思想和总体设计方案，即以"1059"地地导弹为基础，总体设计上不作大的改动，只是重新研制推力更大的火箭发动机，并对弹体结构、控制系统作相应的改进设计，使其射程达到1 000公里左右。

　　这枚中国自行设计研制的中近程导弹被命名为"东风二号"。

　　正当"东风二号"导弹研制工作开始之时，国防尖端技术面临上马还是下马之争。

　　聂荣臻坚决反对"两弹"下马。在会上，他重申了自己的理由："两弹"的研制已经有了一定基础，五院、二机部各拥有大学毕业以上的研究人员数千名和一批先进的研究装备，铀矿资源也能满足需求，"两弹"研制正在稳步取得进展。特别是有一批非常非常爱国的科学家，这是个决定性因素。"两弹"研制还带动了一系列科学技术的飞速发展。

钱学森从科学发展的角度，坚决支持"两弹"不能下马。他认为，对刚刚取得重要进展的导弹事业来说，应该坚定信心，我们完全有能力依靠自己的力量继续搞下去。导弹研制工作不能退下来，一退就会落后，一落后就会是几十年，与美国、苏联的差距就会拉得更大。

根据中共中央提出的"调整、巩固、充实、提高"八字方针，在聂荣臻的支持下，钱学森依靠国防部第五研究院党委的领导，对导弹研制工作进行了适当调整，重点研发"东风二号"地地导弹，同时对地空导弹进行仿制和自行设计，其他型号暂时放一放。二机部也对原子弹的研制工作，重新进行了合理和科学的部署。

中共中央和中央军委最高领导人，支持"两弹"继续坚持攻关的方针。陈毅元帅甚至表示：就是脱了裤子当当，也要把尖端武器搞上去。他对聂荣臻说："我这个外交部长的腰杆现在还不太硬，你们把导弹、原子弹搞出来了，我的腰杆就硬了。"这样，对"两弹"是下马还是上马的争论也就平息了。

二

"两弹"工程继续进行的方针确定后，广大科技人员的积极性更加高涨。针对苏联在国防技术援助上的背信弃义，国防部第五研究院上下，把"东风二号"导弹称作"争气弹"，憋着一口气，发奋工作，1962年3月初，就把第一枚"东风二号"导弹造出来了。

1962年3月21日，"东风二号"导弹发射在即。大家怀着兴奋和激动的心情，等待着中国自己设计制造的第一枚中近程导弹升空。

随着倒计时的口令"……3、2、1，点火！"，"东风二号"腾空而起。然而，欢腾的人们很快就发现，缓缓上升的导弹开始晃动，接着就偏离轨道，一头栽了下来。只听见"轰"的一声巨响，坠落的导弹在发射架不远的地方炸出了一个大大的弹坑。

1962年3月21日，中近程导弹发射失利

这次飞行，21秒时，火箭尾段着火；25秒时，火箭发动机停止工作；69秒后，落地起火，最大飞行高度仅为3 456米。

当时刚进入五院工作的王永志，虽然没有在现场，但从现场回来的科技人员的叙述中了解到当时的情景，过去多年了，都难以忘怀。

他转述说："导弹坠落的瞬间，由于高度的原因，导弹就像往自己脑袋上掉，大家赶快趴下。没多一会儿，导弹掉在离发射台几百米远的地方，砸出一个很深的大坑。参与研制导弹的科技人员见此情景，人人脸上都变成了灰色，有的人甚至哭出声来。"

面对失败，聂荣臻元帅立即做出指示："科学试验允许失败。不要追查责任，重要的是找出失败的原因，以利再战。对于查出故障原因的人，同样要给予奖励。"并指定钱学森负责"东风二号"导弹发射失利的故障分析。

这次"东风二号"导弹发射试验，钱学森没有去现场。接到聂帅指示后，他率领国防部第五研究院有关技术人员，在第二天，即3月22日就赶赴导弹发射试验基地。

到达基地后，钱学森一下飞机，就来到导弹坠落现场进行察看，并组织人员收集残骸，进行故障分析。

作为国防部第五研究院的科技主帅，他必须重新鼓起大家的信心，尽快让人们从失败的阴影中走出来。他语重心长地说：

> 科学试验如果每一次都保证成功，那又何必试验呢？那就制造出来直接拿去使用就可以了。所以，我们不要怕失败，失败了，总结经验教训，再重来。经过挫折和失败，会使我们长才干，变得更加聪明。取得成功，对我们是锻炼；遭受失败，同样可以使我们得到锻炼，而这种锻炼则更为重要，更为宝贵。

当然，从失败中总结经验和教训，是一件非常严肃、非常细致的工作，要用科学的态度审查每一个细节，从元部件到分系统，从分系统到总体，不能有丝毫的遗漏；要对导弹残骸进行测定，对测量数据进行计算处理，对故障原因进行严谨分析。这些工作，不亚于设计一枚导弹。钱学森前前后后用了3个多月的时间，才逐渐明晰造成"东风二号"导弹首次发射失败的原因。

由于当时研制导弹是绝密任务，尤其是"东风二号"发射失败这件事，更是绝对不能外泄的。因此，在那段时间里，钱学森一会儿要去导弹发射试验基地出差，一会儿要在五院夜以继日地分析故障原因，经常是十天半月不在家，有时候连着一个月"失踪"了，连他的夫人蒋英也不知道音讯。

蒋英回忆说：

> 那时候搞"两弹"是非常绝密的事，学森在家里从来不和我们说工作上的事情。他的书房，我们家人是不能随便进去的，文件、资料更是不能动、不能看，都由他自己管理。当时，我只知道他是在搞火箭方面的事，具体干什么就不知道了，我也不问，问了他也不会说。那段时间里，他常常是说也不说就不见了，十天半月见不着面。有一次将近有一个来月见不着面，我着急了，就打电话到他

单位问："钱学森干什么去了？这么长时间没有音讯。"他们赶紧向我解释："钱院长出差了，平安无恙，您请放心。"

从事"两弹"研制工作的人，纪律观念和保密意识都是很强的。当时对他们的保密教育，就是上不告父母，下不告子女，外不告亲友。

三

经过3个多月艰苦而细致的工作，钱学森领导的故障分析小组，对故障原因作了全面的归纳总结。他在故障分析报告中提到的科研设计、科研管理、思想作风等方面的改进意见，对后来我国导弹火箭事业乃至整个国防科技事业的良性发展，都有着极为重要的作用和影响。

事实上，"东风二号"导弹首次发射失利，让钱学森处在了风口浪尖上。故障调查结束后，钱学森怀着沉痛的心情向聂荣臻进行汇报。他一开始就说："聂老总，我们没干好，对不起啊，我们没干好。"聂荣臻这时站了起来，走到钱学森跟前，亲切地说："不要紧，这次没搞好，下次会搞好，真金不怕火炼，不要怕失败。"

但也有一些人不这样看，他们对钱学森产生了怀疑，甚至加以非议和指责。聂荣臻的秘书柳鸣回忆说：

当时有些人就说钱学森，你单独搞这个东西，好像没有和工业部门结合在一起，有人还写文章批评这是分散主义。还有人说，这是从研究到设计，从图纸到资料，是纸上谈兵。有的人甚至说，你这个有出息的科学家，应该到生产第一线去。什么话当时都有。关键时刻，聂老总又站到了钱学森的前面，替他挡住了种种指责，树立了钱学森的威信。聂老总给院里做工作，说钱学森是科学家，他不是工程师，不是说哪个具体的技术问题，他不是解决这个问题的，要着重看他定的方向、趋势，看他这个，你们不能拿着他当一般的工程师去使用。

经历了"东风二号"导弹发射失败，聂荣臻反而给了钱学森更多的信任、更多的保护，为钱学森专心致志工作排除一切干扰。在聂荣臻眼里，钱学森是我们党和国家最值得信任的科学家。聂荣臻常说："对科技专家要信任、使用。你要尊重科学家，就必须使用他，把他放在重要位置上。"

根据钱学森对"东风二号"导弹故障产生原因的分析，对下一步的研制工作，国防部第五研究院提出了三条针对性很强的措施：

一是抢建急需的研究试验设施，加强地面试验，把故障消灭在地面。"把故障消灭在地面"，就是钱学森这次提出来的，这句话后来成为我国航天事业的一条重要原则和准绳。

二是加强预先研究，为独立研制创造必需的物质技术基础。

三是建立和健全各项科研管理制度，实施技术责任制，并对"东风二号"导弹的设计，重新进行审查、修改，对发现的技术问题组织科研攻关。

另一方面，钱学森还用相当大的精力，狠抓国防部第五研究院科研工作的管理，整顿科研工作的秩序，将全院工作纳入科学管理轨道。他在不同场合，多次给大家讲大规模科学技术工作的特点，讲现代化的组织管理在科研工作中的重要性。其中，他特别强调总体设计部在整个设计工作中的重要作用。

总体设计部是钱学森组织导弹研制工作中的一个创举，是一个新生事物。钱学森认为，像导弹研制这样的大型科研工程，必须重视总体和系统综合分析，即使每个局部分系统符合要求，集成为总体后，仍有可能出问题。后来，钱学森把这一思想在理论上加以提高，形成了"系统工程"概念。但当时，对总体设计部的作用，老专家不懂，新同志就更不知如何开展工作了。

王永志回忆说：

我们刚到总体部工作时，连总体设计的概念都没有，各方面的技术问题也不会协调。有一次，钱院长来了，他给大家举了一个通俗易懂的例子，说今天天气很热，这个房间温度很高，正好屋里有台电冰箱。于是有人提议，将冰箱门打开，不是可以放出些冷气吗？但是，这个意见是错误的，因为你在通过冰箱不断向室内输送能量。也许你站在冰箱门口会感到有些凉意，但整个室内温度必然升高。这就是局部和整体的关系，局部优化，不等于整体优化。总体设计部的任务，就是要做到整体优化。钱院长这个通俗易懂的例子，使我们明确了总体设计部的任务和要求。

在此基础上，钱学森协助国防部第五研究院党委，根据科研工作的特点，建立了技术指挥线和行政指挥线，用"系统"的概念将全院的工作组织起来。这两条指挥线，被实践证明是非常有效的。现在的航天系统，每一个型号任务，从卫星、导弹到载人航天工程，从上到下，都有两条指挥线。技术指挥线的领导称总师，行政指挥线的领导称总指挥。这两条指挥线，既各有分工，又相互密切配合，这是中国特色。同时，进一步强化科技专家的技术领导作用。在钱学森的建议下，1962年2月，国防部第五研究院就成立了科学技术委员会（简称科技委），钱学森任主任。科技委下设若干专业组，专业组按型号研制工作的需要，制定本专业的科研规划，安排预研课题。科技委的建立，使预研工作得到加强，

1962年2月2日，国防部第五研究院科学技术委员会成立，钱学森（前排左十）任主任委员

为进入型号研制储备了足够的技术，打下了坚实的基础。科技委这一组织形式一直沿用至今，不仅航天系统，航空、电子、船舶、兵器等国防军工系统，以及军队科学技术研究试验部门，都有科技委这一组织机构。

钱学森还参与领导制定了国防部第五研究院工作条例。1962年，在认真总结经验的基础上，制定和颁布了《国防部第五研究院暂行条例（草案）》，对型号研制与设计工作、研究工作、试制工作、试验工作、技术责任制与科技委、组织计划与条件保证、政治工作、党的组织等都作了明确的规定，集中体现了当时航天工程科学管理的成果，使全院的各项工作进一步走上了正规化、科学化的轨道。

"东风二号"导弹第一次发射虽然失败了，但对于国防部第五研究院的整体工作和每个工作人员的历练，失败比成功更有启发、更起作用。正因为失败以后，做了大量工作，总结了经验，才使坏事变成了好事，使刚刚起步的中国导弹事业和从事设计的科研人员，真正懂得了应该怎样自行设计导弹。

1962年7月13日，中共中央书记处专门听取了国防部第五研究院关于"东风二号"导弹发射失利故障分析的汇报。中共中央书记处认为：从失败中总结的经验，有时比从成功中总结的更加宝贵。

经历了失败的磨炼，中国导弹事业的航船又扬起风帆，准备再一次起航。

秘　密　119

1959

国防部第五研究院暂行条例

（草案）

1962 年 11 月

1962年颁发试行的《国防部第五研究院暂行条例（草案）》

第二十七章　再战告捷

一

1963年2月，钱学森编著的《星际航行概论》由科学出版社出版。这部科学著作对航天飞行的各个方面作了通俗简明的介绍，包括运载火箭的动力系统、运载火箭的设计制造过程、运载火箭及星际飞船的飞行轨道、控制系统的设计原则及设计过程、星际航行中的通信问题及防辐射问题、解决飞船再入大气层的设计原理、星际飞船的设计问题等。

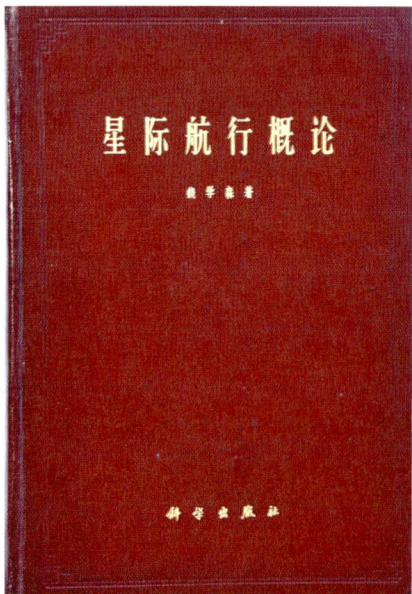

1963年，钱学森的专著《星际航行概论》出版

这部科学著作的出版，对当时普及航天科学技术起到了积极的推动作用；也对从事航天科技的研究人员、工程技术人员起到了启迪思想的作用；对国防部五院的科学技术人员，这部著作更是研制导弹不可缺少的教材。

1963年新春伊始，国防部五院集中力量，开始研制第二枚"东风二号"导弹。在钱学森的领导下，对"东风二号"导弹首次发射试验中暴露出来的问题，重新审查、修改总体方案，各分系统也针对存在的问题开展深入的研究工作。

二

"东风二号"导弹首次发射失利，主要教训之一是地面试验不充分。

在钱学森的领导下，"东风二号"导弹研制工作加强了地面试验这个重要步骤。总体设计部经过充分讨论验证，提出了17项大型地面试验计划，得到了钱学森的首肯。

1963年9月23日，进行了第一次全弹地面热试车。试验结果表明，经过改进后的"东风二号"导弹各系统是可靠的。

随着全弹地面热试车通过，新改进的"东风二号"导弹进入总装阶段。1964年5月4日，王秉璋、刘有光、钱学森等人向聂荣臻详细汇报了改进后的"东风二号"导弹研制和试车情况，认为可以进行发射试验了。这个意见得到了聂帅的认可。经报中央专委批准，"东风二号"导弹第二次发射试验，定在1964年6月下旬进行。

在钱学森的主持下，我国首个导弹全弹试车台于1963年9月完工。它的建成为中近程导弹及后续导弹的地面试验提供了保障

5月下旬，载着108名五院参试人员和"东风二号"导弹的专列，向大西北的导弹发射试验基地驶去。这次，钱学森也亲临发射场，协助张爱萍组织指挥导弹发射试验。

6月下旬，脱胎换骨的"东风二号"导弹再次矗立在发射场。

三

发射进入了倒计时。两年前首次发射失利后，全体科研人员心里一直憋着气。700多个日日夜夜过去了，他们终于等到了这一时刻。

导弹开始加注燃料。先加注酒精，由于操作人员紧张，少量酒精溢出，喷洒在了弹体上。

6月的戈壁，正是气温非常高的时候。万一引燃了酒精，那后果不堪设想。担任这次发射现场总指挥的张爱萍忙安慰大家：不要紧张，按程序操作。酒精安全加注完毕后，为了放松大家的心情，张爱萍亲切地对大家说："明天休息一天，我请大家去附近的新西庙游玩，放松放松。"

新西庙是发射场附近一座坐落在沙漠里的寺庙，始建于清同治七年（1868年）。虽然历经百年风沙，寺庙却一直保持着原貌。

新西庙不算大，殿堂被沙山环抱。庙后面有一个小湖，颇有些敦煌月牙泉的韵味。夕阳暮色中，湖水如镜。微风吹来，水中的庙影，时而晃动，时而清晰，很美。

大漠、夕阳、孤庙、湖水，柔和地交织在一起，犹如一幅苍凉幽寂的水墨画。

张爱萍和科研人员游完新西庙后，团团围坐在地上，欣赏着基地文工团的精彩表演，临战前的紧张心情，一下子消失得无影无踪。文武之

1964年，钱学森（左三）协助张爱萍（前右）组织实施"东风二号"导弹发射试验任务

道，一张一弛，这体现了张爱萍将军高超的领导艺术。

钱学森虽然没有科研人员那样紧张，但身上的压力比所有人都大。这次发射容不得再次失败。作为技术总指挥，自进入导弹发射试验基地后，他就一直没有停歇过。

白天，他顶着烈日，奔波在导弹测试现场，处置各种技术问题。晚上，他要听取各分

1964年6月，钱学森在中近程导弹试验现场指导工作

系统汇报情况，进行技术协调。夜深人静之后，他还要思考种种问题，对每天的工作进行梳理。

由于实行了严格的技术责任制，每个人的任务、职责都很明确。处理起技术问题来，钱学森常常一竿子插到底，作风非常深入。就在这次"东风二号"导弹发射前，有件事，他晚年还记得非常清楚——

当时我们这个队伍，一个型号，开始研制，就规定哪一个工程师管什么事，而且有层次的，有总设计师，然后还有分部门的设计师，还有一直到具体一个零件的，具体管这个事的工程师，责任非常之清楚。有一天，总设计师报告，说是现在有个问题。"什么问题呀？"我问他。他说是导弹起飞的触点，这是零时信号了，很重要的一个信号，说"这个信号我们测量了，触点不灵"。我说"这个不行啊"。问他负责这个触点的工程师在不在，他说在。我说："好，那你把她请来。"

请来我一看，是一个女同志，她是大学毕业以后一到五院工作，就负责这个触点工作，是触点的专家。我就跟她说："这个我找别人不行啊，只能你负责来解决。"这时已是快到中午了，我说："这样吧，给你10个小时，你去解决这个问题，你解决了向我报告。"

到了夜里，还不到12点，大概10点的时候，她就传话过来了，

说是问题解决了。我说："好，那你来给我讲一讲吧。"她一来，我看着嘴都歪了。我说："怎么搞的？"他们说："急的啊，拼命啊！"

相对来说，这个触点问题还算是比较小的技术问题。不久，一个更严重的问题，摆在了大家面前。

由于天气暴热，火箭推进剂在高温下发生汽化和膨胀，燃料贮箱内不能灌进发射所需的燃料。这样，就会严重影响导弹的射程。弹道计算组计算后报告：由于推进剂不够，射程将会缩短，弹头无法飞抵预定弹着区。简单地说，就是这枚"东风二号"导弹打不了1 000公里。

这意味着，"东风二号"导弹第二次飞行试验还未进行，就要面临失败。

推进剂发生汽化和膨胀而影响射程，这是大家都没有想到的技术问题，连钱学森也没有遇到过。

现场指挥部立即召开讨论会，研究解决这个问题。各路专家汇集在一起，一个个方案被提出来，一个个方案又被否决掉。

面临的选择似乎只剩下两条路：一是推迟发射，等待天气转凉。这一等就不是十天半个月的事，加注的火箭推进剂就得泄出，导弹就得重新进行一系列测试。这样一折腾，导弹的质量就难以保证。二是缩短射程，预定的导弹落区就得重新部署。这也需要时间，更重要的是发射试验不能达到预期目的了。因此，这两条路都不是理想的选择。

怎么办？钱学森和各位总师们都在苦苦思索解决的办法。一位初出茅庐的年轻人也在思考，他就是王永志。

他想，按常规的思路，要注入理论上所需要的推进剂，就必须扩大燃料贮箱，显然这是不可能的，因为改变燃料贮箱体积，导弹整体就得重新设计。能否另辟蹊径呢？想着想着，一个大胆的念头，犹如智慧的火花，使他眼前一亮：温度升高，推进剂发生膨胀，但推进剂的密度就变小了，发动机的节流特性也要随之发生变化，是否可以从发动机的节流特性去考虑呢？如果能从这里找到突破口，导弹就能正常发射。

于是，王永志拿起笔，计算起高温情况下火箭推进剂的配比，也就是液氧和酒精的混合比。当时的火箭推进剂，是由液氧和酒精组成的。

最佳的配比，就是导弹发射到预定区域时，液氧和酒精同时消耗完。这样既不浪费其中任何一种物质，又可以消除导弹承载的废重。由于高温下推进剂的密度变小了，原先在正常温度下液氧和酒精的配比就不准确了，应该重新进行科学配比。经过一夜的反复计算，王永志得出了一个出乎意料的结果，那便是减少600公斤的酒精，这枚导弹就能达到预定的1 000公里射程。

这是一个大胆的逆向思维。当王永志把这个方案提出来后，不料大家反应冷漠，认为这个年轻人有点异想天开，方案没被采纳。

王永志回忆说：

> 当我把这个建议向专家们讲了之后，专家们都没有肯定，感到不可取。原因在于既然射程不够了，就是因为能量不够，应该增加推进剂，多加推进剂。怎么我提出来的，反而是把推进剂中的燃烧剂，也就是酒精再泄出600公斤呢？反复地研究后，大家都不同意这个意见。

王永志当时只是一个年轻的技术人员，在他上面还有研究室主任、分系统总师、总设计师。方案被否定了，但他不服，认为自己的思路是正确的，计算的结果也是可靠的。他决定直接去找最高技术决策人钱学森。

越级去找最高首长是需要勇气的。也许是初生牛犊不怕虎，也许是坚信自己的方案是正确的，或者是两者兼有，于是，王永志鼓足勇气敲开了钱学森房间的门。

王永志回忆说：

> 那时，钱老也住在基地的招待所，我就壮着胆子去敲他的门。一见钱老，我就说，有个重要的事情要向你汇报。我把我的想法和计算结果，一股脑儿全倒了出来。钱院长一边认真地听我说，一边不时地提出问题，并在脑子里进行着计算。我说完后，钱老站了起来，亲切地拍了拍我的肩，说："有道理，我看这办法行。"当时，他就把总师林爽叫来，说："王永志的意见正确，按他的方法实施。"这

件事，对我教育很深。钱老那么大的一个大科学家，又是高层的领导，能听取一个年轻人的意见，而且给予肯定，对我是个很大的鼓舞。

1964年6月，王永志（右一）在与技术人员研究改进"东风二号"设计方案

从这件事情可以看出，钱学森不仅有宽广的胸怀，而且有伟大的魄力，只要是正确的，就敢于支持，敢于拍板。对王永志来说，向钱学森提出建议需要勇气。对钱学森来说，采纳这个建议并拍板决策，更需要勇气。如果按照王永志的建议，万一导弹发射失败了，最后承担责任的将是钱学森，而不是王永志。

1964年6月29日清晨7时，泄出了600公斤酒精后的"东风二号"导弹，在大漠的晨曦里，腾空而起，向1000公里外的预定区域飞去。

经过失败的挫折，历经两年的努力，又在发射前克服了重重困难，"东风二号"导弹第二次发射试验终于获得了圆满的成功，这标志着中国导弹技术从仿制进入了自行研制的新阶段。

1964年6月29日，我国第一枚改进后的中近程导弹发射成功

在中近程导弹飞行试验成功后，张爱萍与钱学森紧紧拥抱祝贺

当弹着区传来准确命中目标的喜讯时，张爱萍将军情不自禁地高呼："科学万岁！""科学家万岁！"

四

修改设计后的中近程地地导弹——"东风二号"发射成功，实现了中国自行设计导弹零的突破，在中国导弹发展史上具有里程碑的意义。

在庆功会上，钱学森说："如果说，两年前我们还是小学生的话，现在至少是中学生了。"

聂荣臻元帅也有感而发："现在看得更清楚了，1962年试验未成功，的确不是坏事。这个'插曲'很有意义。"

紧接着，7月9日、11日，又连续发射了两枚"东风二号"导弹，均获得圆满成功。

"东风二号"导弹的研制和发射成功，标志着我国已经基本掌握了独立研制导弹的一整套复杂技术。特别是通过"东风二号"导弹的研制，我国的导弹研制队伍得到了很大锻炼，初步摸索到了自行设计导弹的规律，掌握了导弹从提出任务、总体设计、工程研制，直到飞行试验的主要程序、工作内容和工作方法，为研制新型号导弹和发展中国航天事业奠定了坚实的技术基础。

"东风二号"导弹的研制和发射成功，还标志着1956年制定的十二年技术科学发展远景规划中，关于导弹的研制任务已经提前完成了。于是，中央专委指示：制定我国导弹事业长远发展规划。国防部第五研究院党委决定，由钱学森负责规划的制定工作。由此，我国导弹事业开始向纵深进发。

在钱学森的领导下，首先就我国地地导弹的发展道路展开讨论。这是钱学森作为战略科学家的伟大之处：不是先务"实"，而是先务"虚"。在钱学森主持下，对中国地地导弹发展规划提出了意见。在此基础上，钱学森又组织了3 000多名专家、技术人员和设计、生产、使用部门人员，对中国未来的导弹发展规划展开讨论。在充分发扬技术民主的基础上，集中大家智慧，制定了《1965年至1972年地地导弹发展规划》，也就是著名的"八年四弹"规划。

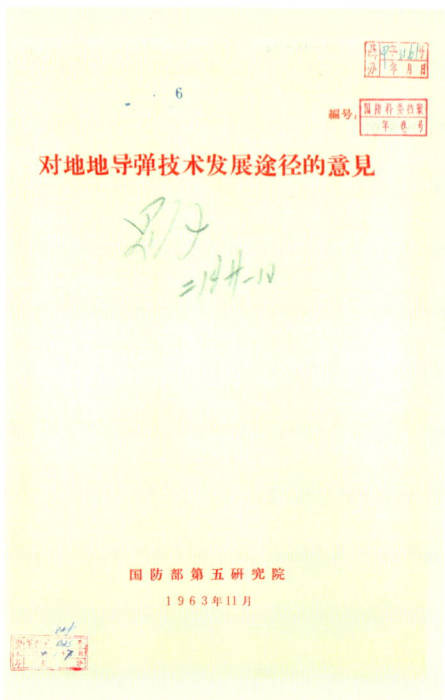

对地地导弹技术发展途径的意见

国防部第五研究院
1963年11月

钱学森主持制定的地地导弹发展规划

按照这一计划，中国将在1965年到1972年的8年间，研制出"东风"系列改进型中近程导弹、中程导弹、中远程导弹和洲际导弹。

为了适应导弹火箭事业的发展，1964年11月23日，中央决定，以国防部五院为基础，从第三、第四、第五机械工业部以及其他有关部门和省市，抽调若干工厂和事业单位，组成第七机械工业部，即后来的航天工业部，统一管理导弹、火箭、卫星等航天工业的科研、设计、试制生产和基本建设工作。1965年1月4日，王秉璋被任命为部长，钱学森被任命为副部长。

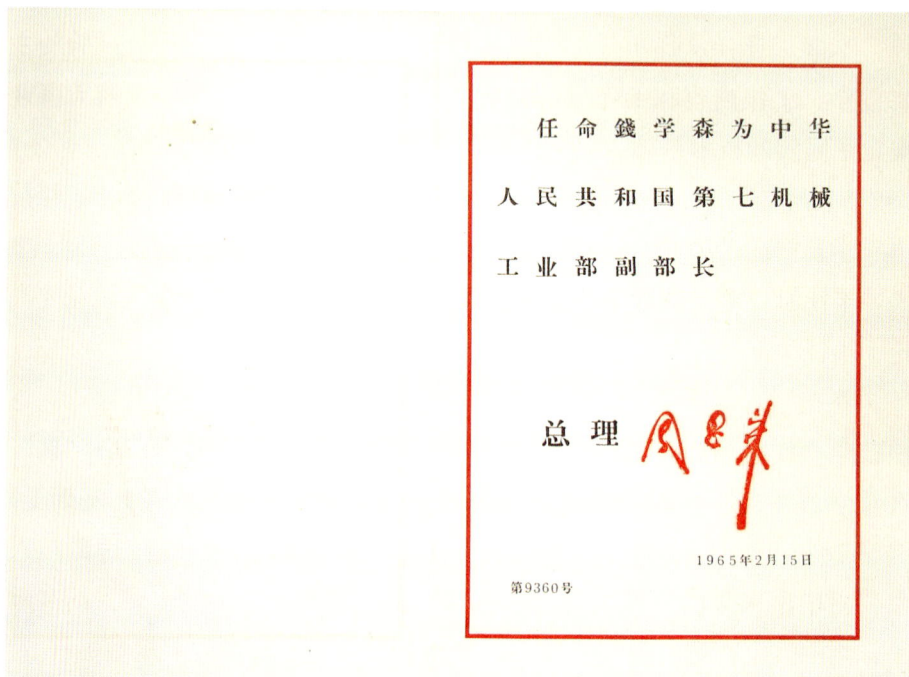

任命钱学森为中华人民共和国第七机械工业部副部长

总理 周恩来

1965年2月15日
第9360号

1965年2月，钱学森被任命为七机部副部长

第二十八章 "两弹"联姻

一

"东风二号"导弹发射成功后不久，中国罗布泊地区上空，升起了一朵异常壮观的蘑菇云，震撼了世界。

当天，即1964年10月16日，新华社受权发布新闻公报——1964年10月16日15时（北京时间），中国在本国西部地区爆炸了一颗原子弹，成功地进行了第一次核试验。

中国核试验成功，是中国人民加强国防、保卫祖国的重大成就，也是中国人民对于保卫世界和平事业的重大贡献。

而这时，美、苏领导人又依然用嘲笑的口吻说："中国人有弹无枪。"意思就是，中国把原子弹研制出来了，但没有运载工具，也就是中国没有导弹核武器。

美国如果从第一颗原子弹爆炸成功算起，至第一枚导弹核武器出现，其间经历了13年。因此，美国国防部部长麦克纳马拉判断说，中国虽然有

1964年10月16日，中国第一颗原子弹爆炸成功

了原子弹，但在5年之内不会有运载工具，并推断中国至少要在10年之后才能掌握导弹核武器。这也许是一种无奈的自我安慰吧。事实是，他们又低估了中国的力量。

1964年5月，就在改进后的"东风二号"导弹发射前夕，以及原子弹紧锣密鼓进行爆炸试验前夕，聂荣臻元帅召集国防部第五研究院、二机部有关领导开会，指出我国核武器的发展有两条线：一是炸响，然后与导弹结合；二是研制氢弹。之后，钱学森就提出了"两弹"结合的试验设想。

1964年9月16日至17日，在"东风二号"导弹连续三次发射成功之后、第一颗原子弹准备进行爆炸试验之前，中央专委召开会议，讨论钱学森关于"两弹"结合的试验设想。会议决定，由二机部和五院共同组织"两弹"结合试验方案论证小组，进行研究、设计工作，并决定这项工作由钱学森抓总。

周恩来充满信任地对钱学森说："学森同志，'二七风暴'从你这里开始吧。"

仅仅过了一个月，钱学森就向聂荣臻提交了"两弹"结合试验的初步方案。

1964年10月10日，也就是我国第一颗原子弹爆炸的前五天，聂荣臻在国防科委办公大楼亲自听取有关部门关于"两弹"结合试验方案的具体汇报。

1964年12月21日，钱学森领导的"两弹"结合试验方案论证小组，正式向国防科委和中央专委提交了"两弹"结合试验总体方案。不久，该方案得到中央批准，由此掀开了中国导弹核武器发展史上崭新的一页。

二

"两弹"结合，并不是把原子弹、导弹简单地组合在一起就行了。中国的"两弹"结合，需要做好三方面的研制工作，同时在两条战线上并肩进行。

一是研制适合火箭运载的核弹。二是研制可以装载核弹的中近程、中远程乃至洲际导弹。三是解决"两弹"结合的协调和配套问题。把核弹和导弹组合在一起，成为能够作战的导弹核武器，这里面还有许多新的技术问题需要解决。

导弹的研制和"两弹"结合技术方面的配套、协调，主要在钱学森的领导下进行。

"东风二号"导弹发射试验获得圆满成功后，钱学森立即着手主持"东风二号甲"导弹的研制。

"东风二号甲"是改进型中近程地地导弹。它既是"八年四弹"规划中的第一弹，也是准备用来进行"两弹"结合试验的运载工具。

"东风二号甲"导弹，在"东风二号"导弹的基础上，进行了方案性的设计修改。首先是导弹的射程提高了，达到1 200公里，大大提高了实战价值。

"东风二号"导弹的射程为1 000公里。这个射程是按照40.5吨的发动机推力进行设计的。实际上，在"东风二号"导弹进行组装时，发动机的推力已经达到了49吨，射程可以突破1 000公里。这就为改进型中近程地地导弹的研制打下了扎实的技术基础。

"东风二号甲"导弹由于有预研基础，设计修改方案通过后，只用了10个月时间就研制了出来。

与"东风二号"导弹相比，"东风二号甲"导弹的发动机和弹体设计基本没变，主要在全弹系统进行了10处更优化的设计，进一步提高了导弹的性能和质量。

1966年6月30日，"东风二号甲"导弹在西北导弹发射试验基地进行发射试验。钱学森亲自到现场组织指挥。这次发射，周恩来总理也亲临发射场观看。

这是短短一年间，周恩来总理第五次来到导弹发射试验基地。这次来基地之前，他率领中国党政代表团访问罗马尼亚和阿尔巴尼亚两国。回国途中，周恩来特意专程来到导弹发射试验基地，观看"东风二号甲"导弹的发射试验。

周总理在钱学森等人的陪同下，走遍了基地每一个试验场区。每到一处，他都要与科技人员亲切交谈。看完发射场设施后，他赞叹地说：

"几乎无法想象，在这沙土飞扬的戈壁荒滩，能够建起这么一座具有世界先进水平的现代化城堡，这是你们航天人的成绩嘛！"他还深情地说道："我走进这广袤的沙漠荒原，和大家一样，有一种自豪感。我觉得，此时，我也成了这荒原的主人。"

"东风二号甲"导弹发射在即，周恩来与钱学森一起来到观看台。当导弹喷着浓烈的火焰腾飞时，周恩来从座位上站了起来，用手遮住光线，全神贯注地注视着导弹飞向天空。不久，远在1 200公里之外的导弹落区报告：导弹准确命中目标！

周恩来爽朗地笑了起来，与在场的每一位领导热烈握手。周恩来特别走到钱学森面前，紧紧握住钱学森的手，用劲地摇着，亲切地表示祝贺。十年前，周恩来也是这样握着钱学森的手，向这位科学家部署了拟订导弹研制计划的任务。那时，中国在导弹领域里还是一片空白。

"东风二号甲"改进型中近程地地导弹试验发射一举成功，既为"八年四弹"规划打出了一个"开门红"，也为"两弹"结合试验打下了坚实的基础。

三

"东风二号"导弹和"东风二号甲"导弹先后研制成功，以及正在秘密进行中的导弹核武器研制，催生了共和国一个崭新的兵种——战略导弹部队。它的全称是：中国人民解放军第二炮兵，也就是钱学森在1956年提出的"火军"。

"东风二号甲"导弹发射成功后的第二天，即1966年7月1日，中国人民解放军第二炮兵在北京宣告正式成立。

第二炮兵由地地战略导弹部队和常规战役战术导弹部队组成。它的组建过程与钱学森领导的国防部第五研究院有着密切的历史渊源。

1958年在北京长辛店成立的国防部五院教导大队，是新中国最早的导弹部队。1959年6月，根据中央军委命令，国防部第五研究院教导大队撤销，组建成两个地地导弹发射营。之后，这两个导弹发射营又归属第二炮兵建制序列，成为我军历史最悠久的导弹部队。

"东风二号甲"改进型中近程地地导弹研制成功后，进行了8发试验发射，全部获得成功；定型装备部队后，又进行了8次发射，7发取得成功，另外1发因为电源故障未成功。这样，新成立的第二炮兵拥有了中国自己制造的中近程地地导弹。

同时，为了装备第二炮兵，各种战术导弹也加快了研制进度。钱学森除了抓地地导弹研制之外，又着重抓了地空导弹、岸舰导弹的研制。

自我国进行第一次核试验之后，美国更加紧了对我空中侦察，特别是对我核试验地区的侦察。此前，美制高空侦察机曾几次被我击落。这次，他们派出了名为"黑寡妇"的当时最先进的高空侦察机，也就是U-2高空侦察机。

U-2侦察机机身很轻，机翼很长，可长途飞行9个小时，飞行高度在2万米以上，飞行员甚至要穿上宇航员的服装才能驾驶。

中国的地空导弹在研制初期，是仿制苏联的"萨姆-2"型导弹，在1964年定型装备部队。之后，在仿制的基础上又进行改进设计，研制成功了多种型号的国产地空导弹。

针对U-2侦察机上装有先进的预警系统，钱学森组织科技人员研制成功了反电子预警系统，安装在我国研制的地空导弹上，大大提高了我地空导弹的作战威力。

U-2高空侦察机先后多次被我地空导弹击落。毛泽东接见外宾时，曾有外宾问他，中国是用什么武器击落美国最先进的U-2侦察飞机的？

首次用于实战、击落台湾美制U-2高空侦察机的地空导弹

20世纪60年代被我军地空导弹击落的美制U-2高空侦察机残骸

毛泽东风趣地说："是被中国人民用竹竿捅下来的。"

岸舰导弹也就是海防导弹。我国海岸线漫长，光靠海岸炮10多公里的射程，已经不能有效进行海防。1944年，美国和英国进行诺曼底登陆作战时，战舰多数距海岸20公里左右对德军进行攻击，而德军部署的海岸炮几乎没有还手之力。

海防导弹的射程要比舰艇火炮和舰艇导弹的射程远，才能使敌方的战舰不能接近海岸，以保护海岸要塞和临海城市。我国的海防导弹开始也是仿制苏联的，1961年因国防工业调整而下马。1965年，国防部第五研究院决定自主研制海防导弹。1966年12月26日，第一枚海防导弹在辽宁沿海地区成功进行了首次发射试验。

短短几年间，在钱学森领导下，地地导弹、地空导弹、海防导弹研制工作取得了长足的进步。

四

1966年9月，"两弹"结合试验的一切准备工作就绪。中央决定：在1966年10月，进行第一次导弹核武器全程发射热试验。所谓热试验，就是导弹发射到目标区后，核弹头实施核爆炸。

在本土进行导弹核武器飞行爆炸试验，既是有魄力的表现，更是充满自信的表现。

美国是在海上进行导弹核武器飞行爆炸试验，苏联是在西伯利亚荒无人烟的地区进行导弹核武器飞行爆炸试验。而我国的导弹核武器从西北导弹发射试验基地发射，在罗布泊核试验场实施核爆，之间要飞越有人区。特别是导弹核武器飞过的甘肃柳园地区，那里有5万居民。这在世界核试验史上是没有先例的。因此，确保发射试验的成功，确保人民生命、财产的安全，是至关重要的头等大事。

周恩来总理特别做出指示：

> 这次试验，安全问题是一个关键。美国是在海上搞的，法国还没有搞。我们是在自己大陆上搞，事关重大，不能出乱子。热试验弹要严格检查，一切工作都要保证百分之百没有问题才行，各种因素都要考虑到。核弹头要用专车运输，武装保卫，弹着区要保证安全，人员撤远一点。这次试验由国防科委张震寰负责，钱学森、李觉参加。

作为"两弹"结合试验的技术总负责人，钱学森肩负的责任之重、身受的压力之大，可想而知。

钱学森从一开始就提出，为避免不幸事件发生，导弹飞行轨道设计一定要准确无误，产品质量一定要做到最可靠。中央对这次导弹核武器发射试验尤为重视，特别要求二机部对核弹头进行撞击、发生燃烧等异常状态情况下的地面模拟试验，严格做到核弹头在未解除保险时，即使发生各种意外情况，也不会发生核爆炸。

可以说，我国在本土进行导弹核武器发射试验，采取了"双保险"措施。首先是导弹要确保发射到预定落区；其次是万一导弹在飞行途中掉了下来，也不会发生核爆炸。尽管这样，中央还是采取了更严格的措施，在进行导弹核武器发射试验时，疏散导弹飞行经过地区的居民。

当时，人民群众的觉悟很高，政府一声令下，大家都毫无怨言地疏散到安全地区。但其中也有一个单位，负责人是一位老红军，担心影响生产，不愿组织人员疏散。国防科委和七机部领导出面做工作，也没有把他说服。他的理由很简单："我们相信解放军，不会有事的。"

导弹核武器发射试验是绝密任务，又不能向这位老红军透露详情，眼看试验日期临近了，怎么办？钱学森在听取汇报后知道了这一情况，决定亲自去做工作。大家听说来了位大科学家，都非常兴奋。

钱学森亲切地对他们说："我们这次要进行的试验任务很重要，也有一定的危险性。你们不是相信解放军吗？解放军办事有个原则，就是不怕一万，只怕万一。我今天能告诉大家的，就是现在不是万分之一，而是千分之一、千分之二。你们说，该不该疏散呢？"就这么几句话，把老大难问题解决了。那位老红军当场表态："我们听科学家的！"

1966年10月20日，周恩来主持召开了导弹核武器发射试验前最后一次中央专委会议，检查落实有关各项准备工作。会上，周恩来强调说："这次热试只许成功，不许失败，一定要百分之百地保证，百分之百是指一切试验结果都没有问题。"

10月24日晚，周恩来、叶剑英、聂荣臻专门向毛泽东作了汇报。毛泽东高兴地说："谁说我们中国搞不成导弹核武器呢？现在不是搞出来了吗？"毛泽东批准进行导弹核武器发射热试验，并确定由聂荣臻亲自去发射现场主持。毛泽东亲切地说："这次试验可能打胜仗，也可能打败仗，失败了也不要紧。"

10月25日上午，聂荣臻乘坐专机，飞行3个多小时，来到了导弹发射试验基地。当天晚上，他就召集已在发射现场的国防科委副主任张震寰、七机部副部长钱学森、二机部副部长李觉等人开会，传达了毛泽东的讲话。之后，聂荣臻和钱学森、李觉、张震寰等人一起对发射前的准备工作，再次作了认真的检查。检查过程中，聂荣臻又问钱学森和李觉："核导弹飞行中，一旦发生意外情况，安全自毁系统能不能保证不出问题？"钱学森与李觉的回答是肯定和坚定的。

1966年10月，中近程导弹运往酒泉基地发射场

1966年10月25日，钱学森（右一）、二机部副部长李觉（左二）、基地司令员李福泽（左三）与亲临试验基地坐镇指挥"两弹"结合试验的聂荣臻在一起

1966年10月，钱学森（左一）向聂荣臻介绍"两弹"结合时头裙对接装置的原理

1966年10月，"两弹"结合飞行爆炸试验前，钱学森（前排右三）在总装厂房里与聂荣臻等合影

在此之前，他们已经设计了多套核导弹自毁方案，如弹头自毁、弹体自毁、弹头弹体都自毁、弹头毁弹身不毁、弹身毁弹头不毁等方案，并进行了科学论证和试验，确保万无一失。

10月26日上午，现场指挥部研究决定，导弹核武器发射时间定为10月27日上午9时，并得到了周恩来批准。

10月26日下午，核弹头转运到发射场，与导弹对接，并进行通电试验。聂荣臻和钱学森、李觉、张震寰在现场坐镇。"两弹"对接和通电，属于高度危险的操作步骤。大家劝聂荣臻离开，他却拉了把椅子坐了下来，说："你们不怕危险，我有什么可怕的！你们什么时候对接、通电完，我就什么时候离开。"

10月27日上午8时45分，导弹核武器发射在即。这时，远在新疆罗布泊的核试验场报告：核导弹的预定弹着区3 000米高空，出现了一股6到7级左右的西南向强风。

这股强风会不会使导弹核武器偏离弹着点？是按时发射还是推迟发射？事关重大，聂荣臻立即向坐镇北京的周恩来报告。周恩来果断回答："一切由你在现场决定。"

聂荣臻转身和钱学森及其他专家们商量，得出的结论是：大风对导弹核武器发射影响不大。于是，聂荣臻把钱学森和其他专家的意见报告给周恩来，决定按预定计划发射。周恩来表示同意。

钱学森随聂荣臻进入了地下指挥室。按照规定，即便在指挥室内也要穿上防护服，以防发生意外。

可是，聂荣臻和钱学森都挥了挥手说："不要穿了，没有问题！"

这是元帅和科学家以自己的镇定与自信，鼓舞和稳定参试人员的情绪。

发射进入了10分钟准备阶段。聂荣臻对钱学森说："里面看不清，到外面去看。"两人不顾随行人员的劝阻，走出了地下指挥室。

10月27日上午9时，随着"点火"口令的下达，中国第一枚导弹核武器在隆隆的巨响中，喷射出耀眼的火焰，缓缓升起，随后疾速地飞向蓝天。

按照预定飞行计划，导弹要飞行9分多钟，才能抵达核试验场爆炸区

1966年10月，钱学森（左三）等陪同聂荣臻视察即将进行发射试验的中近程导弹和核弹头

1966年10月27日，带有核弹头的中近程导弹起竖

1966年10月27日，第一枚装有核弹头的中近程导弹试验成功，这是聂荣臻、钱学森（右一）等在现场的合影

域。此时的9分钟，对所有参试人员来说，是那样的漫长。

终于，罗布泊核试验场传来报告：核导弹于9时9分14秒精确命中目标，在预定高度成功实现核爆炸。

瞬间，原先静默的人群，欢腾了起来，跳跃、拥抱、欢呼。聂荣臻安详地摘下防护墨镜，长长地吁了一口气。

在发射现场，聂荣臻与钱学森紧靠在一起，与部分科技人员合影留念。

1966年10月27日，"两弹"结合试验成功后，聂荣臻和钱学森、张震寰、李觉、谢光选、梁思礼、戚发轫等在首区（发射区）敖包山附近合影。

在这张珍贵的照片里，钱学森穿着厚厚的军大衣，脸上露出欣慰和幸福的微笑。在他的身后，是一面高高飘扬的五星红旗。

随即，新华社受权发布新闻公报：

1966年10月27日，中国在本国的国土上，成功地进行了导弹核武器的试验。导弹飞行正常，核弹头在预定的距离，精确地命中目标，实现核爆炸。

1966年10月28日，也就是中国导弹核武器成功进行爆炸试验的第二天，远在美国的《纽约时报》用这样的文字写道：

一位15年中在美国接受教育、培养、鼓励并成为科学名流的人，负责了这项试验，这是对冷战历史的嘲弄。在1950—1955年的5年中，美国政府成为这位科学家的迫害者，将他视为异己的共产党分子予以拘捕，并试图改变他的思想，违背他的意愿滞留他，最后才放逐他出境，让他回到自己的祖国。

第二十九章　逆境铸剑

一

　　1966年12月26日，也就是中国第一枚导弹核武器发射成功后的第二个月，"东风三号"导弹又矗立在西北导弹发射场，待命发射。

　　"东风三号"是中程导弹，设计射程为2 000～2 500公里。早在研制"东风二号"导弹时，根据聂荣臻提出的"三步棋"原则，钱学森就已开始考虑"东风三号"导弹的预研工作了。

　　1963年10月，国防部五院正式向国防科委提出了研制"东风三号"导弹的设想，得到了中央专委的批准。

　　"东风三号"导弹采用了一系列新的技术，如可储存液体推进剂、全惯性制导系统和四机并联发动机技术等。这些新技术，都是钱学森提前安排的预研课题。因此，当"东风三号"导弹正式上马后，这些预研成果就为研制工作奠定了坚实的技术基础。

　　"东风二号"导弹研制过程中，发动机试车时总出现被烧坏的问题，在"东风三号"导弹研制过程中又出现了。

　　为了查找出真正的原因，"东风三号"导弹发动机总设计师任新民带领研制人员先后提出了70多种方案，一个原因一个原因地去找，一个方案一个方案地去试。他们已记不清试了多少次、失败了多少次。

　　作为技术总负责人的钱学森，更是为攻克这个难关而操心，认真研究了历次发动机试车出现故障的情况。有一天，他亲自来到发动机试车台，听取汇报后，细心观察了发动机试车过程。之后，他陷入了沉思，来来回回地踱步。

在场的人都沉默着，连大气都不敢出，害怕影响了钱学森的思考，目光里充满着期待。

猛然间，钱学森停了下来，转身对大家说："我们不能总让故障牵着走，大家是不是回过头来想想，有什么根本问题在影响着发动机的燃烧稳定性？是不是应该考虑高频振荡问题？"

钱学森这番话，犹如指路明灯，给发动机研制人员指出了一条新的技术途径。在任新民领导下，大家想到了高频振荡频率与燃气生成频率相耦合产生共振的影响，采取了隔板和液相分区等

1966年12月，钱学森（前排左二）陪同聂荣臻到导弹试验基地主持第一发中程导弹试验

技术措施，改进了发动机的设计。经过多次试验，发动机燃烧不稳定的问题终于得到解决。之后，"东风三号"导弹发动机试车顺利过关。这一重大技术难关的突破，也为后来新型发动机的研制提供了重要经验。

大师的高明之处，并不在于具体解决技术问题，而是给你指出解决技术问题的正确途径。这就是大家佩服钱学森的原因之一。

二

1966年12月27日，也就是"东风三号"导弹首次发射后的第二天，钱学森又随同聂荣臻来到罗布泊核试验场，参与主持我国首次氢弹原理试验。

12月28日，首次氢弹原理试验获得成功。

1967年5月，改进后的"东风三号"导弹运抵西北导弹发射试验基地。这次准备了三发导弹进行发射试验。开始，钱学森没有随同试验队

1966年12月28日，钱学森陪同聂荣臻在核试验基地主持氢弹原理试验

去现场。

5月19日，第三发导弹进入发射程序，但因发生设备故障，不能给推进剂储箱加压，先后两次中止发射。而导弹发射试验基地和七机部研制部门的人员，也因为对故障的分析和处理有不同看法，使发射试验难以进行下去。关键时刻，周恩来、聂荣臻亲自点将，请钱学森去现场解决问题，主持发射试验。

三

1967年5月24日，钱学森赶到导弹发射试验基地后，立即召开由基地和七机部试验队参加的联席会议。在会上，钱学森要求大家集中精力进行故障分析。

他首先认真听取了基地科技人员关于为什么导弹不能发射的理由和需要解决的问题。基地一共提出了20多个问题。钱学森对试验队说："你们把问题一一记下来，回去研究后，要逐个给予回答。对技术上的问题，要提出改进措施。"作为七机部的领导，钱学森首先严格要求自己的队伍。这样，有效化解了双方的对立。

在钱学森指挥下，经过双方人员的共同努力，把问题一个个解决了。但其中有一个问题，导致大家不能最后下决心，从而影响导弹发射试验继续进行下去。

缘由是，导弹中止发射后，操作人员在泄出导弹推进剂时，由于思想过于紧张，忘了开通气阀，造成导弹箱体内出现真空，在大气压力的作用下，弹体瘪进去一块。基地认为，这是一个大故障，不解决这个问题，导弹就不能发射。试验队的科技人员也从未遇到过这样的情况，不知道如何处置，也不敢贸然同意发射导弹。

要解决弹体出现的这个故障，就得把导弹拆卸后，对弹体进行技术处理，甚至是进行更换，那就等于重新生产一个新的弹体了。钱学森听完汇报后，没有轻易下结论，而是亲自爬到发射塔架上，进行实地察看。

钱学森仔细察看后，认为弹体出现的变形，并没有达到结构损伤的程度。他在美国曾经对圆柱壳体进行过专门研究，在这方面有着丰富的经验。他认为，导弹点火前，箱体内要充气，弹体内的压力就会升高，壳体就会恢复原来的形状。因此，他主张导弹可以照常发射。

这可是一个大胆的结论。在当时的政治形势下，一个小问题处理不好，都可能引火烧身，何况发射导弹这样的大事。毕竟钱学森说的这种情况，要在导弹发射后才能印证。如果导弹发射时，并不像钱学森说的那样，导弹壳体因箱体充气恢复原形，进而造成发射失败，这个责任谁来承担？

按照当时的规定，导弹发射要经过三人签名才能实施。一个是负责发射工作的作战试验部部长，另一个是导弹研制部门负责人，再有一个就是基地司令员。

也许是出于谨慎，也许是怕承担责任，作战试验部部长不敢在发射令上签字。基地司令员看作战试验部部长没有签字，也就不签字。这也能理解，负责指挥发射的部长不签字，他这个并不是导弹发射技术专业出身的司令员，又怎么会同意签字呢？

见此情况，钱学森反复做他们的工作，但还是没有结果。发射不能再拖延下去了，必须做出决定：打，还是不打？钱学森毅然决然地表示：你们不签，我签！

最后，只有钱学森一个人签字的发射报告，呈送给了在北京的聂荣臻。

聂荣臻了解情况后说："这是一个技术问题，既然技术上由钱学森负责，他说可以发射，我同意。"

1967年5月26日，这枚"东风三号"导弹，历尽曲折，终于成功发射。

聂力回忆说："这件事让钱学森记了一辈子。因为他觉得，父亲真正做到了'技术上由你钱学森负责'。"

1967年6月10日，又进行了第四枚"东风三号"导弹发射。导弹发射基本成功，但不圆满。此前反复出现过的老毛病又出现了。

对于"东风三号"导弹质量不稳定的情况，钱学森决心狠抓地面试验，从根本上解决问题。

1967年5月26日，第三发中程导弹发射成功

钱学森与聂荣臻建立了深厚感情，称聂荣臻为"良师"

　　鉴于"东风三号"导弹全程试验和其他型号导弹试验的需要，中央军委决定在山西建设一个新的导弹发射试验基地。

　　该基地从1966年开始勘察选点，1968年，主要工程项目已经完成，随即就投入导弹发射试验任务。可以想象，快速度的建设，除了发射阵地、测试阵地能够满足任务需要外，其他配套工程设施还很简易，更不要说生活设施了。

　　基地建成后，第一次实弹发射就是"东风三号"导弹。这次发射，既是考核经过改进后的"东风三号"导弹的性能，也是考核新建设的导弹发射试验基地的综合性能。这次发射，钱学森随试验队一起前往，亲自参与组织。

　　分管此次导弹发射组织协调工作的于龙淮回忆说：

　　　　这次发射任务，我与钱老一同前往。发射时间原定在下午5时发射。钱老当时在指挥中心组织实施。因为准备工作出现问题，发射推迟到午夜进行，后来又推迟到第二天凌晨进行。许多年轻人都有些撑不住了，我就劝钱老先回去休息，第二天凌晨发射前再来，但他坚持要留在指挥岗位上。

那个指挥中心，设施实际上非常简陋，除了几个桌子、板凳，连一个沙发椅都没有。钱老便和大家一样，搬来两个木板凳拼在一起，和衣躺下休息。我当时还是个年轻人，看着年过半百躺在板凳上睡觉的钱老，心中的不安和敬意油然而起。我想，就是这么一个大科学家，他如果待在美国，工作、生活条件不知道要比国内好上多少倍，但他毅然决然回来了。为了祖国的强盛，如今和我们年轻人一样，躺在又冷又硬的板凳上。想到这些，我的眼睛不禁湿润了。就这样，想着想着，我睡着了。不知什么时候，我醒了，一看，钱老早已精神抖擞地坚守在指挥岗位上了。钱老见我醒来，笑眯眯地说："小于呀，你的呼噜打得可有水平啊！"钱老幽默的话，把大家都逗笑了。

1968年12月18日，中程导弹全程试验获得成功

早晨8时，"东风三号"导弹胜利升空，发射试验获得圆满成功。

四

在"东风三号"导弹紧锣密鼓的研制过程中，"东风四号"导弹的前期研制工作也开始了。

"东风四号"导弹是中远程导弹，射程达到4 000～5 000公里。

钱学森在制定"八年四弹"规划时，"东风四号"导弹只是作为武器来研制的，但到了真正实施"东风四号"导弹研制工作时，计划有了改变。"东风四号"同时要作为"长征一号"运载火箭的第一、二级，承担"东方红一号"人造地球卫星发射任务。也就是说，"东风四号"导弹将一弹两用。

发射人造地球卫星是毛泽东的宏伟心愿。

1957—1958年，苏联和美国先后成功发射人造地球卫星，引起了中国科学家的关注。尽管当时我国才刚刚涉足火箭技术，但有识之士纷纷向中央建议，中国也应开展空间技术研究。

1958年5月17日，毛泽东主席提出："我们也要搞人造地球卫星。"不久，中央召开专题会议，筹划发射人造地球卫星的早期研究工作。在这次会上，中央决定成立星际航行委员会，由著名科学家钱学森、裴丽生、赵九章牵头，负责组织和规划工作。限于当时的技术条件，科学家们只能先进行有关理论上的探索。

1965年1月，在我国导弹技术取得了突破性进展后，钱学森认为发射人造地球卫星的基本条件趋于成熟。于是，他向中央写了一份建议报告，提出：

自苏联1957年10月4日发射第一颗人造地球卫星以来，中国科学院及原第五研究院对这项新技术就有些考虑，但未作为研制任务。现在看来，人造卫星有以下几种已经明确的用途：测地卫星、通讯及广播卫星、预警卫星、气象卫星、导航卫星、侦察卫星。重量更大的载人卫星在国际上的应用，现在虽然还不十分明确，但也得有

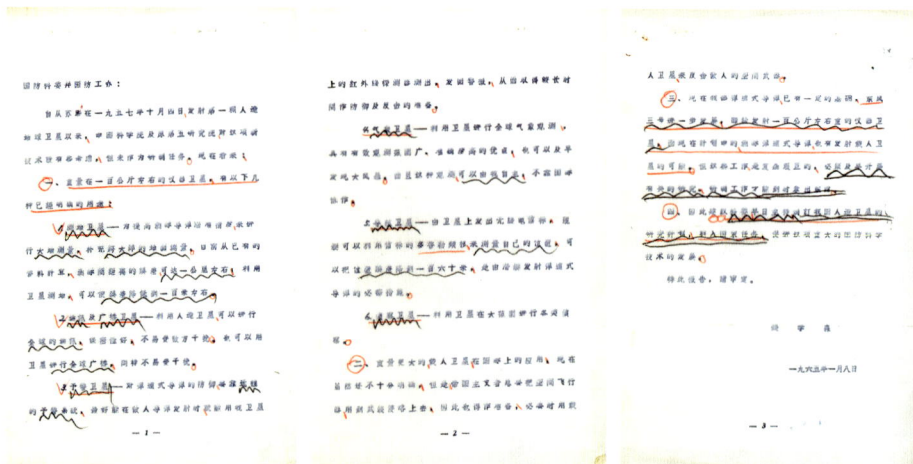

1965年1月8日，钱学森正式提出了《早日制定我国人造卫星的研究计划并列入国家任务》的报告

所准备。现在我国弹道式导弹已有一定的基础，现有型号进一步发展，即能发射100公斤左右重量的卫星。这些工作是复杂艰巨的，必须及早开展有关的研究、研制工作，才能到时拿出东西。因此建议国家早日制定我国人造卫星的研究计划，列入国家任务，促进这项重大的国防科学技术的发展。

中央很快批准了这个报告。由于钱学森的建议是在1965年1月提出的，我国第一颗人造地球卫星的工程代号就命名为"651工程"。

为了使中国的人造地球卫星早日上天，"东风四号"导弹加快了研制进度。

1970年1月30日，"东风四号"导弹再次发射，获得圆满成功。与此同时，"东方红一号"卫星的发射工作也进入了倒计时。

第三十章　临危受命

1958年，根据周恩来总理的指示精神，中央决定由中国科学院拟制人造地球卫星发展规划。在钱学森、赵九章、郭永怀、陆元九等专家参与下，提出了中国人造地球卫星"三步走"设想：第一步，发射探空火箭；第二步，发射一二百公斤重的卫星；第三步，发射几千公斤重的卫星。

这项发展计划被中国科学院列为1958年第一项重点任务，为此，成立了一个专门的组织机构——中国科学院"581"小组。钱学森任组长。

这个诞生于"大跃进"年代的人造地球卫星研制计划，充满着科学工作者的激情和理想。但之后随着"大跃进"热潮的退却，钱学森等科学家们经过理智的思索，认为"我国发射人造卫星的条件尚未成熟"。中央也开始重新审视卫星发展计划。1958年年底，中共中央总书记邓小平在听取中国科学院常务副院长张劲夫的汇报后，决定调整任务，推迟卫星发射计划。

1965年，中国导弹事业取得一定进展后，赵九章等科学家们认为："我国着手研制人造地球卫星的基本条件已经具备，建议把导弹打靶试验和卫星发射结合起来，可收一石二鸟之效。"中国科学院党组书记、常务副院长张劲夫以党组的名义，正式向中共中央建议启动人造地球卫星工程。

1965年8月9日和10日，周恩来主持召开中央专委第十三次会议，决定将"东方红一号"卫星研制工程列入国家计划，并明确由中国科学院

233

负责人造地球卫星总体设计和技术抓总，国防科委负责组织协调。

但这项工作刚开始实施，"文化大革命"就开始了。在那场内乱中，一些科学家和管理专家，如赵九章先生、力学所的高级研究员林鸿荪、院政策局局长汪志华等，都受到残酷迫害。

为了让"东方红一号"卫星研制工作正常进行下去，周恩来采取果断措施，将中国科学院承担的卫星研制任务转交给军队。

1967年6月，根据聂荣臻的提议，中央军委决定，由国防科委负责组建空间技术研究院，并委托钱学森全面负责组建工作。空间技术研究院的主要职责和任务是：参与制订国家航天发展计划，负责航天器的技术指标论证，负责各类航天器的研究、设计、生产和试验，负责运载火箭、发射场和地面测控系统之间的技术协调。

钱学森临危受命。他将原来分散在中国科学院、七机部和其他一些部门的空间研究机构集中起来，实行统一领导，以保证我国第一颗人造地球卫星研制工程按计划进行。

为了加强"东方红一号"卫星的研制力量，钱学森大胆起用新人。他推荐当时年仅38岁的孙家栋，担任我国第一颗人造地球卫星的技术总负责人。

孙家栋上任后，抓的第一件事，就是根据钱学森的指示，以中国科学院的专家为主，再从搞导弹的技术队伍里抽调了一批优秀人才，组建了卫星总体设计部。钱学森告诉孙家栋："总体建立不好，卫星就搞不起来。"

孙家栋（左一），北斗卫星导航系统高级顾问，中国科学院院士

卫星总体设计部的工作，得到了钱学森的大力支持。当有人对这些年轻人求全责备时，钱学森总站出来维护。他经常说："对待任何人，对待任何事，都不要绝对化，不能苛求十全十美。也许，在这个世界上，绝对的完美是不存在的。正因为如此，我们才会不

2004年12月10日，在钱学森93岁寿辰前夕，中国"探月工程"首任总设计师孙家栋看望钱学森

孙家栋看望钱学森时赠送给他一个月球仪

断地提出更高的要求。否则，事业怎样发展，社会怎样前进？"

1968年2月，国务院、中央军委正式批准组建空间技术研究院，列入军队编制序列，为中国人民解放军第五研究院，归属国防科委领导。钱学森兼任院长。

后来，大家把1956年成立的国防部第五研究院称为"老五院"，把1968年组建的空间技术研究院称为"新五院"。由此，中国人造地球卫星研制工作重新走上了正常的轨道。

二

钱学森兼任空间技术研究院院长后，把领导"东方红一号"卫星研制的重担扛在了肩上；但作为七机部副部长，他同时还得领导运载火箭的研制。

早在中国人造地球卫星工程启动之前，钱学森就提出，发射卫星的运载工具，要充分利用已有的导弹技术和探空火箭技术，把两者结合起来，组成能够发射卫星的运载火箭。他认为，这样可以大大缩短研制时间，可以节省大量人力和物力。于是，他提出发射我国第一颗人造地球卫星的运载火箭，是在"东风四号"导弹的基础上，再在上面加一个固体的第三级火箭，这就是后来的"长征一号"运载火箭。

由于发展思路明确，"东风四号"导弹和"长征一号"火箭实际上是

1970年1月30号，中远程导弹发射成功，标志着我国发射第一颗人造地球卫星的运载火箭问题基本解决

同步开始研制的。

到1969年8月22日，"长征一号"运载火箭4次试车试验全部顺利结束，取得了满意的结果。

1970年1月30日，"东风四号"导弹发射成功，并顺利实现了高空点火和两级分离，这是"长征一号"运载火箭发射卫星能否成功的两项关键技术。至此，发射我国第一颗人造地球卫星的运载火箭问题基本解决。

三

发射人造地球卫星是个庞大的系统工程，涉及卫星、运载火箭、发射场和地面测控等几大系统，参与协作的部门和单位就更多了。

1969年9月15日，周恩来总理在中央专委会议上明确指定："'651（工程）'抓总，由国防科委负责，钱学森参加。"这表明，在"651工程"中，钱学森实际上担负了大总体的重任，即卫星、运载火箭、地面系统三大方面总的技术协调和组织实施工作。这也是周恩来在"文化大革命"的特殊时期，对受到保护、又超脱于派性斗争之外的钱学森委以重任。

对我国即将发射的第一颗人造地球卫星，中央提出的要求，具体概括为4句话、12个字：上得去，跟得上，看得见，听得到。

根据这个总体要求，在钱学森领导下，已对原先的卫星研制方案进行了修改和简化。特别是为了实现"看得见"和"听得到"，有些项目被删了。这曾引起了一些同志的反对，有的人甚至向国防科委反映情况，告钱学森的"状"。

其实，中央专委早就对我国卫星研制提出了原则性方针，即：由简到繁、由易到难、循序渐进、逐步发展。

钱学森的简化方案符合中央专委确定的方针。他给大家做工作说："中国第一颗卫星从一定意义上讲是一颗'政治卫星'，让全世界人民'看得见'和'听得到'是这颗卫星的使命，一切都要服从这个大局。"

正因为我国第一颗人造地球卫星在一定意义上是一颗"政治卫星"，对卫星工程总负责人钱学森来说，他既挑起了艰巨的重任，也承受着天大的压力。这就是必须确保卫星发射"一次成功"，必须让卫星运行轨道尽量覆盖全球，让全世界人民"看得见""听得到"。

为此，他在工作中细而又细、慎而又慎，各个系统、各个部分、各个环节，乃至每个元器件，都要确保万无一失，做到高质量、高可靠。

为了确保人造地球卫星播送的《东方红》乐曲清晰、可靠、悦耳，他多次听取卫星总体设计部汇报，亲自审查设计方案。当卫星总体超重时，他提出，凡是和播送《东方红》乐曲有矛盾的项目都要让路。

这样，到1969年10月，"东方红一号"卫星初样研制成功。

发射第一颗人造地球卫星的发射架，至今仍保留在酒泉基地

四

1970年3月26日，经周恩来批准，"东方红一号"卫星和"长征一号"运载火箭装上专列，前往西北导弹发射试验基地待命发射。钱学森随同前往，部署星箭合练并检查发射前准备工作。

4月1日，专列到达发射场。钱学森立即向周恩来报告：火箭、卫星及参试人员已安全到达发射场，请总理放心。这是周恩来特意交代的，有关"东方红一号"卫星发射工作情况，要随时向他报告。4月2日晚7时，周恩来又在人民大会堂召开会议，听取国防科委领导和有关专家对卫星、运载火箭及发射准备情况的汇报。钱学森顾不上休息，把有关工作部署完毕后，又立即乘专机赶回北京。随同他回来参加会议的还有导弹发射试验基地司令员李福泽、"长征一号"运载火箭技术总负责人任新民、"东方红一号"卫星技术负责人戚发轫。

在这次会上，周恩来详细询问了美、苏两国发射人造地球卫星的情况，对"长征一号"运载火箭第一级落点的位置、卫星运行中经过国外一些大城市的时间预报十分关注，并亲笔记下了卫星经过的也门、乌干达、赞比亚、毛里塔尼亚等第三世界国家首都的名字。周恩来强调说：要对我国第一颗人造地球卫星飞经各国首都上空的时间准确预报。

钱学森明白，周恩来关心火箭壳体在国内的落点位置，是担心万一处理不好，有可能造成人民生命、财产损失。他肯定地告诉周恩来，火箭的第一级工作完毕后，将坠落在甘肃境内的大漠里；火箭的第二级工作完毕后，将坠落在南中国海；火箭的第三级则在广西西北部上空，与卫星一同进入运行轨道，都不会发生任何事故。

4月3日，钱学森一行又登上专机，飞赴卫星发射场。根据周恩来的指示，卫星、火箭、发射场及地面测控等各大系统，全面开展故障预想，制定各种应急情况下的处置措施。周恩来提出的故障预想，由此开始，一直成为国防科研战线的优良传统。

4月14日，钱学森等人再次乘专机回到北京。周恩来和中央专委要听取专题汇报，并确定是否批准卫星发射。飞机在大漠上空飞行。钱学森默默地坐着，专心致志地思考着一个问题——"过载开关"，准备在会议上提出来。

原来，在研制"东方红一号"卫星时，有人提出这样一个问题：假如火箭升空后，万一达不到第一宇宙速度，卫星便无法进入预定轨道，甚至有可能坠落到大海里。那时，星上《东方红》乐曲响起来，不就成为一个政治笑话了吗？这的确是一个十分严肃的政治问题。既然有人提出来了，就必须认真解决。大家想了许多办法，但都一筹莫展。后来，还是钱学森想出了一个办法：在"长征一号"运载火箭的第三级上，加一个"过载开关"。

这是一个可以自动开启和关闭的小开关。当火箭起飞后达到第一宇宙速度时，这个"过载开关"就与卫星上的《东方红》乐曲音源振荡器自动接通，卫星进入轨道后，便会响起《东方红》乐曲；倘若火箭起飞后达不到第一宇宙速度，这个"过载开关"就处于关闭状态，就不会与音源振荡器接通，《东方红》乐曲自然就不会响起来。一个小开关在技术上把问题解决了。

然而，就在卫星、火箭到达发射场，进入射前测试过程中，有人对"过载开关"本身提出了一个问题：假如"长征一号"运载火箭起飞后一切都正常，而"过载开关"自身发生了故障，该开启时却关闭了，该关闭时却开启了。也就是说，《东方红》乐曲该响时不响了，不该响时却响了，这又怎么办？

这个问题如果单纯从科学试验角度考虑，一切都有可能出现，用不用"过载开关"，只是一个技术层面的选择。难就难在"文化大革命"期间无处不在的政治，技术问题与政治问题纠缠在了一起，钱学森难以抉择了。他把问题提交给了国防科委。国防科委召开党委常委会进行了专题研究，认为开关虽小，事关重大，又把问题呈报给了中央，中央又迟迟未作批复。现在眼看卫星发射在即，这个问题的解决不能再拖了，钱学森决定当面向周恩来汇报。

4月16日，周恩来办公室打电话通知：中央同意去掉"过载开关"。中共中央政治局开会研究后，同意这次卫星发射安排，并批准火箭、卫星从技术测试阵地转往发射阵地。周恩来特别强调："火箭、卫星转运到发射阵地后，一定要认真地、仔细地、一丝不苟地进行测试检查，一个螺丝钉也不要放过！"并做出指示：从今天起，一直到卫星上天，发射场的情况，要逐日向总理办公室电话汇报。中国人造地球卫星飞向太空的梦想即将成为现实。

第三十一章　艰难前行

———

　　1970年4月17日，"长征一号"运载火箭和"东方红一号"卫星由技术测试阵地转运至发射阵地。

　　4月20日，周恩来亲自打电话，对这次卫星发射提出16字要求：安全可靠，万无一失，准确入轨，及时预报；并强调，绝不能带任何一个疑点上天！

　　4月的戈壁，没有江南早春的温暖，大风吹过，依然充满冬日肃杀的寒意。

　　4月24日清晨7时，钱学森与李福泽召集有关人员进行气象会商，特别对晚上8点至10点的气象情况作了了解。气象部门预报：4月24日晚8时至9时，发射场上空云高7 000米，风速小于每秒4～5米，非常适合卫星发射。

　　晚7时50分，周恩来打来电话询问，基地报告：发射准备工作，一切正常。

　　晚8时，卫星发射"一小时准备"命令下达。

　　晚8时25分，一个意外情况突然发生：卫星上的应答机对地面发出的信号没有反应。这可是一个重大故障现象，它直接影响到卫星上天后的跟踪测量和运行轨道的预报。

　　钱学森和李福泽商量后，当即决定，卫星推迟半小时发射，迅速查明故障原因，并通过专线电话向坐镇北京指挥的周恩来作了报告。

　　这是惊心动魄的半个小时。一是如果查明故障原因出在卫星上，而

中国第一颗人造地球卫星"东方红一号"

且不能立即排除，就得中止此次发射；二是过了预定发射"窗口"，发射场上空云层将加厚，影响正常发射。

钱学森内心犹如暴风骤雨，但指挥、决策依然波澜不惊。他知道，如果他都惊慌了，就会影响全局。

故障原因很快查明，是地面设备一个小接头出现松动，影响了信息的传递。

晚9时，卫星发射下达了"30分钟准备"命令。

晚9时15分，地处湖南的某卫星地面测控站报告，该站一台单脉冲雷达参量放大器电子管损坏，换上新管后需要调整时间，请求卫星发射时间再往后推迟。

从频频的告急中，周恩来感觉到现场参试人员的紧张心情，也体会到钱学森身受的巨大压力。

于是，他在临射前再次做出指示：不要慌乱，不要性急，要沉着，要谨慎。关键是工作要准确，要把工作做好。推迟十分八分是可以的。综合各方面因素，钱学森与有关人员商量后决定：没有特殊情况，发射时间定在晚9时35分，不再变动。

晚9时50分，国家广播事业局报告：收到卫星播送的《东方红》乐曲，乐音清晰洪亮。

晚10时整，国防科委指挥所正式向周恩来报告：运载火箭一、二、三级工作正常，卫星与火箭正常分离，卫星已入轨。

周恩来的回答只有四个字：准备庆贺！他立即向毛泽东报告了这一喜讯。

二

1970年4月24日这个晚上，随着太空传来的《东方红》乐曲，中国航天史上一座崭新的里程碑，就这样写进了中华民族的辉煌史册。

4月25日晚8时，新华社受权向全世界宣布：

> 1970年4月24日，我国成功地发射了第一颗人造地球卫星。卫星运行轨道，距地球最近点439公里，最远点2 384公里，轨道平面与地球赤道平面的夹角68.5度，绕地球一周114分钟。卫星重173公斤，用20.009兆周的频率，播送《东方红》乐曲。

人民日报

毛主席语录

我们也要搞人造卫星。

毛主席提出"我们也要搞人造卫星"的伟大号召实现了！

我国第一颗人造地球卫星发射成功

卫星重一百七十三公斤，用二〇·〇〇九兆周的频率，播送《东方红》乐曲

这是我国人民在伟大领袖毛主席和以毛主席为首、林副主席为副的党中央领导下，高举"九大"团结、胜利的旗帜，坚持独立自主、自力更生方针，贯彻执行鼓足干劲，力争上游，多快好省地建设社会主义总路线，以实际行动抓革命，促生产，促工作，促战备所取得的结果。

这是我国发展空间技术的良好开端，是毛泽东思想的伟大胜利，是毛主席无产阶级革命路线的伟大胜利，是无产阶级文化大革命的又一丰硕成果。

中国共产党中央委员会向从事研制、发射卫星的工人、人民解放军指战员、革命干部、科学工作者、工程技术人员、民兵以及有关人员，表示热烈的祝贺。

新华社四月二十五日讯　新闻公报

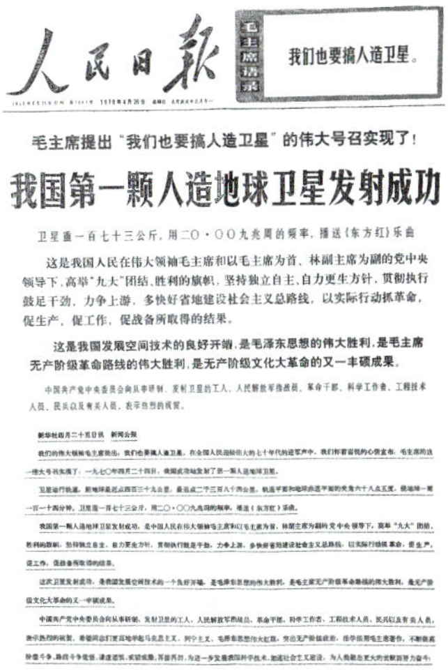

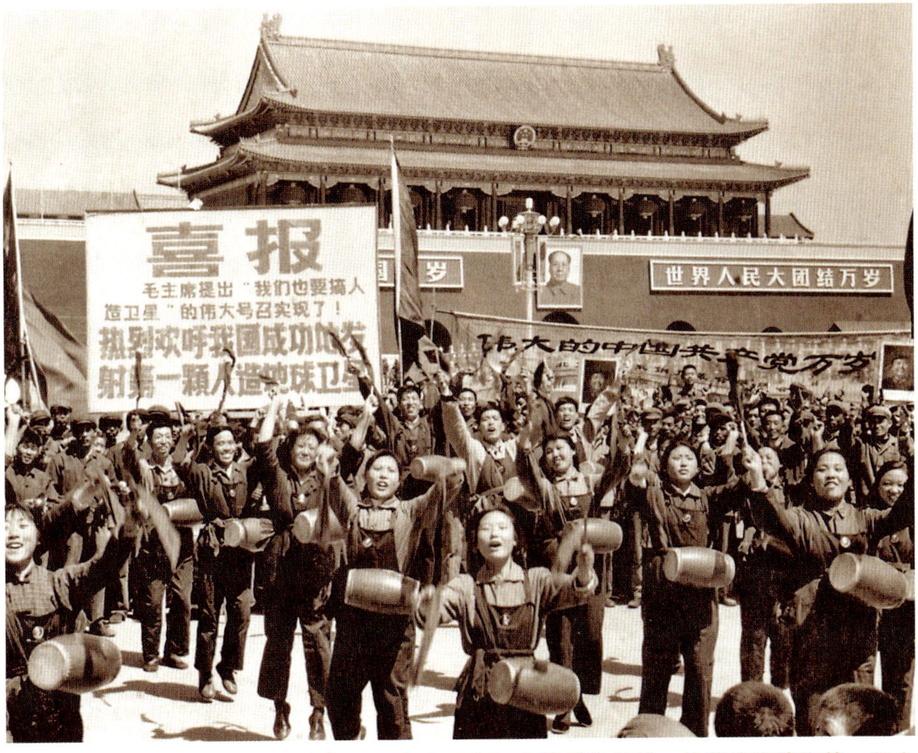

1970年4月26日，《人民日报》号外发布我国第一颗人造地球卫星发射成功的新闻

新闻公报发布后，全中国沉浸在欢乐之中。全国各地的人们纷纷走上街

1970年4月26日，北京第二轧钢厂工人在天安门广场载歌载舞，热烈欢庆我国第一颗人造地球卫星发射成功

头，游行庆贺。特别是当"东方红一号"卫星飞临预告城市上空时，大家扶老携幼，争相观望。

三

1970年6月，中央军委任命钱学森为中国人民解放军国防科学技术委员会（简称国防科委）副主任。

国防科委是统管国家和军队尖端武器装备建设的领导机关，正大军区级别。第一任主任由聂荣臻元帅亲自兼任。同时被任命为国防科委副主任的，还有核科学家朱光亚。这是我国科学家首次担任军队大军区级领导职务，在当时实属凤毛麟角。

钱学森在国防科委新的领导岗位上，主要精力依然是参与组织领导并实施我国导弹、航天技术领域重大型号的研制和发射试验工作。其中，返回式卫星是他倾注心血抓的一项重点工程。

返回式卫星，顾名思义，就是这种卫星在空间完成预定任务后，能按地面的指令，在预定时间、预定地点准确返回地面。因此，这种卫星一出现，首先被用于对地探测。星上装有光学照相机、红外照相机等设备，可在高空拍摄大面积清晰的地面照片。当时的美国和苏联，为争夺空间霸权，几乎每年都要发射十几颗甚至几十颗这种卫星。

让卫星上天不易，让卫星返回更难。这里，关键是要掌握卫星的回收技术。这是一项综合的、高难度的尖端技术。当时，世界上只有苏联和美国掌握了卫星回收技术。

1965年4月，国防科委在向中央专委提交研制和发射我国第一颗人造地球卫星报告的同时，把研制返回式卫星列入了中国航天技术10年奋斗目标。

1970年6月，钱学森被任命为国防科委副主任

1965年8月，周恩来主持召开中央专委第十三次会议，研究人造地球卫星工作规划方案时，也明确指出：我国发展人造卫星以应用卫星为主，应用卫星以返回式遥感卫星为主。

1966年1月，在钱学森领导下，七机部开始启动我国返回式卫星总体方案论证工作。之后，几经反复，在"东方红一号"卫星进入太空的时候，研制我国第一颗返回式卫星被正式列入国家计划。

四

返回式遥感卫星的结构远比"东方红一号"卫星复杂，研制难度也就更大。返回式卫星由结构系统、温控系统、摄影系统、姿态控制系统、程序控制系统、遥测系统、遥控系统、跟踪系统、返回系统、天线系统和供配电系统组成，分为仪器舱和返回舱两个舱段。

仪器舱里装有可见光地物相机和星空相机。地物相机在卫星运行过程中对预定地区进行摄影；星空相机则对星空进行摄影，以便事后校正姿态误差。这两台相机的胶片暗盒装在返回舱里。返回舱里还装有一枚制动小火箭，当卫星在预定轨道上完成工作任务后，对卫星进行姿态调整，然后，仪器舱和返回舱分离；随后，制动火箭点火工作，将返回舱从卫星运行轨道转到飞向地球的轨道。这些新设备、新技术、新要求，都是"东方红一号"卫星不能比拟的。

钱学森把返回式卫星的研制重任，再次交给了年轻才俊孙家栋，任命他为返回式卫星系统的技术总负责人。

1974年9月12日，经叶剑英批准，我国第一颗返回式卫星和"长征二号"运载火箭进入发射基地，进行发射前的测试工作。

1974年10月22日，因为周恩来病重，由叶剑英主持召开中央专委会议，听取"长征二号"运载火箭总设计师屠守锷、返回式卫星技术总负责人孙家栋以及有关方面负责人的汇报。会议同意我国第一颗返回式卫星于11月5日实施发射。

钱学森作为国防科委副主任，代表国防科委前往发射基地，组织实施中国第一颗返回式卫星发射试验。当时，全国的政治形势更趋恶化，动乱越演越烈，生于乱世的中国第一颗返回式卫星注定命运坎坷。

时任返回式卫星发射指挥员的杨桓（后被任命为第二炮兵副司令员）回忆道：

> 1974年8月，第一颗返回式卫星和"长征二号"运载火箭出厂测试合格，经叶剑英等中央首长批准，于9月12日进场试验。经过测试阵地和发射阵地的检查测试，加注推进剂，定于11月5日点火发射。
>
> 11月5日下午将近1时，程序顺利进入到1分钟准备，我作为发射指挥员，下达了"牵动"口令。这时，卫星控制台操作员发现星上大部分仪器断电。当我接到报告，离点火时间仅差13秒。就在这千钧一发之际，我果断地下达了"停止发射"的命令。
>
> 断电后，立即组织查找故障，发现是卫星地面综合控制台电源容量较小，脱落插头长线电缆电压下降过大，造成星上电压不够而使一些仪器断电。找到原因后，迅速更改了卫星脱落插头供电方式，再次启动后，卫星工作正常。
>
> 当日17时40分，再次组织发射。运载火箭起飞6秒后，出现越来越大的俯仰摆动，造成姿态失稳。20.3秒，安全自毁系统爆炸器起爆，火箭自毁，试验失败。

钱学森立即和基地副司令员张志勇驱车赶往爆炸现场。只见残骸遍地，烟燃火烧，火箭和卫星已被炸得粉碎。许多科技人员忍不住哭了起来。

在钱学森组织下，查找故障原因的工作迅即展开。

五

经过分析，故障原因很快判明。因为火箭起飞后姿态发生大幅度俯仰摇摆，超出了稳定系统的规定值，使陀螺平台外环触碰到挡钉，接通了火箭内部的安全自毁装置，从而发生爆炸。而造成火箭大幅度俯仰摇摆的原因，则是火箭控制系统俯仰速率陀螺通道的一根导线有暗伤，在火箭起飞后受到振动造成短路，火箭稳定系统接收不到该通道输出的信号，导致火箭失稳。

1975年7月，改进后的第二枚"长征二号"运载火箭开始总装，张爱萍、钱学森亲临现场督战。8月20日，张爱萍召开会议，听取运载火箭、返回式卫星等各大系统汇报，再次强调了保证产品质量的重要性，要求大家对产品"精心保健"，力争这次发射"一鸣翔天"。

10月16日，"长征二号"运载火箭和返回式卫星运抵卫星发射场。国防科委副主任马捷、钱学森亲临现场组织指挥。这次发射十分顺利。11月26日11时30分，"长征二号"运载火箭成功点火升空。火箭在空中先后完成了一级关机、二机点火、星箭分离等程序动作后，我国第一颗返回式卫星顺利进入了预定轨道。

下一个关键，也是确定这次返回式卫星发射是否圆满成功的最重要标志，就是3天后卫星的回收。

根据总体方案的要求，卫星地面测控系统要在卫星入轨后不久，就测出卫星的轨道，并在卫星每次进入我国上空时，即能对其进行控制和注入各种指令、数据，确保卫星正常运行；要在卫星回收前，准确、适时地发出回收指令；在卫星返回地面期间，要对卫星进行接力测量，对卫星返回的落点及时做出准确预报。其中任何一个环节出现差错，都会造成卫星回收失败。

为此，在我国第一颗返回式卫星发射升空的当天，钱学森又马不停蹄地从卫星发射场赶到了卫星测控中心所在地——陕西渭南。

这里的气氛异常紧张。这是我国航天测控网组建后，第一次真正意义上对在轨运行卫星进行测量和控制。

1975年11月29日，我国第一颗返回式卫星经过上天、入轨、飞行、返回全过程，历尽波折，最后终于成功返回地面，使我国成为继美国、苏联之后第三个掌握卫星回收技术的国家，实现了中国航天史上的大跨越。

1975年，钱学森在我国首颗返回式卫星发射试验期间，到任务现场视察工作

1975年11月26日，钱学森参与指挥，成功发射了我国第一颗返回式卫星

1975年11月29日，我国第一颗返回式卫星回收现场

第三十二章　春暖花开

———

"十年动乱"结束后，中国迎来了科学的春天。

1977年，在国防科委主任张爱萍的组织谋划下，制订了国防科技的"三大战役"计划：向南太平洋发射洲际导弹、核潜艇水下发射运载火箭、研制和发射地球静止轨道通信卫星。

这"三大战役"，也被称为"三抓"任务，经中共中央、国务院、中央军委批准，被列入国家计划。

1971年9月10日，洲际导弹低弹道试验获得成功

1978年10月5日，洲际导弹遥测试验弹成功发射

1980年5月5日，钱学森在"东风五号"洲际导弹发射前的动员大会上讲话

洲际导弹，即远程战略导弹，射程可以达到8 000～12 000公里。钱学森在1965年制定的"八年四弹"规划中的"东风五号"就是洲际导弹，因为"文化大革命"的干扰，最终没有按预定计划实现。

粉碎"四人帮"后，"东风五号"洲际导弹被作为"三抓"任务中的"第一抓"。

中央决定，要在1980年以前完成"东风五号"导弹研制任务，并向南太平洋海域进行发射试验。为此，张爱萍向中央军委立下了"军令状"。

作为张爱萍主要助手之一的钱学森，又一次披挂上阵。至1979年年底，"东风五号"先后进行了6次不同目的、不同条件下的飞行试验，为1980年向南太平洋进行全程飞行试验奠定了基础。

1980年5月2日，钱学森随同国防科委主任张爱萍、政治委员李耀文来到西北导弹发射试验基地，检查"东风五号"导弹发射准备工作。

二

1980年5月9日，新华社受权向全世界发布公告：

中华人民共和国将于1980年5月12日至6月10日，由中国本土向太平洋南纬7度零分、东经171度33分为中心，半径70海里圆形海域范围内的公海上，进行发射运载火箭试验。中国舰船和飞机将在该海域进行作业。为了各国过往船只和飞机的安全，中国政府要求有关政府通知本国船只和飞机，在试验期间不要进入上述海域和海域上空。

此前，1980年4月27日，执行"东风五号"导弹海上测控任务的中国航天远洋测量船队，在中国海军护航舰队的护送下，已从上海吴淞口出发，浩浩荡荡地向南太平洋驶去。这是共和国历史上第一支远征南太平洋的特混船队。全船队共有18艘各类舰船、5 000余众。其中，除了两万吨级的"远望一号""远望二号"航天远洋测量船外，还有"向阳红五号""向阳红十号"科学考察船和中国海军派出的6艘最新式的导弹驱逐舰、4架"黄蜂"直升机。这支船队由海军第一副司令员刘道生亲自率领。

航天远洋测量船，实际上就是海上流动的航天测控站。它不仅要具备远洋船的功能，还要具备航天测控站的功能。建造海上航天远洋测量船，不是简单地把陆地上的航天测控设备搬到船上就行了，它要解决一系列复杂的技术问题。

正因为航天远洋测量船建造上的困难，当时，世界上只有美国、苏联、法国拥有航天远洋测量船队。而中国的航天远洋测量船队的诞生更是艰难，走过了一段漫长、曲折的历程。1968年，在"东风五号"洲际导弹研制过程中，研制航天远洋测量船作为重点工程也被列入了国家计划，代号为"718工程"。由于受"文化大革命"的影响，"718工程"上马后，历尽磨难。

1972年4月8日，周恩来委托中央军委副主席叶剑英元帅主持召开办公会议，听取"718工程"的情况汇报，就"718工程"还搞不搞统一思想认识。

出席会议的有国务院副总理李先念、国家计委主任余秋里、副总参谋长彭绍辉、海军司令员萧劲光、海军副司令员兼"718工程"领导小组负责人周希汉等人；还有当时位高权重的张春桥，他时任中共中央政治局委员、中央军委办公会议成员。钱学森也出席了这次会议。

在会上，张春桥阴阳怪气地说："我对造船的说过，我是'大陆派'。"当大家都支持"718工程"还要继续搞时，张春桥又说："这是上的理由，也要讲讲下的理由嘛！"

见此情景，叶剑英请钱学森讲讲为什么要建造航天远洋测量船。钱学森针对张春桥的反对意见，不卑不亢地说：

远程洲际导弹射程远，不同于我们以往的导弹试验。前面虽然已经进行了多次高弹道和低弹道短射程的飞行试验，但如果不经过全射程试验，是不足以完全检验导弹的技术性能的。我们的导弹必须搞全程试验，没有远洋测量船是无法进行的。

说到这里，钱学森提高了些音调，坚定地说："搞全程试验，这是导弹研制的必由之路。我们的导弹需要船，我们的国家也需要这样的船！"

会议最后决定，航天远洋测量船研制工作要坚持做下去，第一期工程先建造"远望一号""远望二号"两艘航天远洋测量船，并对"向阳红五号""向阳红十号"两艘科学考察船进行改建，同时建造的还有打捞救生船、援救拖船、油水补给船等配套型号。航天远洋测量船仍由上海江南造船厂建造。

1974年2月，为了加强"718工程"及核潜艇研制工程的领导力量，国务院、中央军委决定，把这两个工程的领导小组合并为一个领导小组，全称为国务院、中央军委核潜艇、远洋测量船工程领导小组。海军政治委员苏振华任组长，余秋里、周希汉、方强、钱学森任副组长。

1977年7月8日，钱学森在中国航天远洋测量船基地听取有关部门关于码头建设方案的汇报

1980年4月27日上午，国防科委和海军在上海吴淞口举行欢送"远望一号"远洋测量船队赴太平洋执行任务出航大会

1980年5月，"远望一号"远洋测量船在太平洋上执行任务

1977年9月，张爱萍、钱学森在上海召开了航天远洋测量船建造动员大会，要求全国27个省市和国务院各部委协同作战，力争在1979年12月31日之前完成工程的建设任务。现在，中国航天远洋测量船队终于驶向了大洋，驶向了地球的另一端，"东风五号"洲际导弹全程试验就要开始了。钱学森的思绪，也随同浩浩荡荡的船队漂洋过海。

三

1980年5月8日，中国特混船队18艘舰船驶近赤道。在穿越赤道之前，率领船队的海军第一副司令员刘道生发布命令：各舰船鸣汽笛！

这是中国特混船队首次跨越赤道，也是中国海军首次跨越赤道。它是具有历史意义的跨越，标志着中国海军和航天远洋测量船成功穿越赤道，进入南半球，到达试验区域。

5月15日，作为落区气象中心的"向阳红五号"船气象分队，会同"向阳红十号"和"远望一号"的气象人员，经过周密分析，做出气象预报：18日、19日，落区将是好天气，符合发射条件。

同时，担负发射任务的西北导弹发射试验基地，也紧张地进行着发射前最后的测试检查，一切也很顺利。

根据有关各方的准备情况，中央决定：5月18日进行我国第一枚洲际导弹发射试验。

5月17日，钱学森几次给导弹发射试验基地打电话，了解首区天气变化情况。经过气象人员的科学分析，综合各方面因素，大家一致认为，5月18日上午发射，相对各方面来说，是最好的发射窗口，特别是更有利于落区的回收、测量工作。于是，"东风五号"洲际导弹试验任务指挥部决定，第一次发射定在5月18日上午进行。

5月18日上午，"东风五号"洲际导弹全程试验在即。

钱学森早早地就来到国防科委北京指挥所。这里，将是"东风五号"洲际导弹全程发射试验的指挥中心。上午9时，党和国家领导人华国锋、胡耀邦、邓小平、陈云、徐向前、聂荣臻、叶剑英、李先念、王震及国防科委主任张爱萍等人也先后进入北京指挥所，观看发射实况。

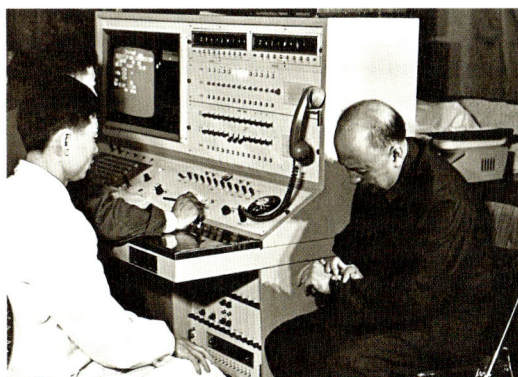

1980年5月18日，"东风五号"洲际导弹发射前，钱学森习惯性地看手表，校验试验发射时间

1980年洲际导弹发射试验期间，钱学森与海军副司令员王万林（左一）、海军副司令员兼参谋长杨国宇（左三）在上海合影

1980年5月18日，洲际导弹吊装起竖

　　北京时间10时，发射场指挥员一声令下："点火！"在震撼大地的轰鸣声中，"东风五号"洲际导弹拔地而起，尾部喷射出熊熊烈火，直上云天。

　　从中国本土到南太平洋，各地面测量站和测量船张开大网，密切注视着洲际导弹飞行状况。"跟踪良好""飞行正常"的报告声不时传到北京指挥大厅。看着屏幕上火箭实际飞行轨迹和理论设计轨迹精确地重叠在一起，党和国家领导人露出了满意的笑容。

洲际导弹飞出了中国本土。此时，在到达南太平洋期间，有一段测量盲区。没有了导弹飞行信息，大家的心情顿时紧张起来。忽然，从"远望"号上传来报告："雷达、遥测、经纬仪发现目标！"喜讯传来，群情振奋。

南太平洋上风平浪静。从西北方向的白云深处，飞出了一个很大的亮点。瞬时，亮点变成了一个大火球，并有许多火星向四周撒下，犹如节日的礼花。之后，随着一声巨响，火箭裙部弹出了数据回收舱。在降落伞的携带下，回收舱徐徐下降，最后溅落在预定海面，激起了100多米高的水柱。同时，荧光染色剂将附近的海面染成了一片翠绿，清晰地标明了回收舱的落点。

从打捞船上起飞的直升机很快发现了目标，垂直悬停在30米上空。海军潜水员沿着软梯跃入水中，紧紧地抱住回收舱。至此，整个飞行试验获得圆满成功。

1980年5月18日，我国向太平洋预定海域发射洲际导弹获得圆满成功

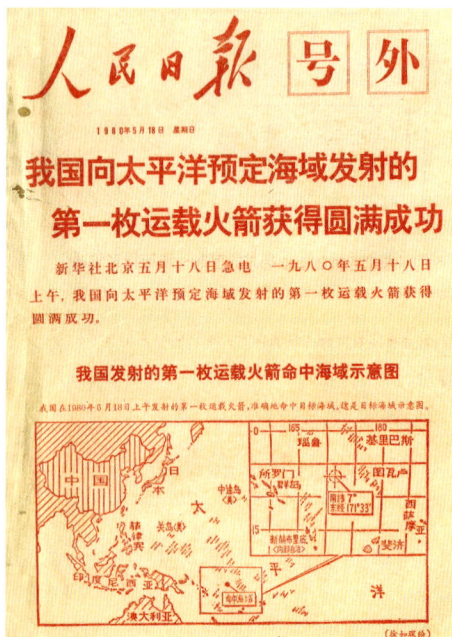

1980年5月18日，洲际导弹发射成功，《人民日报》当天为此发行了号外

喜讯传到北京指挥所，邓小平高兴地向全体参试人员表示热烈祝贺。洲际导弹的发射成功，标志着我国的国防实力和自卫能力又上了一个新的台阶，也在世界上产生了重大影响。

5月20日，美国合众国际社向世界播发了一篇题为《中国的导弹之父——钱学森》的专稿。记者罗伯特·克莱伯在文章中这样写道——

1980年6月3日，钱学森在码头迎接执行中国首枚洲际导弹全程飞行试验测控任务的航天远洋测量船队

　　主持研制中国洲际导弹的智囊人物是这样一个人：在许多年以前，他曾经是美国陆军上校，美国政府由于害怕他回归中国，把他扣留了5年之久。

　　他的名字叫钱学森，今年69岁。在这个名字的背后，有着一段任何科学幻想小说或侦探小说的作者都无法想象出来的不寻常的经历。

　　"我宁可把他枪毙了，也不让他离开美国，"（20世纪）50年代的美国海军部副部长丹·金贝尔说，"那些对我们来说至为宝贵的情况，他知道得太多了。无论在哪里，他都值5个师。"

　　金贝尔对钱学森博士的才能的高度评价，已经被1955年钱学森获准离开美国回中国大陆以来的事实所证明。

　　正是因为有了钱学森，中国才在1970年成功地发射了第一颗人造地球卫星。现在，由他负责研究的火箭，正在使中国成为同苏联、美国一样能把核弹头发射到世界上任何一个地方的国家。

　　本周星期日，是钱终身事业中的一个里程碑。在这一天，中国宣布，它成功地向新西兰和澳大利亚周围海域，发射了一枚洲际导弹火箭。

1980年6月10日，北京人民大会堂隆重举行了庆祝我国向太平洋发射运载火箭（洲际导弹）成功大会

中国首战告捷，成为世界上第三个进行了洲际导弹全程试验并获得圆满成功的国家。

四

在"东风五号"洲际导弹全程试验获得成功后，核潜艇水下发射运载火箭试验也进入了关键时刻。核潜艇水下发射运载火箭是陆上战略导弹核武器的延伸。

面对新的核威胁，中国也决定制造核潜艇。开始，曾希望苏联提供技术援助，帮助我们进行研制，但遭到了拒绝。

1961年，经中共中央和国务院批准，成立了国防部第七研究院即中国舰艇研究院，时任海军北海舰队副司令员的刘华清出任院长，开始了核潜艇的早期研制工作。

当时，他们只有5张美国导弹核潜艇的照片。这几张照片是一位美国摄影家公开发表的作品。照片是在大西洋上拍摄的：行进中的美国导弹核潜艇，一半露出水面，一半隐入水中。这就成为中国研制人员最初可参考的资料。

而中国核技术和导弹技术领域的专家也就成了他们最初的启蒙老师。1958年我国第一座实验性原子反应堆开始运转之后，钱学森多次与有关领导和业务部门负责人讨论研制导弹核潜艇相关问题。1959年7月，海军党委六次全会在大连举行，会议主要研究海军装备建设问题。会议期间，钱学森应邀为与会者讲授导弹、力学等现代科学知识，并分析了核动力和导弹武器在海上作战的前景，这就是导弹核潜艇。之后，钱学森还多次为有关科技人员讲授核潜艇方面的知识。

经过反复研究和听取各方面意见后，海军和国防部第七研究院取得了一致的认识：先研制反潜鱼雷核潜艇，在取得核动力装置应用的实际经验后，再搞导弹核潜艇。这个研制方针得到了中央批准。核武器、核技术、核潜艇等本不是钱学森的专业，但鉴于它们和导弹的密切关系，钱学森对这方面的科技发展也十分关注，并提出了许多具有前瞻性的意见。

1958年6月30日新建成的实验性原子反应堆

1969年，为了加强核潜艇研制的领导力量，国务院、中央军委决定成立核潜艇工程领导小组。钱学森是领导小组成员，后又被任命为领导小组副组长，直接参与了核潜艇研制的领导工作。

五

1970年12月26日，我国第一艘攻击型核潜艇下水，成为继美、苏、英、法后，世界上第五个拥有核潜艇的国家。钱学森出席了下水典礼。

导弹核潜艇以核潜艇为发射平台，从水下发射导弹。它的明显优点是机动范围广、隐蔽性好、攻击能力强，可以在敌方难以发现的地点，打击敌方的任何陆上战略目标。

潜地导弹发射有两种方式：一是水面静力发射，二是水下动力发射。水面静力发射方式不利于发挥潜艇特有的战术技术性能——隐蔽性。因此，各先进国家都在研究水下动力发射装置，即潜艇在水下航行状态，依靠发射装置动力系统将导弹射出后，导弹才点火飞向目标。它充分发挥了潜艇隐蔽性和机动性的特点，并使潜艇的生存能力和进攻能力得到提高。

苏联走的是先进行水面发射，然后再进行水下发射的研制路子。中国的研究人员提出了自己的意见：不走苏联先水面、后水下的道路，也不模仿美国的试验套路，而是一步到位，直接自行研究水下发射装置。这是一个瞄准世界先进水平的方案。

这个方案得到了刘华清的支持，并要求"研究工作立即开展，要在五六年内拿出科研成果来"。为此，科研人员付出了十分艰辛的努力。

为了验证排空的模型火箭从高空回落海中后能冲入多深，是否有砸艇的威胁，科技人员在全国寻找适合进行试验的水池。有的湖泊被选中了，然而要在几十米深的水下搞一套检测设备，等于重新建造一个测量基地，耗资巨大，况且水下施工难度很大。有的提出建造"人工湖"，但工程耗资巨大，而且在实际应用中不一定可行，造湖过程也困难重重。钱学森提出了反对意见："难道不这样做不行吗？依我看，进行超越常规的科学试验是可以考虑的。"

这时，黄纬禄提出了一个"超越常规"的试验方案：在刚建成的南京长江大桥上进行潜艇模拟弹落水试验。他把这个设想向钱学森汇报后，得到了钱学森的高度肯定和坚决支持。

钱学森当即把总参、海军和七机部的有关人员找来，研究部署这项没有先例的科学试验。

总体设计部的同志谈起这件事，至今都称赞不绝，认为黄纬禄的设想绝妙，钱学森的拍板果断，不仅为国家节省了天文数字的经费，而且实现了导弹核潜艇研制的战略性转折。

这项试验得到了时任中共中央政治局委员、南京军区司令员许世友的支持。他下令对南京长江大桥实行3天宵禁，让黄纬禄等科技人员进行潜地导弹溅落模拟试验。

溅落试验进行了多次。试验中暴露出了一些技术问题，使设计更趋完善。试验最终获得成功，落弹不会砸着潜艇。南京长江大桥见证：中国科技人员的智慧是世界一流的！

六

1982年10月1日，新华社受权发布了中国将向公海发射运载火箭的公告：

> 中华人民共和国将于1982年10月7日至10月26日，向以北纬28度13分、东经123度53分为中心，半径35海里圆形海域范围内的公海上发射运载火箭。为了过往船舶和飞机的安全，中国政府要求有关国家政府通知本国的船舶和飞机，在当地时间每日9时至17时不要进入上述海域和海域上空。

10月16日，新华社受权发布了一则简短的新闻公报：

> 1982年10月7日至16日，我国向预定海域发射运载火箭获得成功，达到预期目的。这一成就标志着我国运载火箭技术又有了新的发展。

1982年10月12日，中国潜地弹道导弹首次在水下常规潜艇上发射成功，达到预期目的

发射试验成功后，国务院副总理张爱萍说，研制潜艇发射的运载火箭和有关的武器系统即将为中国的军事能力"开创新的局面"。

张爱萍对《解放军报》记者说，这次的运载火箭标志着"技术有了质的变化，是一次跃进"。中国多少年来一直在谋求发展反击能力，作为对苏联发动核袭击的威慑力量。现在看来，在三四年内，也许在更短的时间里就有这种可能了。

从陆基发射到水下发射，从固定阵地发射到机动隐蔽发射，中国导弹家族的扩展、中国导弹事业的发展，在艰难的历程中，筑造了一座又一座丰碑。而这些丰碑上面，都大大地写着一个人的名字——钱学森。

第三十三章　退居二线

—

1982年5月，经国务院、中央军委批准，国防科委、国防工办及中央军委有关部门合并组成中国人民解放军国防科学技术工业委员会，隶属中央军委建制；同时作为中华人民共和国国防科学技术工业委员会（简称国防科工委），列入国务院组成机构，一套班子两块牌子，在国务院、中央军委领导下，统一管理国防科学技术和国防工业工作。国防科工委内设科学技术委员会。张震寰任主任，钱学森、朱光亚、宋健（兼）、叶正大任副主任。

由此，钱学森从国防科研一线领导岗位上退居二线。这次任命也是钱学森所希望的。

1980年12月，刚满69岁的钱学森给国防科委党委呈递了一份请辞报告。报告中写道：

> 明年我将是70岁的人了，精力自然有限，而在导弹、卫星科学技术方面年富力强的科技干部大有人在，我理应让贤。所以我再次请求组织，让我明年退休。

这个时期的钱学森，摆脱了繁杂的行政事务，可以专心致志地在科学世界里驰骋，由此进入了他人生科学创造的第三个巅峰期。

涂元季在《人民科学家钱学森》的文章里这样写道：

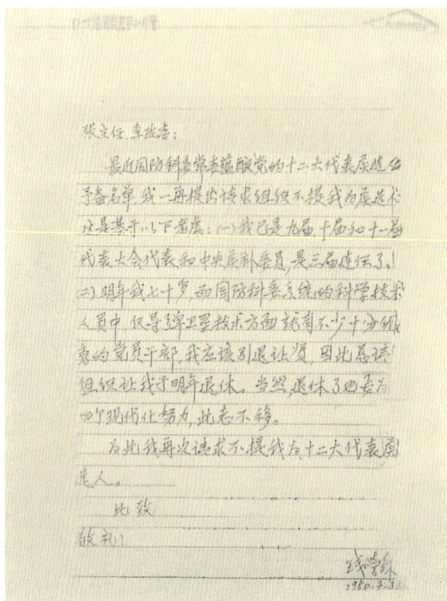

1980年7月31日，钱学森写信给国防科委主任张爱萍，请组织不要提名他为党的十二大代表候选人，同时恳请次年退休

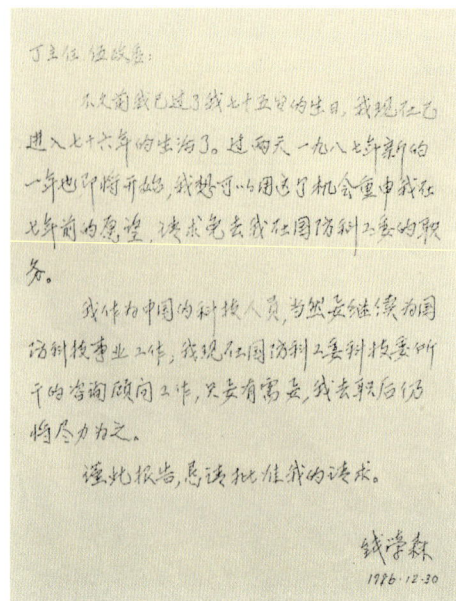

1986年12月30日，钱学森致信国防科工委领导，请辞国防科工委科技委副主任一职

进入20世纪80年代以后，由于年龄关系，钱学森辞去了国防科研一线领导职务。这时他的科学思想更加活跃，驰骋在整个自然科学领域。同时他对社会科学也产生了极大兴趣，他深入学习和研究了马克思主义哲学，并以马克思主义哲学指导自己的研究工作，在自然科学与社会科学的结合点上，做出了许多开创性贡献。他这一时期的学术贡献包括：系统工程和系统科学、思维科学、人体科学、科学技术体系与马克思主义哲学等。

在此前不久，钱学森撰写的《工程控制论》经过重新修订后再次出版，并获得全国优秀科技图书奖。参与修订的还有宋健、于景元、唐志强等人。

该书即将出版时，钱学森把宋健等人找来，诚恳地说："我要谈的第一个事情是这本书要署上你们年轻人的名字，你们做了大量的工作。不应署我的名字，我没做什么工作。二是应打破中国传统的讲资历、讲等级的陈规陋习，在这一点上我们要向周总理学习。"

这让宋健、于景元、唐志强等人非常出乎意外，坚决表示不同意。宋健既感动又真诚地说："不，我们是您的学生，作为学生，帮助老师做点工作，这不但是我们的责任，而且是一种最好的学习与提高。我们在您的指导下，通过对这本书的修订工作，已经得益很大了。这名字应当由您来署！"

平时非常温和的钱学森，这时显得很固执，坚持要署这些年轻人的名字。钱学森说："如果你们一定要署上我，那就这么署：原著钱学森。"

这时，于景元提了一个建议，他说："钱老是这门学科的奠基人，也是这次新版图书的奠基者，署上钱老的名字是理所当然的。宋健是我们这一代人的杰出代表，署上他的名字也是理所当然的。"

但是，钱学森坚持不署自己的名字。商量没有结果，只好由出版社来决定。最后，出版社采纳了于景元的意见，书的署名为：钱学森、宋健。

对于这样的安排，钱学森勉为其难地接受了，但在书的序言中，钱学森这样写道：

> 《工程控制论》新一版的作者们，正是这一时期锻炼成长起来的中国青年控制理论科学家们。他们，尤其是宋健同志，带头组织并亲自写作定稿，完成了工作量的绝大部分，是新版的创造者。有他们这一代人，使我更感到实现四个现代化有了保障。对这一新版，我是没有做什么工作的……

一代科学大师的宽广襟怀和提携后辈的真情实意跃然纸上。之后，在北京民族文化宫举行颁奖仪式时，钱学森没有出席，由宋健上台领奖。

面对新闻媒体，宋健满含深情地对记者说："钱老把荣誉和奖励让给了我们这些中青年。他总是希望更多的年轻人走上领奖台。"

1982年9月1日至11日，中国共产党第十二次全国代表大会在北京召开。钱学森当选为大会主席团成员。钱学森在小组讨论会上作了题为《我国科技事业必将迅速发展》的发言，指出：在党的十二大精神的指导和鼓舞下，中国科学技术人员有能力攻克科学技术上的许多重大难关，中国科学技术事业必将获得迅速发展。在这次大会上，钱学森又一次当选为中共中央候补委员。

1982年11月26日至12月10日，钱学森出席五届全国人大五次会议。在解放军代表团分组会上，钱学森就知识分子问题作了题为《要关心中年知识分子的实际问题》的发言。他说：

> 明确知识分子是工人阶级的一部分，是建设现代化的三支基本社会力量之一，是一件了不起的事，也是一件不容易的事。知识分子在历史上曾经是极少数人，发展到今天已是一支宏大的队伍，但他们从来都是依附和服务于统治阶级的。中国的知识分子也是一样。今天，中国的知识分子已由旧社会的那条老路走到新道路上来了，和工农走到一块儿来了，完成了历史性的大转变，这是中国知识分子的光荣。

发言中，钱学森还就如何关心、爱护知识分子提出了自己的看法。他说：

> 中年知识分子蒋筑英、罗健夫的确是知识分子的榜样，我也深为他们的崇高品德所感动，我一定要很好地向他们学习。但我在这个时候还要提出一个问题，就是我们国家还有成千上万的蒋筑英、罗健夫式的人物，他们是中国科学技术业务的中年带头人，是我们这些人的接班人，千万不要等他们死了才追认他们为英雄、模范或共产党员。中国知识分子的一些问题，已经到了必须解决的时候了！这关系到我们建设现代化国家的问题。当然，中央讲了，报告上也写了，但要真正做到，还要尽很大努力。

钱学森接着又说：

> 要重视知识分子工作，改善他们的生活。但是，现在有一种现象，一说要重用提拔知识分子，就把他安在一个行政领导的位置上。

一下子就把他的专长砸破了，业务丢了。科技人员总有不同的才能，有的有组织领导才能，有的有钻研专门业务的才能。有的搞科研很好，可就不能当官。把科技人才的两种才能混为一谈就坏事了。另外，我们的干部制度也要改进。

钱学森的这些观点，在当时可谓发聋振聩。而他自己也身体力行，主动请辞行政领导职务后，专心致志地在科学技术领域进行新的探索和进军。

二

系统工程与系统科学是钱学森长期潜心研究的一门崭新学科。它的形成与发展，在中国现代化建设事业中发挥了巨大的作用。

1982年11月，钱学森撰写的《论系统工程》一书出版。这是钱学森退居二线之后，出版的第一部研究系统工程的学术著作。这本书收入了钱学森的13篇论文、与他人合写的6篇论文，还有一篇是运筹学专家许国志、顾基发合写的论文。这20篇论文形成了一个有机结构，对系统工程以及系统科学提出了许多深刻的见解。

钱学森对系统工程的研究，最初可以追溯到20世纪50年代初期撰写的《工程控制论》。"控制"一词本身源于希腊文，原意是驾驶的意思。在《工程控制论》这部论著里，钱学森第一次提出了在工程设计和实验中，实现系统自动控制与自动调节的理论、概念和方法，奠定了自动化技术的理论基础，并提出了用不太可靠的元件组成可靠系统的思想和方法。因此，钱学森的《工程控制论》虽然属于技术科学层次，却有着深远的

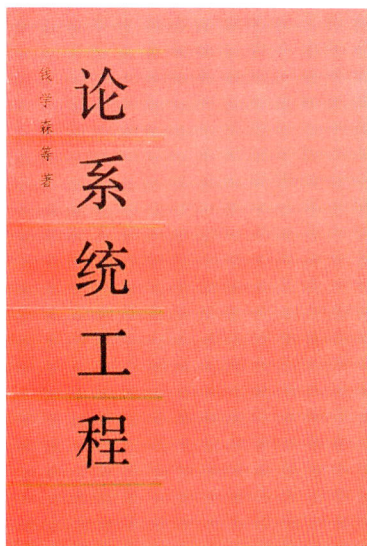

钱学森在1982年出版的著作《论系统工程》

实际应用前景，至今还在影响着诸多学科的发展。

回国以后，钱学森把《工程控制论》的思想首先应用到航天科技领域。他在国防部第五研究院建立了总体设计部，按照《工程控制论》的方法组织实施火箭、导弹、卫星等复杂系统的论证、研制、试验和使用。在20世纪70年代末，他又对中国航天事业几十年成功发展的经验进行梳理、总结，提出了系统工程的理论，正如钱学森后来自己阐述的：

> 系统工程是组织管理"系统"的规划、研究、设计、制造、试验和使用的科学方法，是一种对所有"系统"都有普遍意义的科学方法。我国国防尖端事业技术的实践，已经证明了这一方法的科学性。

钱学森在研究和推广系统工程过程中，特别注重推广运筹学。钱学森说："运筹学，那是在一定外部规范及信息条件下，使系统取得最佳运行的学问。"

钱学森于1957年6月15日草拟的《关于建立中国科学院运筹学研究室（所）的意见》

1956年，钱学森在中国科学院力学研究所成立了新中国第一个运筹学研究室。

1958年，钱学森在国防部第五研究院创建了作战使用研究处，这是我国第一个军事运筹学研究机构。

这两个运筹学研究机构，一个把国民经济计划的制订作为运筹学研究的重要方向，另一个把航天科技和武器系统的应用及未来发展作为运筹学研究的重要内容，为系统工程及系统科学的研究和发展打下了重要的基础。

国防部第五研究院作战使用研究处人员合影

1978年3月，全国科学大会在北京隆重召开，迎来了科学的春天。针对当时社会主义建设中组织管理水平普遍比较低下的状况，钱学森开始在全国普及和推广系统工程。

1978年5月5日，国防科委举办科学技术知识讲座。应张爱萍之邀，钱学森作第一讲，讲的题目就是《系统工程》。这是系统工程首次开宗明义地走上我国的学术讲台。

国防科委主任张爱萍、政治委员李耀文听后，大感兴趣。他们当场表示，要办一个系统工程系，培养更多的系统工程人才。当时，国防科技大学刚归属国防科委领导。国防科技大学的前身就是著名的"哈军工"。后来经钱学森建议，国防科技大学设立了数学与系统工程系。这是全国高校开办的第一个系统工程系。

之后，钱学森在全国许多地方的高等院校、科研机构和大型企业、部队进行学术演讲，把系统工程通俗易懂地介绍给大家。

1978年9月27日，上海《文汇报》发表了钱学森、许国志、王寿云撰写的长篇学术文章《组织管理的技术——系统工程》。这是中国第一篇全面深刻阐述系统工程的功能、理论基础、研究方法以及系统工程专业人才培养的文章，推动了系统工程的发展和应用，被系统科学界誉为中

这份手稿记录了钱学森在1978年4月至8月为推广系统工程所做的工作，内容包括与许国志交换意见、共同发表文章和到各地进行宣传等

1978年9月27日，钱学森等发表在《文汇报》上的《组织管理的技术——系统工程》

国系统工程发展过程中一个重要的里程碑。

早在1979年7月，钱学森在给中央军委和解放军三总部机关领导同志讲授"军事系统工程"时，就指出：

作战模拟是军事科学研究方法划时代的革新。作战模拟方法实质上提供了一个"作战实验室"，在这个实验室里，利用模拟的作战环境，可以进行策略和计划的实验，可以检验策略和计划的缺陷，可以预测策略和计划的效果，可以评估武器系统的效能，可以启发新的作战思想。作战模拟技术在当前非常庞大而又极为复杂的军事工作中是有重要的位置的，因而它是一支现代化军队所必须掌握的。

钱学森这一具有前瞻性的思想，在今天已被中国军界广泛接受，并成为现实。

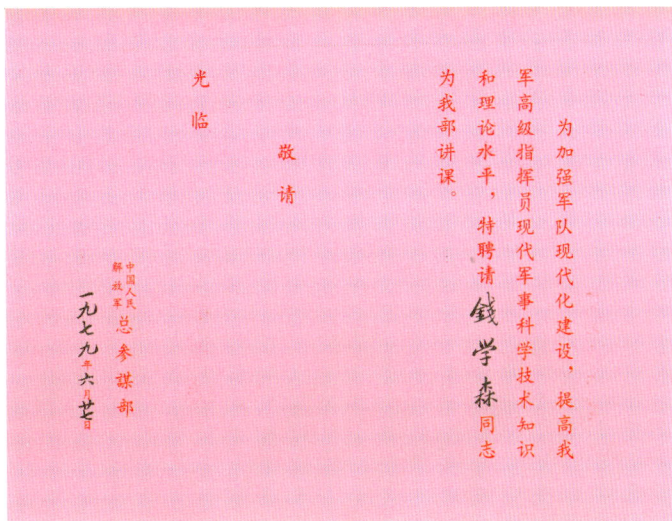

为加强军队现代化建设，提高我军高级指挥员现代军事科学技术知识和理论水平，特聘请钱学森同志为我部讲课。

敬请

光临

中国人民解放军总参谋部

一九七九年六月二十七日

1979年6月27日，中国人民解放军总参谋部邀请钱学森讲授"军事系统工程"的聘书

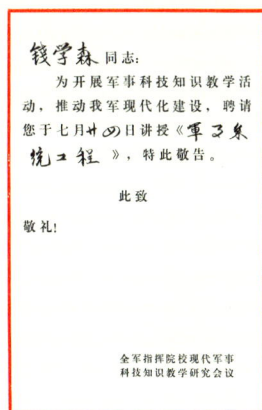

钱学森 同志：

　　为开展军事科技知识教学活动，推动我军现代化建设，聘请您于七月十四日讲授《军事系统工程》，特此敬告。

　　　　　此致

敬礼！

全军指挥院校现代军事科技知识教学研究会议

1979年7月24日，钱学森受邀为解放军总部机关领导做关于"军事系统工程"的讲演

三

　　退居二线后，钱学森有了更多的精力从事学术研究，从而把系统工程与系统科学的研究提高到了一个崭新的、更高的层次。

　　1986年1月，在钱学森的倡议和指导下，系统学讨论班开始了学术活动。参加讨论班的有老、中、青三代科技工作者，分别来自中国科学院、中国社会科学院、北京大学、北京师范大学、国防科工委、航天工业部和国务院发展研究中心等单位。

在第一次讨论班上，钱学森亲自作了关于建立系统学的学术报告。在这个报告里，钱学森从现代科学技术体系结构讲到系统科学体系结构；从系统工程讲到运筹学、控制论、信息论，再到系统学。他明确指出，系统学的学科性质是关于一切系统的一般性理论，属于基础科学。

钱学森在系统学讨论班上发言

1983年，钱学森在航天医学工程研究所学术讨论会上作报告

从1986年到1992年，每次讨论班，钱学森都参加，可以说是雷打不动。在讨论班上，钱学森一方面认真听取别人的报告或发言，和与会人员平等地讨论，同时也系统地阐述自己的研究体会和观点。

这个时期，钱学森把系统工程与系统科学的研究又向前推进了一大步，其代表性成果就是1990年年初在《自然杂志》上发表的文章《一个科学新领域——开放的复杂巨系统及其方法论》。该文被誉为系统科学发展的第三个里程碑。

中国科学院院士戴汝为是在钱学森的指导、帮助下成长起来的科学家，长期从事自动控制、模式识别、人工智能、智能控制及思维科学的研究，担任过中国自动化学会理事长。他认为，钱学森对系统工程和系统科学研究与发展所作的巨大贡献，有三个重要的里程碑：

《工程控制论》的出版是系统科学在中国发展的第一个里程碑，从（20世纪）50年代一直到现在，它的地位是不可动摇的。第二个里程碑就是《组织管理的技术——系统工程》的发表，这是1978年由钱先生与王寿云、许国志三人合写的一篇文章，发表在当年9月27日上海的《文汇报》上。第三个里程碑是钱先生在1990年提出来的"开放的复杂巨系统及其方法论"，在写这篇文章的时候，钱先生曾找我也来写一部分，大家一起来发展，这就是《一个科学新领域——开放的复杂巨系统及其方法论》，

1990年1月，钱学森等发表了《一个科学新领域——开放的复杂巨系统及其方法论》

20世纪90年代初，钱学森与系统学小讨论班成员王寿云、于景元、戴汝为、汪成为、钱学敏和涂元季合影

发表在《自然杂志》1990年第1期。

可以说，系统工程和系统科学的研究成果是钱学森倾注40多年心血的结晶。

四

钱学森注重系统工程与系统科学的理论研究，更注重系统工程与系统科学的实践应用，这样，系统学理论才会有长久的生命力。

1985年1月28日，钱学森在中国经济学团体联合会举办的科技讲座上，作了题为《新技术革命与系统工程——从系统科学看我国今后60年的社会革命》的演讲。他从系统工程的角度提出，我国今后60年社会发展的大战略主要包括八个方面：① 经济的发展；② 科学、文化、教育的发展；③ 为以上两方面做后勤工作的第三产业的发展；④ 国家的行政管理；⑤ 社会主义法制的不断完善；⑥ 国际交往和国际关系的发展；⑦ 整个国家进行环境管理，即保护生态环境，进行"三废"利用；⑧国防事业的发展。这八个方面都要科学化，都要用系统工程来制定大战略。

1985年2月9日，在中国系统工程学会新春座谈会上，钱学森又作了激情洋溢的讲话，指出：系统工程在国民经济建设中是大有可为的。像建立宏观的经济模型这样的大事，是数量经济学当前面临的重要任务，更进一步要预测未来的发展，没有定量分析就看不见发展趋向和后果。因此，系统工程应该首先在这些方面发挥应有的作用，为国家做出应有的贡献。

1985年3月4日，钱学森应邀出席在军事科学院召开的全军首次作战模拟经验交流会。钱学森在会上作了重要讲话，特别指出：在人类的全部实践活动中，没有比指导战争更强调全局观念、整体观念，更强调从全局出发，合理地使用局部力量，最终求得最佳效果的了。所以，指挥现代化的战争，应该科学地应用系统工程的协调管理办法。

1985年4月26日，应司法部部长邹瑜之邀，钱学森在全国首次法制系统科学讨论会上，作了题为《现代科学技术与法学和法制建设》的报告。法制系统科学正是在钱学森的倡议和指导下建立的。在报告中，钱学森认为，现代科学技术完全可以为法学和法制建设服务，并具体阐述了服务的途径和方法。他特别指出：要以马克思主义哲学的观点科学地对待法学，把法学作为一门人类认识世界、改造世界的学问，即把它作为现代科学技术之中的一个部门，它要受自然科学等其他部门发展的影响。法学是控制社会的一个杠杆，应用系统工程、系统学可以使其发挥最佳功能。

1985年5月2日，钱学森在北京对中山大学、西南政法学院和中国政法大学的有关同志，就法学的现代化问题作了重要讲话。他指出：我国法学存在两种脱离实际的偏向，即有的法学"权威"死抱着经典著作不放，述而不作，没有创造性，脱离了当前的实际；还有一种人，专门引进资本主义国家的东西，把它吹得天花乱坠，脱离了中国的实际。这两种脱离了中国实际的法学都不好，都是法学现代化的障碍。法治和法制必须现代化，而现代化必须引用系统科学。我们的任务，就是要运用系统科学这门现代科学来研究法学。按照系统科学的观点，现代科学技术

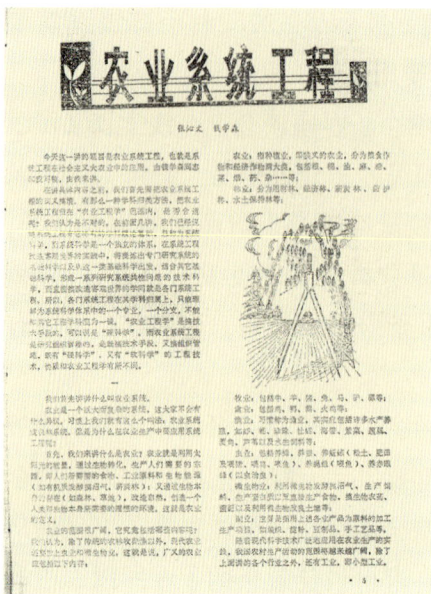

20世纪80年代，钱学森与山西青年科技人员张沁文合作发表《农业系统工程》一文

具有整体性，不能完全互相割裂，而要相互渗透。因此，社会主义法学要引用大量的现代科学技术。

1985年7月24日，在钱学森的倡导和支持下，中国系统工程学会农业系统工程专业委员会在山西太原成立。

早在1979年，钱学森就提出，要把现代农业作为一种系统工程来研究。1980年3月，钱学森出差途经太原，会见了在基层从事农业系统工程研究的张沁文，并主动提出与张沁文合作，为中国科协和中央电视台联合举办的系统工程普及讲座，撰写一篇题为《农业系统工程》的讲稿。讲稿写出后，钱学森特意给张沁文写了一封信：

一、我认为来稿是可以的，表达了我们讨论中的论点。这些论点虽然有些新颖，但我看是对的，至少直到今天还看不出是错误的。那就提出来吧，让实践去验证吧！

二、题目改为"农业系统工程"，简明些。

三、我坚持署名是你在先，我在后。说明问题是你最先提出的，而我只是后来同意了而已。文稿是你写的，我对稿子只作了删节，并未添加意见。第一讲的字数约八千字。

四、现把文稿寄给你，希望再仔细看看，观点有无不妥之处？数字准不准？要改就改在稿子上，不要再找人抄了。请于月底以前再退给我，我再看一遍。最后我这里打印，比较方便。

张沁文对此深怀感激，深情地谈道："我，一个才学疏浅的科技人员，与世界闻名的杰出科学家钱学森齐名发表文章，已感无上荣光；把我的

1980年3月9日，钱学森在太原迎泽宾馆和张沁文谈农业系统工程问题

名字署在钱学森的前面，实在当之有愧。钱老那博大胸怀、高尚情操，多么令人敬仰！"

文章发表后，张沁文应邀去天津讲学，途经北京时，钱学森再次与他进行了深入的谈话，并将自己收集的有关研究农业系统工程的资料送给了他。《山西日报》记者为此作了报道，在文中充满敬意地写道：

这实际上是一位科学前辈和一个后来者举行的交接仪式——钱学森将自己从（20世纪）50年代开始收集的有关农业科学的57份报刊资料寄给张沁文之后，又把自己收藏的43套农业科学书籍送给了张沁文，期望他刻苦攻读，潜心探索，勉励他："写出农业系统工程和农业学两部专著。我们条件好多了，用15年该行了。以此作为你60岁的目标吧！能早日实现就更好了。总之，我希望你能下决心，下狠功夫！"

一位是享誉世界的大科学家，另一位是身居基层的普通科技工作者。钱学森如此平等、如此谦恭、如此细致入微地与后辈进行交流并对之扶

1980年代初，钱学森在国防科工委办公室留影

掇，真真切切地体现出一代大师的风范。

从钱学森这一系列频繁的讲演和活动中可以看出，钱学森在引领系统工程和系统科学为我国社会主义现代化建设服务方面，呕心沥血，做了大量卓有成效的工作。

钱学森不仅是中国系统工程和系统科学的创建者，也是中国系统工程和系统科学的重要推广者。

第三十四章　智慧源泉

一

退居二线之后，钱学森在对自然科学进行研究和探索的同时，对马克思主义哲学的认知也达到了很高境界，特别是他运用系统科学的观点和方法，逐步形成了一个现代化科学技术与马克思主义哲学相联系的整体构想。

1994年2月7日，钱学森在给钱学敏的信中，谈到了他对马克思主义哲学的认知过程——

第一，讲讲我个人学习的过程。在（20世纪）20年代，我在北京师范大学附属中学上学，高中在理科，称二部（一部为文科）。当时学的是理、工结合的。一般数理化课之外，还有伦理学，也学过非欧几里德几何学，也学过工业化学。

30年代初入上海交通大学学机械工程（铁道门），基本上是工程课。但教电机工程的钟兆琳教授和教热力学

1980年代中期，钱学森讲授关于马克思主义哲学的学术报告

的陈石英教授都非常重视理论根底。

30年代中期到美国MIT及CIT学习，MIT重在工，而CIT则强调理、工结合。我在CIT选修了不少理科课程，如微分几何、复变函数论、量子力学、广义相对论、统计力学等。博士论文也是用数理理论解决工程技术问题。后来十几年在MIT及CIT教学做研究，从薄壳理论、气动力学、火箭技术到工程控制论、物理力学等，也都是理、工结合，用"理"去解决"工"中出现的问题。

50年代中叶回归祖国，也是搞理、工结合的国防尖端技术共20多年。

"文化大革命"使我觉悟，感到只是理与工是不够的，不懂得社会科学不行，所以开始下功夫学社会科学，也涉及哲学。当然，这时早已懂得只有马克思列宁主义毛泽东思想才是真理。

终于在80年代中叶，认识到：要建立以马克思主义哲学为最高概括的科学技术体系。

第二，讲讲我个人在研究问题中的创新过程。在30年代中期到40年代初，当我碰到疑难问题时，苦思不得其解，总是形象（直感）思维，甚至是灵感（顿悟）思维解决问题。这是说我头脑中框框太多，不能从理论上触类旁通，得靠形象，甚至靠梦境。这种困境，后来逐渐缓解，不用做梦了，推敲一阵子就能看出问题所在。

但真正做到触类旁通是在懂得了科学技术以及知识体系之后。

第三，因此马克思主义哲学居于科学技术以及知识体系之首，才是触类旁通的钥匙。创造力来源于马克思主义哲学，而用这个观点看科学技术以及知识体系就是大成智慧学。毛泽东同志在50年代后期就指出质子、中子、电子等所谓基本粒子也是可分的，没有到头。邓小平同志在80年代提出科学技术是第一生产力。皆大成智慧学也。

第四，认知过程是无穷的，知识是无穷的。过程·历史·发展·前进，永无止境。我们现在知道的只是一小块，我们不知道的才是大海！

第五，既然马克思主义哲学是智慧的源泉，在一切阶级社会中，由于阶级斗争的影响，教育也有阶级性，所以不能用大成智慧学来办教育。这是阶级社会的局限性！同时，这又是我们社会主义中国的优越性，我们可以自豪！

第六，我用了70年的学习才悟到以上真理，太长了。

钱学森信中说的MIT为美国麻省理工学院，CIT为美国加州理工学院。

钱学森在这封信里，言简意赅地回顾了他70年探索真理的思想脉络。从中我们可以看到，钱学森的哲学思想形成、发展过程与其科学技术生涯紧密联系在一起，从工程技术到技术科学，从自然科学到社会科学，最后走进马克思主义哲学的大门，因而，他的哲学思想具有鲜明的科学性和实践性。

在大学读书期间，虽然钱学森学的是工程机械，但也初步接触了中外哲学名著，并经过对比和思考，认为唯物论和唯物史观很有道理，唯心论不切实际，从而初步形成了唯物主义世界观。

在美国的20年间，钱学森于钻研科学技术之外，又进一步接触了马克思主义理论，阅读了《资本论》《反杜林论》等马克思主义著作，并参加了加州理工学院一些师生自发组织的马列主义学习小组。

回归祖国以后，钱学森对马克思列宁主义、毛泽东思想的学习，已从过去朴素的感悟步入到自觉的认识。他多次谈道："通过学习马克思主义哲学和毛泽东著作，发现自己在美国总结出来的那几条治学心得，比起马克思主义哲学来，就好比大海中漂着的几个小水泡，算不了什么。"

因此，在1957年，也就是钱学森回国后的第三年，他就应《自然辩证法通讯》杂志之约，写了一篇题为《技术科学中的方法论问题》的文章。这篇文章虽不足千字，却内容精彩、感悟深刻。文章中写道："在技术科学的研究中，我们把理论和实际要灵活地结合，不能刻板行事。我想这个灵活地结合理论与实际也就是辩证唯物主义的真髓了。"之后，他又撰写发表了题为《技术科学的研究能脱离马克思列宁主义哲学吗？》的文章，更加清楚、明白地表达了他的马克思主义哲学观。

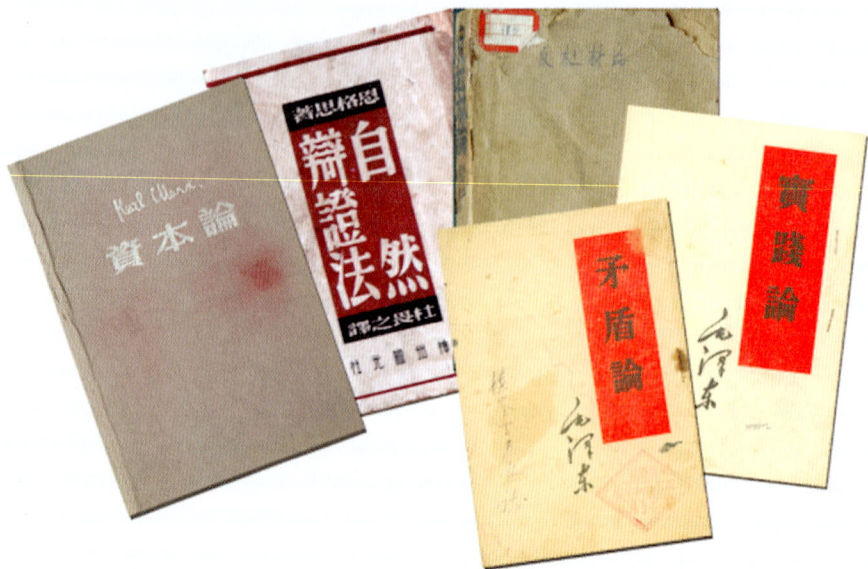

钱学森从年轻时候就开始接触中外哲学名著并阅读了大量马克思主义理论专著

通过"文化大革命"的10年经历，钱学森更深刻地认识到，仅仅懂得自然科学知识是不够的，必须扩大自己的视野，学习社会科学。所以在改革开放以后，他努力学习社会科学，尤其是哲学，不仅学习马列著作，还研读了黑格尔、普列汉诺夫、布哈林、卡尔·波普等哲学家的著作，并从中国古代儒家、道家、法家、佛教、《易经》等哲学思想中吸取精华。这使钱学森的马克思主义哲学世界观更加坚定。

曾有人给钱学森写信，说他"执著地"坚持马列主义、毛泽东思想。钱学森回信说：

> 一个中国共产党员必须坚持马克思列宁主义毛泽东思想，这种"执著"是正确的。但马克思列宁主义毛泽东思想也要求我们，在具体问题上一旦发现自己有错误，必须立即、坚决纠正，决不能"执著"不改。

特别是到了晚年，钱学森在科学与哲学结合问题上坚持探索，用现代自然科学的成果论证马克思主义哲学的科学性，丰富了马克思主义哲学在科学上的内涵；同时，又从哲学的高度，指出了一些重大科学技术发展将对人类社会产生的影响和可能的发展前景。

从1979年发表《科学学、科学技术体系学、马克思主义哲学》开始，钱学森通过撰写文章、通信及谈话，对马克思主义哲学的地位和作用、马克思主义哲学的体系结构、马克思主义哲学的基本核心、马克思主义哲学的研究对象、马克思主义哲学的深化和发展，提出了一系列深刻而独特的见解，逐渐形成了富有特色的马克思主义哲学观。

1986年12月12日，钱学森在给上海工业大学张锡令教授的信中，深有感悟地写道："我近来认为只有马克思主义哲学才是智慧的源泉。"

钱学森的这些研究成果和独特视角，既不同于一般的科学家，也不同于一般的哲学家。从这个意义上说，钱学森是一位哲学科学家，也可以说是一位科学哲学家。

二

钱学森从一位科学家的角度，分析和论证了马克思主义哲学是不断发展的。与专门从事哲学研究的哲学家相比，钱学森对马克思主义哲学的研究，有其独特的视野和角度，更有根基，更具理性。

钱学森说："马克思主义的哲学是有根基的，它的根扎在哪里呢？扎在自然科学、社会科学、数学、技术科学和工程技术之中。"

因此，钱学森对马克思主义哲学的研究，是将马克思主义哲学与现代科学技术体系作为一个整体来研究的。钱学森认为：

> 认识客观世界的学问就是科学（包括自然科学、社会科学等等），改造客观世界的学问就是技术。而马克思主义哲学是现代科学技术成果的最高概括，是人类智慧的结晶。

从20世纪80年代末到90年代初，钱学森运用辩证唯物论和系统科学的观点、方法，观察与研究世界科技发展的成果和趋势，逐步形成了马克思主义哲学与现代科学技术体系的整体构想。

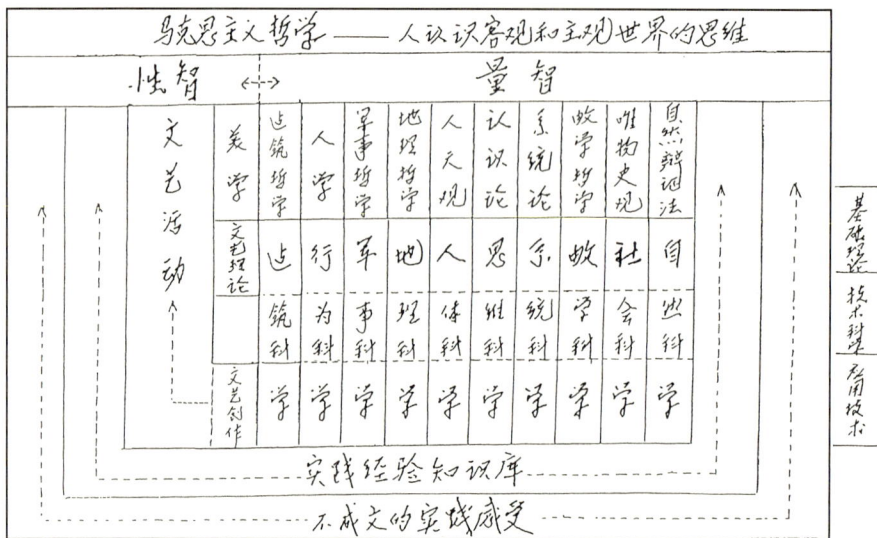

钱学森手绘的现代科学技术体系图

现代科学技术体系结构

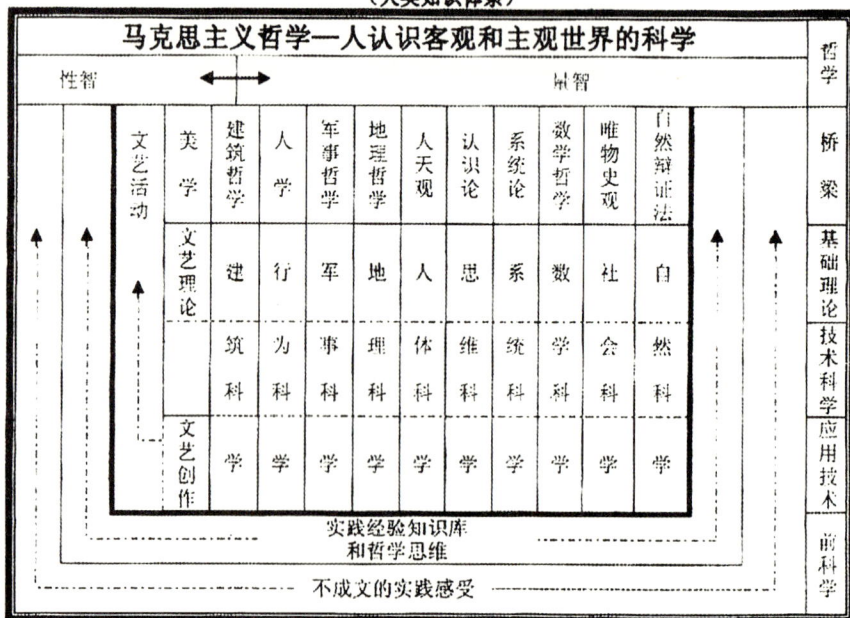

根据1996年7月21日钱学森致钱学敏信内容所绘出的现代科学技术体系结构图

凡不能纳入这个体系中的、不符合马克思主义哲学的东西，或者说，还不能称其为科学的，只是一些经验性的、非逻辑性的东西，一些实际感受、直观、灵感、潜意识等都暂列在系统的外围，通过人们主动地去反复分析、鉴别、提炼，逐渐将其中一切有价值的东西汲取进来，深化、发展整个科学技术体系。因而，现代科学技术体系和哲学，作为人类认识世界和改造世界的整个知识系统，是一个开放的动态系统，随着科学的发展、社会的进步、认识的深化、智能的提高，将不断丰富、完善，日益趋近绝对真理。

1987年，钱学森在《智慧与马克思主义哲学》一文中写道："科学技术体系，包括了人类现在所认识到的客观世界规律性的全部精华，它就是智慧的源泉。而这个科学技术体系的最高概括——马克思主义哲学，难道还不是人类智慧的结晶吗？""因此结论是：要有智慧就必须懂得并会运用马克思主义哲学去观察分析客观世界的事物。这样我们就重新肯定了哲学的含义：智慧的学问。但更明确了，必须是马克思主义哲学。"

1991年，钱学森在《我们要用现代科学技术建设有中国特色的社会主义》一文中，更加明确地提出："科学革命是人认识客观世界的飞跃，技术革命是人改造客观世界的飞跃，而科学革命、技术革命又会引起全社会整个物质资料生产体系的变革，即产业革命。""产业革命所引起的上层建筑和思想意识、文化领域的飞跃，便是政治革命和文化革命。"

依据唯物史观，钱学森认为，从古至今，人类历史上出现了五次产业革命：

第一次，大约发生在1万年以前。人类从采集、狩猎为生，发展到开始搞种植业和畜牧业，开创了第一产业（农业），由此引起从原始公社到奴隶社会的政治革命。

第二次，出现在奴隶社会后期。由于生产的发展，人们不仅为自己的生活、消费而生产，而且为交换而生产，出现了商品，由此引起从奴隶社会到封建社会的政治革命。

第三次，发生在18世纪下半叶至19世纪初。始于英国的蒸汽机技术革命，使以机器为基础的近代工业遍及欧洲，创立了第二产业（工业）。资本主义制度逐步代替了欧洲的封建专制制度，也是一场社会革命。

第四次，发生在19世纪末到20世纪初。由于物理学的革命、电动机的发明，促进了机电、通信、电灯、广播等的发展，生产社会化，形成国际市场，从而创立了第三产业（金融、贸易……）。资本主义从自由竞争走向垄断阶段，为新的社会革命准备条件。

第二次世界大战以后，孕育了第五次产业革命。它是以相对论、量子力学等现代科学革命为先导，由核技术、激光技术、航天技术、生物工程等一大批高新技术的发展作为动力的一场信息革命，形成了第四产业（科技业、咨询业、信息业……）。全世界将逐渐构成一个整体来组织生产，出现世界一体化的生产体系和社会形态。体力劳动与脑力劳动的差别逐渐缩小。

因此，对以新技术革命为标志的第五次产业革命，钱学森极为关注，进行了长期、深入的研究。

早在1984年3月10日，中直机关和中央国家机关六个部门联合举办"新技术革命"讲座，钱学森应邀出席开学典礼，并为2 000多名中央和国家机关司局长以上领导干部，作了题为《关于新技术革命的若干基本认识问题》的长篇报告。

在报告中，钱学森着重谈到了科学革命、技术革命、社会革命和产业革命之间的相互联系与辩证关系。他指出：

> 整个人类社会发展中的这四种革命是相互作用、相互关联的。这是一门大学问。怎么来研究？这应该是我们现在社会科学方面的一大任务，要把它搞清楚。如果不把上述四种革命的概念搞清楚，我们就不能把问题看得很清楚。我们不仅要看到新的技术革命，同时也要看到人类认识客观世界的科学革命，还要看到生产体系的变化，这个非常重要。因为科学革命、技术革命、生产体系的变化或者叫产业革命，这些对我们的经济、国防建设和社会主义发展都有密切的关系。新的科学革命，将会大大开阔我们的眼界，给我们新的力量。

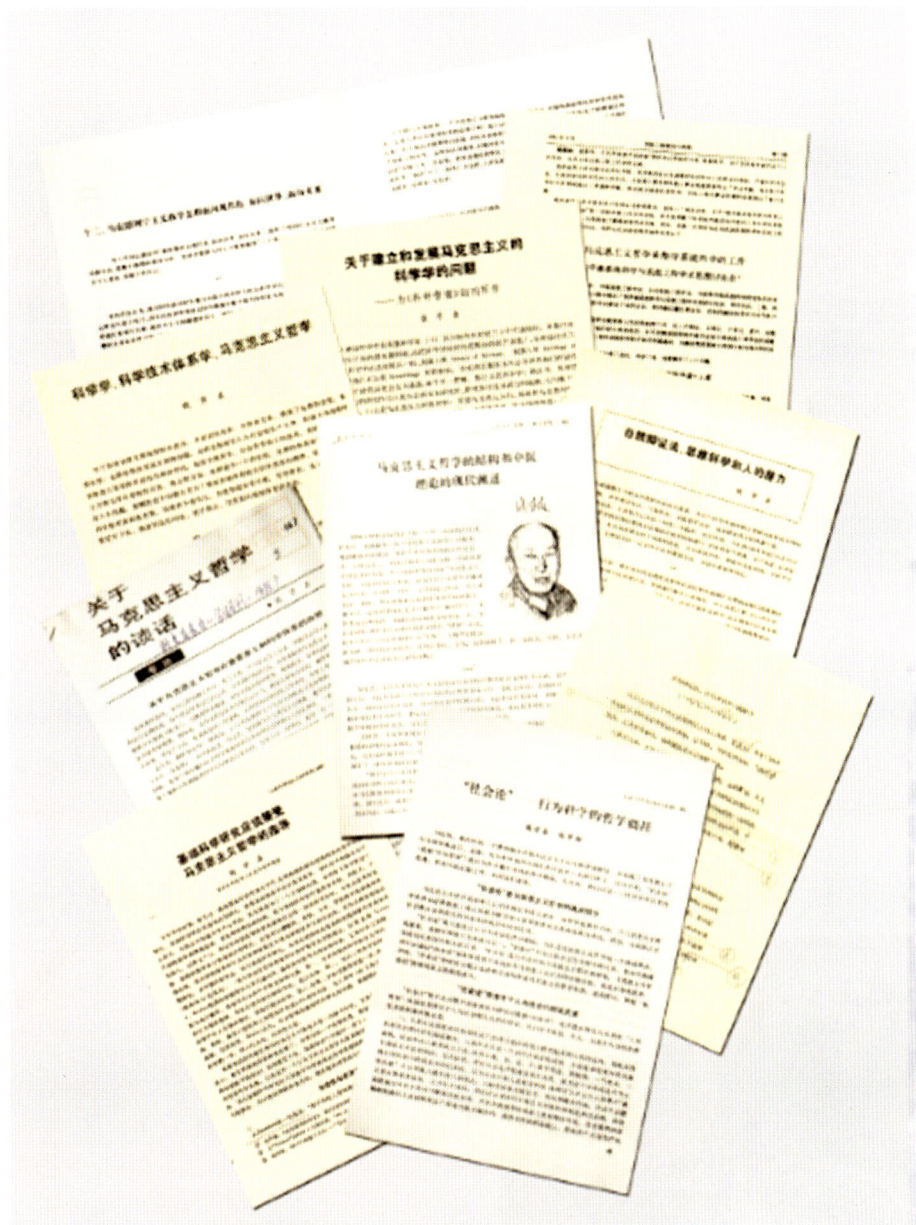

钱学森多次撰文，论述科学技术工作与马克思主义哲学之间的关系

将科学革命、技术革命、产业革命和社会革命联系在一起研究，是钱学森马克思主义哲学"整体观"思想的具体体现。

1990年12月30日，钱学森在《光明日报》上发表了题为《要从整体上考虑并解决问题》的文章。钱学森认为：整体观是对客观世界科学、全面的反映，又是正确而有效地改造客观世界、进行社会实践的思想方法和工作方法。

1992年，钱学森、涂元季又在《人民政坛》上发表了题为《我国社会主义建设的系统结构》的文章。在这篇文章里，钱学森运用整体观和系统科学的方法，分析并综合了我国社会主义建设的系统结构，认为从总体上，我国社会主义建设大致可分为四个领域、十个方面，即：社会主义政治文明建设，包括民主建设、体制建设和法制建设；社会主义物质文明建设，包括经济建设和人民体质建设；社会主义精神文明建设，包括思想建设和文化建设；社会主义地理建设，包括环境保护、生态建设和基础设施建设。

从钱学森对马克思主义哲学的研究中可见，我们的社会和社会存在的环境，是一个非常复杂的、开放的巨系统，要以经济建设为中心，又必须使各个方面协调发展、相互配合、相互促进。那种仅仅承认矛盾、矛盾斗争，以及只抓一个主要矛盾的两个方面的方法，对于解决如此复杂的问题，已远远不够了。

钱学森的马克思主义哲学观，在这个理论问题上做出了重大的贡献。

钱学森到中共中央党校作关于现代科学技术体系和马克思主义哲学的讲座

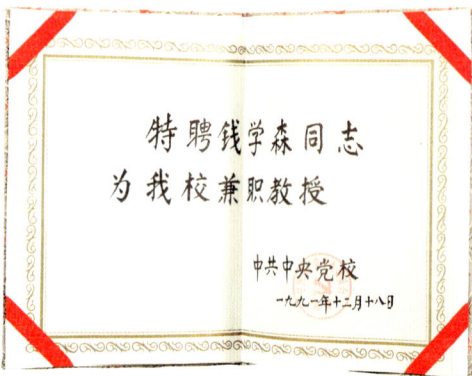

1991年12月18日，中共中央党校特聘钱学森为兼职教授

三

钱学森对马克思主义哲学有着深刻的认识，同时，又是自觉运用马克思主义哲学指导工作的光辉典范。

他在给一位友人的信中写道：

> 我近30年来，一直在学习马克思主义哲学，并总是试图用马克思主义哲学指导我的工作。马克思主义哲学是智慧的源泉！

这是钱学森的肺腑之言。他在一篇文章中，曾充满感情地写道：

> 应用马克思主义哲学指导我们的工作，这在我国是得天独厚的。从我个人的经历中，我的确深有体会：马克思主义哲学确实是一件宝贝，是一件锐利的武器。我们在搞科学研究时（当然包括交叉学科），如若丢弃这件宝贝不用，实在是太傻瓜了！

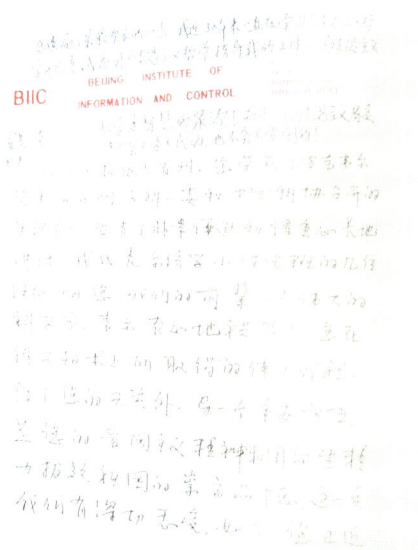

1989年8月7日，钱学森在一封友人寄来的书信上批注，谈学习马克思主义哲学的重要性

1980年代，钱学森在家中书房撰写论文

1955年12月28日，钱学森归国不久，中国科学院在北京政协礼堂请钱学森作了一次报告。钱学森报告的主题就是用辩证唯物主义指

导科研工作。

在报告中，钱学森颇有体会地说：

> 我在美国从事科研工作20年，从科研工作中不断积累和认真总结的经验和科研方法，自感是行之有效的一套方法。回国后，学习了有关辩证唯物论和历史唯物论方面的著作以及毛泽东的《实践论》和《矛盾论》，才恍然大悟，感到自己总结出来的那套科研方法，在马克思、恩格斯和毛泽东的著作中都已阐述得很清楚了。

在领导和主持研制火箭、导弹、卫星的技术工作中，他通过不断学习和努力实践，将马克思主义哲学思想，特别是毛泽东的《矛盾论》和《实践论》等著作中阐述的辩证唯物主义思想，发挥得淋漓尽致。

钱学森认为，国防科技战线所从事的"两弹一星"、导弹核潜艇等工作，都是大规模的科学技术工作，技术复杂，涉及面宽，参与的部门和人数众多，协调性强，所以，组织工作特别重要。

从担任国防部第五研究院院长开始，他就把组织管理工作放在重要地位。他说："我们必须认识到大规模科学实验的多变而又交错关联，一个项目变了，可能牵动全局。因此，组织调度工作是非常繁重的，而且这也是干得好干不好的关键。"

在组织管理工作中，钱学森首先强调要抓总体，抓大总体。他说，现代科学实验的一个突出特点是大集体性，因此，一个型号任务的完成，必须强调其总体工作。他曾举一条舰船为例来说明："一条舰船是一个复杂的武器系统，因此抓总是非常重要的。不能说船的设计归船的设计，船上的设备可以各家分头去干，最后装在一起就行了。那样做大有装不到一起的危险，整个武器系统就不行了。"

钱学森创造性地在五院组建了总体设计部。1962年在《国防部第五研究院暂行条例（草案）》中，对总体设计部是这样规定的：总体设计部是总设计师领导型号设计的技术工作抓总机构，主持制定总体方案与初步设计工作，草拟分系统设计任务书；负责总体技术协调、全型号配套和分系统验收；主持总装测试、综合试验和设计定型等。实践证明，总

钱学森与部队战士在一起

体设计部的建立，在我国国防科研试验工作中发挥了重要的历史作用。

　　在组织管理工作中，钱学森十分重视决策的重要性。他认为，正确的决策是管理工作的重要基础。在实际工作中，钱学森特别强调：一是决策的科学性，任何重大决策必须从全局出发，达到整体优化；二是对技术途径和技术方案的选择，要分析各种矛盾，综合权衡利弊。

　　在组织管理工作中，钱学森十分注重管理的计划性。他认为，正确的规划和计划，是各级指挥员和领导部门实行指挥调度、组织指导、协调发展的重要依据。在他的领导下，型号研制和发射试验普遍采用了计划协调技术，有效地提高了工作效率。

　　钱学森还特别善于总结、提炼现代化组织管理的规律性东西。1963年，他在中共中央主办的权威刊物《红旗》杂志上发表了题为《科学技术的组织管理》的文章。这是我国关于现代化大工程组织管理的最早理论研究成果。之后，钱学森又相继发表了《大规模的科学实验工作》《论科学技术研究的组织管理问题》《聂荣臻同志开创了中国大规模科学技术研制工作的现代化组织管理》等阐述现代国防科研工程管理思想的文章。

钱学森担任国防科委领导后，十分重视研究"两弹一星"工作中的共性与个性问题，即一般性问题和特殊性问题，用于指导国防科技工业实际工作。

在晚年，钱学森更加自觉地运用马克思主义哲学指导自己的科学研究和科技活动。其涉及领域之广，在他一生中达到了巅峰。从系统科学到现代科学技术体系，从军事科学到管理科学，从思维科学到行为科学，从地理科学到建筑科学，从领导科学到领导艺术……处处闪烁着他的马克思主义哲学思想光芒和坚定不移的马克思主义信念。

可以说，钱学森既是一位伟大的科学家，也是一位伟大的哲学家。兼有两者，在当代中国还不多见。

钱学森的部分代表性学术著作

第三十五章　大地情怀

———

钱学森曾深情地说："我作为一名中国科技工作者，活着的目的就是为人民服务。"

20世纪80年代初期，当中共中央决定开发西部地区时，钱学森也把目光投向了这片他曾经为之奋斗、战斗过的地方。

钱学森在一篇讲话里这样谈道：

> 我过去在搞"两弹一星"试验时，常去西北地区（包括甘肃、新疆、内蒙古等）出差，对那里的自然条件、生态环境、经济发展和人民生活的状况是了解的。据我所知，解放后西部地区曾有过两次大的建设：一次是50年代，苏联援建156个项目时，有些重大项目建在西部和西北地区；另一次是60~70年代的三线建设。这两次建设无论从资金的投入，还是从科技的含量和人才的荟萃等方面来看，其水平和力度都是相当可观的。这些建设虽然推动了西部的发展，但并未从根本上改变西部地区的落后状况。究其原因，我认为是这些建设并未和西部的经济基础，即农业的发展结合起来。所以，其结果是少数工业项目上去了，但广大农村和广大人民仍然是贫穷落后的。所以我感到，西部的开发虽然是全面的、综合的，但仍然要以农业的发展为基础。只有这样，才能从根本上改变西部地区的贫穷落后状态，也才能改变西部地区的生态环境。

怎样才能使西北地区的农业走出困境？我想，西北地区是大片的戈壁沙漠，大约有16亿亩，和我国农田面积差不多。戈壁沙漠干旱少雨，但干旱少雨的另一面是阳光充沛。这是西北地区农业发展的不利和有利条件。问题是我们过去对不利条件看得重，故侧重于"治理"，搞植树防沙、堵沙等。这是对的，也有成绩，但有点消极。对阳光充沛这样的有利条件，则没有注意从积极的方面去利用和开发。1984年，我基于对高科技农业的理解，结合西北地区的特殊情况，提出了在我国西北地区要建设沙产业、草产业和林产业的观点。

钱学森这里所说的于1984年提出在西北地区建设沙产业、草产业、林产业的观点，见诸他于1984年7月27日发表的一篇题为《创建农业型的知识密集产业——农业、林业、草业、海业和沙业》的长篇理论文章，这篇文章明确了"第六次产业革命"即"创建农业型的知识密集产业"，并首次提出了沙产业的概念。

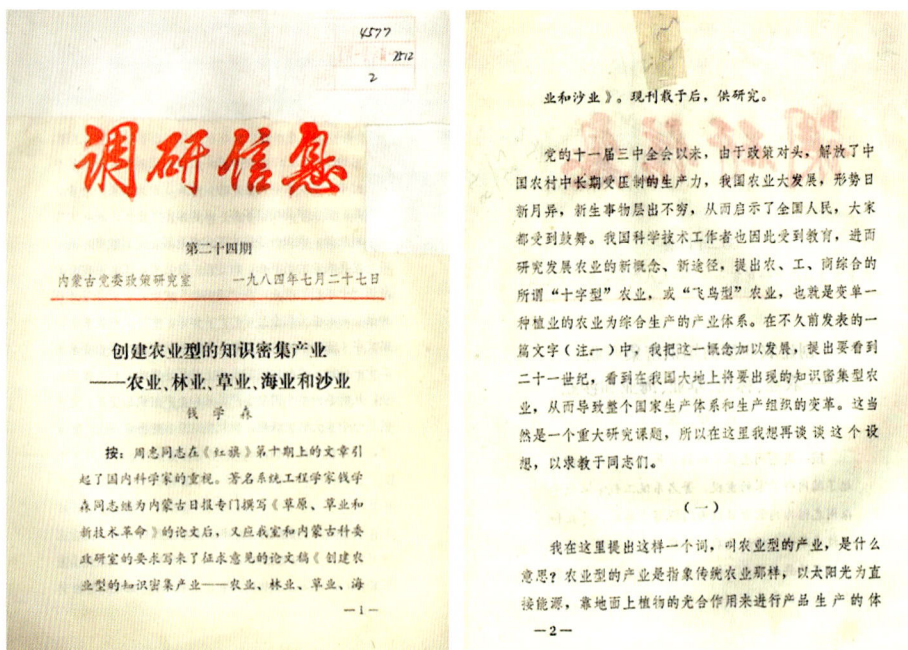

1984年7月27日，钱学森关于第六次产业革命理论框架性的论述《创建农业型的知识密集产业——农业、林业、草业、海业和沙业》在内蒙古党委政研室内参《调研信息》上加按语刊出

从这篇文章中，我们看到了一幅气势磅礴的建设现代化林产业、草产业和沙产业的蓝图。在这幅蓝图里，既有科学家的严谨，也有诗人的浪漫，更有一个共产党人对人民、对祖国的深深情爱。

二

钱学森的林产业、草产业、沙产业理论，是建立在现代科学技术基础之上的，同时，也蕴含着深刻的马克思主义哲学和系统工程的思想光辉。

钱学森说：

> 我提出的林产业、沙产业和草产业，都强调是知识密集型的，要把现代科学技术，包括生物技术、信息技术都用上。而且一开始就搞产业化，形成生产、加工和销售一条龙，并注意综合利用。这种高技术产业化的农业，实际上已和工业及经贸、服务等第三产业结合起来了，所以可以做到对农业生产实行工厂化管理。由此发展起来的小城镇，已大大缩小了工、农之间以及城、乡之间的差距。

中国酒泉卫星发射中心所在的巴丹吉林沙漠边缘地带

这也是我过去说的信息技术革命和生物技术革命所带来的必然结果。按照这种思路发展的结果是，我国西部地区不仅将摆脱贫困，而且将在21世纪的中后期，迈向共产主义的康庄大道。

当年钱学森多次前往西北导弹发射试验基地，组织领导我国国防科研试验任务时，就有过这方面的思考。

他在一次讲话中回忆说：

> 沙漠戈壁里并不是一片荒凉，而是有不少其他地方没有见到的动植物。每年基地要发展生产，就是挖甘草，挖出一大卡车一大卡车的。我给基地的同志说，你们这么只挖不种，挖光了怎么办？还有基地的伙房挖梭梭树，说木头好，烧时火旺。我就说老挖不种挖光了怎么办？我就从这里得到启发，觉得沙漠戈壁不是完全不毛之地，关键是我们要经营，用科学技术来经营管理。

事实上，人定胜天，沙漠变良田并不是天方夜谭。以西北导弹发射试验基地为例，为了改变基地的自然环境，他们大搞绿化，引水种树，至今共种植了300多万棵树，造林3 000余亩，还建起了蔬菜基地和果园，在"平沙万里绝人烟"的戈壁深处，建起了一座绿色航天城，这就是今天的酒泉卫星发射中心。

当然，钱学森的林产业、草产业、沙产业理论，并不仅仅是为了改善自然环境，更是希望推广一种知识密集型产业的理念，建立"大农业观"，更广泛、更深远地造福人民。他撰文写道：

> 既然说是知识密集的产业，那就要充分运用自然科学、社会科学、工程技术，以及一切可以运用的知识来组织经营它……这方面的工作量是非常大的，我们要在吸取全世界的先进经验和科学技术的同时，组织我国自己的力量，包括各高等院校、各科学研究机构、中国农业科学院、中国林业科学院、中国科学院、中国社会科学院等来共同攻关。

1985年6月24日，在钱学森的倡导下，在北京召开了由中国草原学会和中国经济学术团体联合会共同举办的中国草业问题研讨会。钱学森在会上作了发言，指出：

> 建立草业首先是个思想认识问题……草业仍起步艰难，原因在于广大干部受历史发展的限制，总以为草是取之于自然的，天经地义，用不着去经营。加之草原属国家所有，即全民所有，怎样才能同牧民的畜牧承包制结合起来，做到草畜经营统一，长期未能解决，因此牧民的积极性调动不起来……
>
> 草业产业是我国的一项长期社会主义建设，前途光明，但也非易事……要有规划、有计划地解决区域水文地质普查问题、人才问题和科学技术问题等。也要创建草业产业的试点，这些都是当务之急。

1991年3月11日，中国科协委托中国林学会在北京香山召开首次以"沙产业"为主题的全国性学术研讨会。钱学森亲自出席讨论会，并和与会专家共同探讨沙产业概念和内涵，提出"茫茫沙海蕴藏着巨大经济潜力"的新见解，建议运用各领域的科技成果，开发我国的沙产业。

在钱学森的积极倡导下，中国科学技术发展基金会促进沙产业发展基金于1994年9月27日在北京正式成立，用于支持沙产业理论研究、实体发展和人才培养等工作。1994年9月29日，钱学森又约见了部分参加

钱学森和参加全国首次沙产业研讨会的代表合影

钱学森等50多位专家学者建议
有计划地开发沙产业

本报北京3月11日讯 记者王友恭、谢联辉报道：今天在京参加全国沙产业研讨会的50多位专家、学者提出新见解：茫茫沙海蕴藏着巨大经济潜力，建议运用各领域的科技成果，开发我国的沙产业。

这次会议是在全国政协副主席、中国科协主席钱学森倡议下，由中国科协委托中国林学会召开的。钱学森在会上指出，我国沙漠和戈壁面积大约与农田面积差不多，有16亿亩。沙漠和戈壁并不是什么都不生长，除极干旱区外，大部分地区还是生长了不少沙生植物，其中有许多珍贵药材。现在我们只采不种。作为沙产业，应该既采又种。另外，这里有充足的阳光，有丰富的风力资源，可用以发电。在交通方便的地方，也可开发沙子制品、建材制品和珍贵生物资源。他希望这次沙产业研讨会，成为这个新型产业的开端。

出席会议的专家认为，有计划地开发利用不同类型的沙漠、沙地、沙漠化土地，建设沙地粮食、畜产品、林产品加工产业，不仅对缓解我国人口增长、资源不足的矛盾具有重要作用，而且对提高沙区人民生活，繁荣西北边疆，具有重大政治意义。

据新华社北京3月11日电 （记者姜在忠）被称为"世界屋脊"的青藏高原，并非欧亚大陆固有的一部分。一项地质考察研究结果表明，它是由6块从南半球飘来的陆地拼贴而成。

中国地质科学研究院吴功建教授主持的课题组发现南半球一块陆地在3亿年前曾发生裂解，这些裂解的陆地经过漫长的飘游后，第一

有地质学家提出新诏
青藏高原系从南半球飘移

相继飘泊而来喀拉昆仑地体、羌是这6块陆地的印度板块者并抬高了新组

《人民日报》对全国首次沙产业研讨会的报道

1994年9月29日钱学森与出席沙产业研讨会代表合影

沙产业研讨会的代表，对他们说："在不少于100年的过程中，改造利用沙漠，这就是沙产业的任务……我们要在100年内逐步地做，中间不断地有生产，有所发展。"

1995年11月21日，甘肃省政府、林业部、中国科协联合召开河西走廊沙产业开发工作会议。钱学森在会上作了书面发言。他说：

从前，我因多次在距这里不远的戈壁滩上导弹卫星发射试验基地执行任务，心中怀着以毛泽东主席为核心的新中国第一代领导的重托，同大家一起从事我们中国人从来没有搞过的尖端技术——高新技术的尖端。每次试验都遇到不少困难，但都被我们一一克服，这就大大增强了我们的信心：中国人完全能够用现代科学技术中的尖端来完成党和国家交给我们的任务！

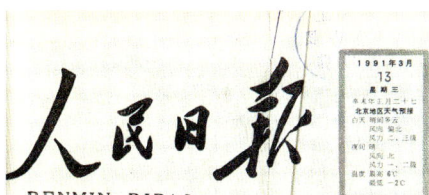

钱学森沙产业理论研讨会举行

中国促进沙产业基金会成立

本报讯 日前，中国促进沙产业发展基金筹备组在北京召开了纪念钱学森建立沙产业理论10周年学术研讨会。钱学森教授来函向参加研讨会的专家学者表示致意。他希望用新的思维来对待沙漠，在广阔的沙漠中建立起可产生上千亿元产值的大事业。

10年前，钱学森教授就倡导创建沙产业。参加这次研讨会的60多位专家学者结合10年来的科学探索和生产实践，对钱老的沙产业理论及产业发展前景进行了热烈的讨论。

代表认为，钱老倡导的沙产业理论不仅是治沙、防沙、制止沙漠化的组成部分，更是"对已有基础的防沙、治沙、固沙事业的开拓"。它将目光转向了沙漠地区的阳光作用，把增加太阳能固定转化效率作为一种开发方向，建立起知识密集性农业型产业——沙产业。

代表认为，在环境意识不断提高、科技不断进步的今天，我们有必要站在一个新的历史平台上，用一种全新的观念、全新的思维方式去综合分析、研究沙区资源优势，用全新的治理措施、开发模式去经营、管理沙区生态经济系统。

专家们建议，尽快建立沙产业专业公司，重点发展沙产业龙头技术和带头产业，选择甘肃河西、内蒙古、新疆等地建立沙产业试点示范基地。

经过一年筹办的促进沙产业基金会正式成立。中国科协书记处书记刘恕，林业部科技委副主任董智勇被推选为基金管理委员会正副主任。

（张汉平）

1994年10月24日《人民日报》对沙产业基金会和研讨会的报道

沙产业研讨会与会人员合影

也是基于同样的信心，我在11年前大胆地提出了"沙产业"的理论和任务。

　　什么是"沙产业"？沙产业就是在"不毛之地"搞农业生产，而且是大农业生产，这可以说是又一项"尖端技术"！能行吗？近年来，甘肃人民在省领导和地区领导的带领下，不是创造了"多采光、少用水、新技术、高效益"的中国沙产业吗？这一成就不就启示我们，发展尖端技术的沙产业，也就是用现代生物科学的成绩，再加水利工程、材料技术、计算机自动控制等前沿高新技术，一定能够在沙漠、戈壁开发出新的、历史上从未有过的大农业，即农工贸一体化的生产基地。在外国，以色列已经走在了前面，我们要用当年搞"两弹一星"的精神赶上去，超过他们！再次用行动证明我们中国人是了不起的！

除了谈话、撰文，钱学森更多的是用通信方式，积极宣传他的林产业、草产业、沙产业观点，指导有关部门和地区进行林产业、草产业、沙产业的实践。

从1983年至2003年的20年间，钱学森给中央有关领导、国家有关部委、科学研究人员及部分地区，先后写了400多封有关这方面内容的信。字里行间，浸透了钱学森的赤子情怀。

1986年10月17日，钱学森在给中国林业科学院林业经济研究所尹润生的信中写道：

　　我现在想的是一个更为宏观的问题：到21世纪林产业在社会主义中国的地位，并且我们目前该做什么事。您在10月9日下午听到的情况该留下一个印象：我国还不了解林产业在社会主义建设中的应有位置，不了解再这样下去是要犯大错误的！这决不只是国有林业的问题，9.7亿亩的问题，甚至也不只是全国17.3亿亩森林的问题，要看到可能的45亿亩。历史上的林区不是早已不见了吗？我们不是因此受害吗？想想！我们现在每年因此损失了多少，有百亿？上千亿？

　　所以我想您们的宏观综合研究首先要比较完整地说明把45亿亩变成森林的重要性。不然国家和人民要受大损失，把金额算出来。这样让大家知道：农业是立国之本，林业也是立国之本，不亚于农业……

　　1989年10月12日，钱学森给中国科协书记处书记刘恕写信，鼓励她把多年来为治沙奋斗的体会写成一篇建设社会主义中国沙产业的论文；并指出，让沙漠为我们服务，是社会主义建设的一件大事。

1993年2月17日，《人民日报》发表了1990年至1992年间钱学森关于沙产业问题给沙漠治理专家刘恕的信

钱学森致刘恕信件手稿

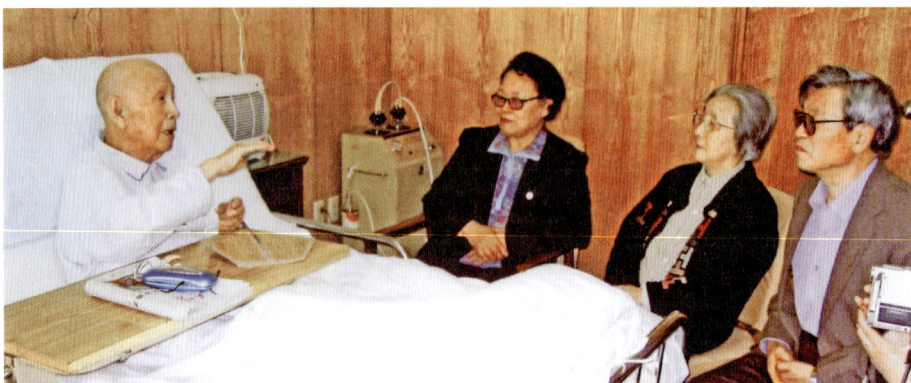

2004年5月2日，93岁高龄的钱学森听取刘恕（左二）、田裕钊（右一）汇报沙产业进展情况

1991年8月16日，钱学森再次给刘恕写信，指出，由于从中央到地方的各级领导都很重视，从全国讲，沙漠化将会得到治理，会有所减少，但仍然是"沙进人退"！什么时候真的"人进沙退"？搞沙产业比治沙、防沙要难得多。从另外一个角度看，治沙工作是一项社会主义地理建设。我们要抓住时机，再努一把力。这也是百年大计！

正因为基于这样的认识，钱学森认为，建设林产业、草产业、沙产业是一项长期的任务，需要有长远的目光，需要有坚定不移的"韧性"。他自己也亲力亲为，为之奋斗了20多年。

三

在钱学森这些思想的指导下，我国的草产业、沙产业、林产业开始起步，并取得了一定的成就。

1984年5月25日，《内蒙古日报》一位名叫郝诚之的年轻编辑，冒昧地给素不相识的钱学森寄去一封约稿信，请钱学森为《内蒙古日报》科学副刊写一篇1 500字左右的短文，介绍有关新技术革命方面的科学知识。

郝诚之回忆说：当时年轻，只贴了8分钱的普通信邮票就发出去了。时间是1984年5月25日。令我做梦也没有想到的是半个月之后的6月8日，钱老应约写来了专论《草原、草业和新技术革命》，还亲笔复函："遵嘱写了一篇短文，现寄上，请审阅。"

在这篇短文里，钱学森宣传了他的草产业思想。文中这样写道：

在我们内蒙古自治区，一共有13亿亩草原，而从1947年到1983年这37年中，畜牧累计产值100多亿元。折合每亩草原年产值才0.2元多，这的确比每亩农田的年产值小得多，只值个零头！但这是草业"命里注定"的吗？不能用现代科学技术去改变吗？不是有新技术革命吗？我想如果我们下决心抓草业，即便不能使一亩草原的产品，经过综合加工生产，其产值即使赶不上一亩农田，但也决不只是个零头，达到几分之一总是可以的吧？

这对内蒙古自治区来说，可是件大事。因为那里农田少，大约才7 000万亩，而草原面积却是农田面积的18倍还多，所以草业的产值完全可以大大超出农业的产值。一旦内蒙古带好这个头，全国的草原利用好了，草业兴旺发达起来，它对国家的贡献不会小于农业！这对国家也是件大事了，因为它将大大增加肉食的供应，改变我国人民的食品构成。

在文中，钱学森对如何利用现代科学技术发展草产业，作了简略的介绍。之后，他在文章结尾处写道：

我以上的这个设想能不能成立，请内蒙古自治区的同志们研究，特别是内蒙古自治区的科学技术人员研究。我们要利用新技术革命的机会，利用系统工程的方法，研究并创立中国式的现代化草业和草业系统工程。

当然，我们自治区还有另一个土地资源——沙漠、戈壁。如何开发利用这项资源？那是又一件大事了。

钱学森的这篇短文发表在1984年6月28日的《内蒙古日报》上。就是这篇短文，在社会上引起了强烈反响。

内蒙古自治区党委书记周惠阅读后，极为重视，认为文章写得太好了，只是短了些，恳望钱学森更深入地就这个课题展开谈一谈，以便自治区党委常委学习、研究。很快，钱学森就寄去了长达万言的《创建农业型的知识密集产业——农业、林业、草业、海业和沙业》的论文。内蒙古自治区党委政策研究室将这篇论文加了按语，刊登在了自治区党委内参《调研信息》上，为自治区党委正确决策提供了科学依据。此后，按照钱学森的草产业思想，内蒙古自治区党委推出了"草畜双承包"等一系列牧区体制改革措施。

1994年3月，香港爱国金融实业家何善衡、梁琚、何添、利国伟先生共同捐资4亿港元，在香港注册成立了公益性科技奖励基金（简称何梁何利基金），奖励内地对科学技术发展做出杰出成就的科技工作者。基金设"何梁何利基金优秀奖"，奖金100万港元；"何梁何利基金科学与技术进步奖"，奖金20万港元。首届"何梁何利基金优秀奖"（后改称"何梁何利基金科学与技术成就奖"）颁给了钱学森。这100万港元的支票还未交到钱学森手中，钱学森就写了一份委托书，授权王寿云、涂元季两位秘书将这100万港元转交给了促进沙产业发展基金会，用于我国西部地区的治沙事业。

1994年3月，钱学森获得的"何梁何利基金优秀奖"奖牌

1995年4月14日，钱学森委托秘书王寿云、涂元季将所获得的"何梁何利基金优秀奖"奖金100万港元全部捐给促进沙产业发展基金会

2008年1月19日，胡锦涛总书记在看望钱学森时说：

前不久，我到内蒙古自治区鄂尔多斯市考察，看到那里沙产业发展得很好。沙生植物加工搞起来了，生态正在得到恢复，人民生活水平也有了明显提高。钱老，您的设想正在变成现实。

第三十六章 青山不老

—

1986年3月23日至4月11日，全国政协六届四次会议在北京召开。在这次全国政协会议上，75岁的钱学森与王恩茂、雷洁琼被增选为全国政协副主席。

而与此同时，在中国科学家的谋划下，一项对中国未来发展有着深远影响的宏伟工程，正在酝酿和诞生。

1986年3月3日，中国著名科学家王淦昌、陈芳允、杨嘉墀、王大珩联名给中共中央提出了一份《关于跟踪研究外国战略性高技术发展的建议》。

钱学森参加政协第六届全国委员会第四次会议的出席证

3月5日，邓小平做出批示：此事宜速作决断，不可拖延。

3月中旬，国务院科技领导小组、国家科委、国防科工委和国家其他有关部委进行研究、座谈。在会上，钱学森发言说："来自世界的种种信息表明，一个国家如果到了21世纪仍不能以科学技术立国，就不能在世界之林立足。"

之后，国务院组织了国家有

关部委和几百名科技专家，在充分论证的基础上，制订了我国的《国家高技术研究发展计划》，这就是著名的"863计划"。

钱学森参与了这项计划的制订。该计划确定了8个领域、20个主题的高科技研究方向，对我国未来的发展和进步具有深远意义。

二

1986年6月23日至27日，中国科学技术协会第三次全国代表大会在北京召开。

在这次大会上，钱学森当选为中国科协主席。

中国科学技术协会是中国科学技术工作者的群众组织，成立于1958年9月。第一届中国科协主席为李四光。

"文化大革命"期间，中国科协及所有地方科协组织处于瘫痪状态，中国科协工作遭到严重破坏。1977年6月29日，"文化大革命"结束后不到一年，钱学森亲往北京大学拜访了周培源教授，谈了他对恢复中国科协工作的想法和建议。周培源是第一届中国科协副主席。中国科协瘫痪了，他也忧心忡忡。

钱学森与周培源共商中国科技发展和开展中国科协工作的晤谈，特别是钱学森的建议，被整理成一份简报，于1977年8月呈送给了邓小平。此事受到了邓小平和中共中央的高度重视。

1978年3月，中共中央在北京召开了全国科学大会。邓小平在开幕式上致辞，对"科学技术是生产力"和"我国科技人员是工人阶级的一部分"作了科学的阐述。

1980年3月，在中共中央的关怀下，中国科协第二次全国代表大会在北京召开。大会选举周培源为第二届中国科协主席，选举裴丽生、钱学森、黄家驷、刘述周、严济慈、茅以升、华罗庚、张维、林兰英、杨显东、杨石先、钱三强、金善宝、王淦昌、王顺桐为中国科协副主席。

按照中国科协的章程，中国科协领导机构每5年换届一次。1985年，中国科协二届五次全国委员会在北京召开。会上，因为周培源年事已高，大家一致建议，推选钱学森担任第三届中国科协主席。

钱学森对科技工作充满激情，对中国科协也很有感情，但对大家的建议，他婉言谢绝，认为自己也是70多岁的人了，还有不少比自己年轻又德高望重的科学家，他们可以担任此职。

而与会代表还是认为，钱学森担任新一届中国科协主席最为合适。会议闭幕时，大会主席团特意安排由钱学森致闭幕词，这实际上是预示钱学森将担任第三届中国科协主席的一种安排。

面对主席团的决定，钱学森表示接受，但要求在闭幕词最后加上一段话，让他说明不能出任第三届中国科协主席的理由。并说，如果同意加这段话，他就致闭幕词；如果不同意加，就请别人致闭幕词。

最后，主席团表示，闭幕词的内容不宜改变，但在致闭幕词完毕之后，可以讲一下不适合担任第三届中国科协主席的个人意见。对这个变通办法，钱学森接受了。

可是，在钱学森致完闭幕词后，准备讲个人意见时，刚开了个头，就被会场上连续不绝的热烈掌声打断，使他没法讲下去。

这是众望所归的掌声。这时，有人站了起来，大声地说："钱老，这个问题您个人就别讲了。"对这个插话，会场上又是一阵热烈鼓掌。

会后，邓颖超、杨尚昆、方毅等党和国家领导人相继做钱学森的工作，劝他出任第三届中国科协主席。特别是面对他一直非常崇敬的小学时代的老师邓颖超，钱学森无法再拒绝下去。于是，钱学森担任了第三届中国科协主席。

1986年6月27日，钱学森与周培源在中国科协三届全会闭幕式上

1986年6月28日，中国科学技术协会第三届全国委员会第一次会议选举钱学森为中国科学技术协会全国委员会主席

后来，1991年，在中国科协领导机构换届时，大家希望钱学森连任。钱学森坚决不同意，并向中央推荐比他年轻的人担任第四届中国科协主席。

担任全国政协副主席的职务也是如此。钱学森是全国政协第六、七、八届副主席。其中，第六届是增选进去的。在第七届将要任满时，钱学森就给全国政协主席李先念、秘书长宋德敏写信，请求不要在第八届全国政协安排他的工作。信中说：

> 4月15日上午我在301医院得见洪学智副主席，他嘱咐我要注意休息，切莫活动过多。我当即向洪副主席报告，我早已上书先念主席，请求免去我在全国政协的事，后在一次全国政协主席会上，先念主席答应此事在换届时解决。现在正在进行政协全国委员会换届工作，故我再次提出请求，不要再在八届全国政协安排我任何工作。这是我身体条件的实况。

这个报告没有被中央批准。1993年全国政协换届时，钱学森当选为第八届全国政协副主席。1998年全国政协又一次换届时，他从全国政协副主席的位置上退了下来。

1988年3月24日—4月10日全国政协副主席钱学森在会上作了政协第六届全国委员会常务委员会工作报告

三

1986年6月27日，当选中国科协主席后的钱学森接受了记者采访。他诚恳地表示："在科协主席这个位置上，我只是一名新兵。今天，我只有虚心地学习、求教，尽我的能力去工作，以不负全国科技工作者的信任。"

接着，钱学森向记者讲了一则鲜为人知的历史故事：南宋淳熙年间，江西信州鹅湖寺有一个被称为鹅湖学会的学术组织，在学会内实行民主，会员可以各抒己见，学生对老师的意见也可以提出异议。

钱学森说，这个学会组织还有一个好传统，有意见允许在会上讲，不允许在会下传播小道消息。如传播小道消息，则被取消开会资格。

钱学森讲这么一个故事，其实是在阐述自己的见解，就是在中国科技界要实行科学民主、学术民主。

这是钱学森的一贯思想。他曾经在一次讲话中说，在科学工作中，凡是提倡民主作风、发扬学术民主好的单位，科研成果就多，科学成就就大。相应的，也培养出许多科学人才，出大科学家。

在"两弹一星"这样大规模的科学技术工程中，周恩来、聂荣臻、钱学森等人就是这样做的。钱学森说，对于实施一项需要群策群力的如"两弹一星"等大规模的系统工程来说，发扬民主和正确集中就显得尤为重要。

担任中国科协主席后，钱学森非常重视科普工作。在我国，从事科普工作的主要是两类人，一类是科普记者、科普作家，另一类是科技人员。

钱学森认为，从事科普工作的记者和作家，如果自己没有弄明白，写出的文章恐怕就很难让读者弄明白了。他说，在美国，有名的科学记者都有一套本事，他们是比较专业化的，认得一些科学家，写出来的东西比较准确，又能让你懂得差不多。

对科技人员从事科普工作，钱学森多次强调，科技人员要把一个专业化的问题向外行人讲清楚也是不容易的。

他说："我在美国那么长时间，知道他们那里没有这个本事不行。美国的科研人员要争取基金会的经费支持，就要参加董事会的会议，向董事们作10到15分钟的讲解，在限定的时间里把要报告的事情讲清楚，否则就得不到经费。这就是一个社会要求，也是一种压力。所以在美国，中学里就有辩论会，培养人的口才。"

钱学森认为，中国科技人员要在这方面努力，学会宣传科技知识。

主持中国科协工作期间，钱学森还对科技报刊的宣传工作，提出了反对做假的要求。他认为，科学工作更要讲科学、讲诚实，做假在科学工作中是绝对不允许的。

钱学森是想通过新闻舆论的力量，在中国科技界树立起诚实严谨、脚踏实地的科技作风和学风。

四

1987年3月14日至4月3日，应英国皇家学会的邀请，钱学森率中国科协代表团赴英国进行友好访问；之后，又顺道访问了德意志联邦共和国。

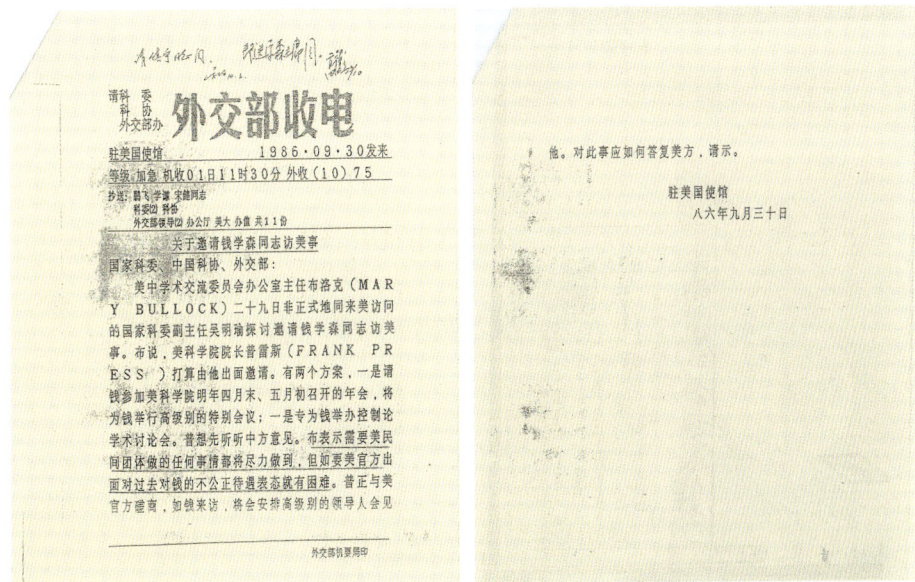

1986年9月30日中国驻美国大使馆就如何答复美方邀请钱学森访美一事，请示国家科委、中国科协和外交部的电报

国防科工委便笺

高镇宁书记：

此事国家创建已来向忠，我的答复是：我们中国人有国家的尊严，美方既不能为过去对我有不公正待遇表态，那我就不能再去美国。所以我不会去美国。请说我目前没有任何近期访美的打算。

钱学森
1986.10.6

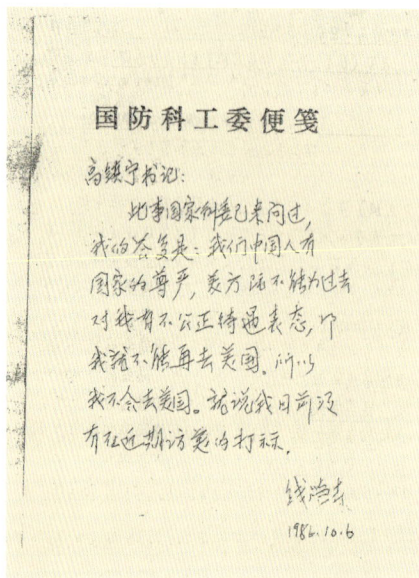

1986年10月，钱学森在回复访美一事的信中表示："我们中国人有国家的尊严，美方既不能为过去对我有不公正待遇表态，那我就不能再去美国。"

这是钱学森自1955年归国后首次去英国和德意志联邦共和国访问。此前，他只去了苏联。作为世界著名的科学家，钱学森归国后很少出国，这让人有些难以理解。其实，邀请他出国访问的国家和有关机构以及个人很多，其中美国方面的邀请最多，但都被他拒绝了。

1979年12月，钱学森的母校——美国加州理工学院授予他"杰出校友"（The Distinguished Alumni Award）的称号，并向他颁发奖状和奖章。但钱学森没有去美国接受这份荣誉。

率中国科协代表团访问英国期间，1987年3月22日，钱学森在伦敦为中国留学生作了一场报告。报告的题目是：《建国百年之际，中国必然强盛》。

访德期间，钱学森又应中国驻德大使馆的邀请，作了题为《学点历史，学点哲学》的演讲。

1979年，钱学森获美国加州理工学院"杰出校友奖"，但他没有前去领奖。2001年，弗兰克E.马勃来华时将证书和奖章交给了钱学森

1987年3月，钱学森在访问英国期间到位于伦敦的马克思墓前献花

1987年3月，钱学森在访问英国期间会见英国科学家

1988年2月9日，钱学森在中国科协办公室留影

　　在英国和德国期间，钱学森重点考察了国外学术团体的组织形式、活动方式和经费来源，以及不同的发展特点，用于研究并探索中国特色科技群众团体的工作方式和工作经验。

　　1988年2月6日，中国科协召开三届三次会议。钱学森在会上作了题为《科技进步与科协改革》的报告。在报告里，钱学森呼吁："现在我们要提出'科技兴国'的口号。"他认为，目前我国生产落后的原因是多方面的，其中一个重要的、根本性的因素是科学技术落后。

　　这一年，钱学森已是77岁高龄，但我们依然可以感受到这位伟大科学家内心深处的澎湃激情。

第三十七章　崇高荣誉

1989年1月，国际科学技术协会主席致信中国驻美国大使韩叙，信中说：

> 中国著名科学家钱学森获1989年威拉德·小罗克韦尔技术杰出奖，钱学森的名字已正式列入《世界级科技与工程名人录》，并同时授予"国际理工研究所名誉成员"的称号，表彰他对火箭导弹技术、航天技术和系统工程理论做出的重大开拓性贡献。

"小罗克韦尔奖章"对中国大多数人来说相当陌生，它是世界上理工科学家所能获得的最高荣誉。"小罗克韦尔奖章"是国际理工研究所于1982年设立的一个奖项。奖章以第一位受奖人威拉德·W. F.小罗克韦尔先生的名字命名。

根据授奖章程规定，"小罗克韦尔奖章"的获得者，必须是国际理工界有极高声望的科学家，每次至多授予3位，同时入选《世界级工程、科学、技术名人录》，这是现代理工界最高荣誉等级。

与钱学森同时获此殊荣的，还有被称为"美国氢弹之父"的著名物理学家爱德华·泰勒博士和欧洲核研究理事会/欧洲粒子物理学研究实验所高级顾问、法国物理学家罗伯特·克拉皮施博士。

截至1989年，"小罗克韦尔奖章"共授予16位世界级科学家。钱学森是其中唯一的中国科学家。

1989年，钱学森获国际理工研究所授予的"小罗克韦尔奖"。这是他在国内领奖时的留影

1989年6月29日，国际技术与技术交流大会在美国纽约贾维茨会议中心召开，并举行"小罗克韦尔奖章"授奖仪式。钱学森没有去美国参加授奖仪式，而是由中国驻美大使韩叙代表钱学森领回了奖章和证书。

1989年8月3日，国防科工委和中国科协联合在国防科工委办公楼一间小型会议室里，为钱学森荣获"小罗克韦尔奖章"举行了一个简朴的座谈会。

原本有关方面想举办一个隆重热烈的仪式，祝贺钱学森荣获"小罗克韦尔奖章"，但被钱学森拒绝了。

在座谈会上，钱学森作了发自内心的讲话。这篇讲话被整理成一篇题为《一切成就归于党，归于集体》的文章，发表在8月26日的中央新闻媒体上。

钱学森在讲话中说：

不要强调获得此项奖励的16个人中我是唯一的中国人，要强调有一个我们"中国的人"。我不过是个代表就是了。我们取得的成

钱学森获得的"小罗克韦尔奖"奖章

钱学森获得的"世界级科技与工程名人"纪念章

就，是党和老一辈革命家正确领导和决策的结果，是广大知识分子和全国人民大力协同的结果。

这是钱学森真实的切身感受。他一直强调，国防科技事业特别是"两弹一星"工程，不是个人的力量所能铸就的，而是依靠党和国家的力量，依靠千百万人的集体力量。

座谈会后，《人民日报》于8月5日在第一版显著位置报道了钱学森获"小罗克韦尔奖章"的消息。

中共中央总书记江泽民、国务院总理李鹏获知钱学森荣获"小罗克韦尔奖章"后，于8月7日下午在中南海紫光阁亲切接见了钱学森，向他表示诚挚的祝贺与感谢。

1989年10月1日，中华人民共和国成立40周年。钱学森出席了晚上在北京天安门广场举行的联欢活动。在天安门城楼上，邓小平与钱学森亲切地进行了交谈。

这年岁末，一位友人特意书赠钱学森一帧"咏竹"条幅。条幅上写道：

未出土时先有节
待到凌云更虚心

钱学森十分欣赏这帧条幅，对友人说："这两句话把竹子的风骨概括得很深刻，应当成为我的座右铭。"

友人诚告钱学森："我送给您的不是座右铭，而是钱老您一生的写照。"

二

1991年，钱学森80高龄。

5月27日上午，中国科协第四届全国委员会第一次会议在北京召开。辞去中国科协主席的钱学森坐在主席台上，露出慈祥的笑容。

大会决定，授予钱学森、钱三强中国科协名誉主席称号。他们一位在航天领域做出了重大贡献，另一位在核技术领域做出了重大贡献。这两位

1991年5月27日，在中国科协第四次全国代表大会闭幕式上，中共中央政治局常委宋平（右）向钱学森颁发中国科协名誉主席荣誉证书

伟大的科学家同为钱氏家族，又都是共和国"两弹"工程的重要创建者，历史的巧合成为大家的美谈。

对钱学森为中华民族做出的巨大贡献，中国共产党和中国人民不会忘记，伟大的祖国更是不会忘记。

1991年10月14日，国务院、中央军委联合颁布一项命令，授予钱学森"国家杰出贡献科学家"荣誉称号。中央军委还同时授予钱学森一级英雄模范奖章。

授予钱学森为中国科协名誉主席的证书

这是中华人民共和国成立以来，第一次由国务院、中央军委向一位科学家授予国家级最高荣誉称号。

10月16日，国务院、中央军委以及国防科工委、国家科委、航空航天工业部、中国科学院、中国科协在北京人民大会堂举行隆重的授奖仪式。

1991年5月23日，中国科学技术协会第四次全国代表大会在北京科学会堂召开。图为钱学森与中国科学技术协会第三届书记处部分成员、特邀顾问在一起（从左至右依次为曹令中、刘恕、钱学森、高镇宁、高潮、鲍奕珊）

1991年10月16日，钱学森获"国家杰出贡献科学家"荣誉称号和"一级英模模范奖章"。图为钱学森与夫人蒋英在授奖仪式上

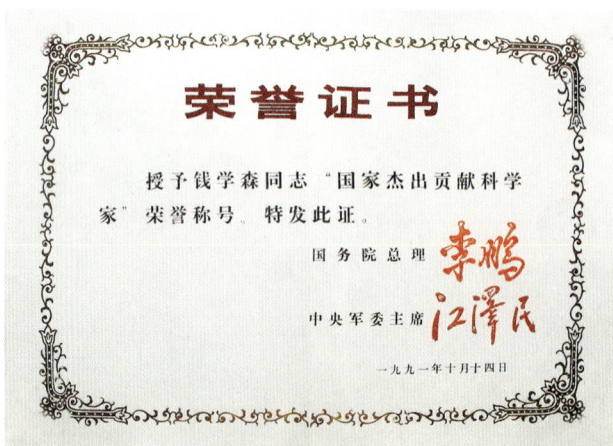

1991年10月16日，钱学森获得的"国家杰出贡献科学家"荣誉证书

1991年10月16日，中央军委授予钱学森的一级英雄模范奖章

三

在热烈欢庆的掌声中，钱学森站了起来。

置身在如此隆重的仪式里，面对如此崇高的荣誉，钱学森依然保持着慈祥谦和、淡定从容的洒脱。

他先是绕场一周，向出席授奖仪式的每位领导和科学家一一握手致谢。然后，他走到麦克风前。大家都为他激动，热烈的掌声再次献给了这位伟大的科学家。

钱学森没有准备讲稿。他说：

1991年10月16日，钱学森在授奖仪式上发表获奖感言

我这算不得讲话，只是想利用这个机会，表达一下自己的心意。

我所做的一切，都是在各位领导同志的正确领导和有效组织下，在同志们的帮助下才取得成功的。所以，我首先要感谢在座的各位老的领导、新的领导，没有你们的领导，我是做不成的。我还要感谢在座的曾经和我一起工作过的同志们，没有你们的帮助和支持，我也会一事无成。同时，我还要感谢今天在座的医务工作人员，因为几十年来，我能为党工作，身体健康，没有你们的精心照顾也是办不到的。我今天能站在这里讲话，头脑还清醒，那就是你们的功劳。

所以，刚才各位领导讲我钱学森如何如何，那都是千千万万人劳动的成果啊。我本人只是沧海之一粟，渺小得很。真正伟大的是中国人民，是中国共产党，是中华人民共和国！

……

最后，我要表达一下，在今天这么一个隆重的场合，我的心情到底怎么样。如果说老实话，应该承认我并不很激动。怎么回事？因为我这一辈子已经有了三次非常激动的时刻。

我第一次激动的时刻是在1955年，当时我到美国已经20年了。我到美国去，心里只有一个目标，就是要把科学技术学到手，而且要证明我们中国人可以赛过美国人，达到科学技术的高峰，这是我的志向。我跟美国的好朋友都不客气地说，虽然当时中国是个苦难的国家，我中国跟你美国不能比，但是我钱学森这个中国人论单个，人比人，就要跟你们比赛。那么后来呢，我师从全世界闻名的权威、工程力学和航空技术的权威冯·卡门。他是一位使我永远不能忘的恩师，他教我掌握了现代科学技术的观点和方法。到1955年夏天的时候，我被允许可以回国了。当我同蒋英带着幼儿园年纪的儿子、女儿去向我的老师告别时，手里拿着一本在美国刚出版的我写的《工程控制论》，还有一大本我讲物理力学的讲义。我把这两本东西送到冯·卡门手里，他翻了翻很有感慨地跟我说："你现在在学术上已经超过了我。"这个时候他已74岁了。我一听他这句话，激动极了，心想，我20年奋斗的目标，现在终于实现了。我钱学森在学术上超过了这么一位世界闻名的大权威，为中国人争了气，我激动极了。这是我有生以来第一次这么激动。

后来乘船回国，船经菲律宾的马尼拉时停下来，上来一位美联社的记者。这个记者头一句话就问我是不是共产党。我对这个家伙没好气，我说："共产党人是人类最崇高的人，我还够不上共产党员的资格呢！"那位记者见捞不到什么，灰溜溜地走了。但是，仅仅4年以后，在建国十周年的时候，我被接纳为中国共产党的党员。这个时候，我心情是非常激动的，我钱学森是一个中国共产党的党员了！我简直激动得睡不着觉。这是我第二次心情激动。

第三次心情激动，就在今年。今年，我看了今天在座的王任重同志写的《史来贺传》的"序"。在这个序里，他说中共中央组织部把雷锋、焦裕禄、王进喜、史来贺和钱学森这5个人，作为解放40年来在群众中享有崇高威望的共产党员的优秀代表。我看见这句话，才知道有这回事。我心情激动极了！我现在是劳动人民的一分子了，而且与劳动人民中最先进的分子连在一起了。

有了这三次激动，我今天倒不怎么激动了。今天不怎么激动也还有另一个道理，就是在刚才领导同志的讲话里，在聂荣臻同志的贺信里，他讲人民对我的工作是很满意的。我想，但愿如此。可是，我现在还没有到生命的最后一刻，到底我怎么样，还有待于将来吧。所以我想，我还要努力。

2008年1月19日，中共中央总书记、国家主席、中央军委主席胡锦涛来到钱学森家中，看望这位享誉世界的杰出科学家、中国航天事业的重要奠基人。

这年，钱学森已97岁高龄，卧养在床。胡锦涛坐在床边，与钱学森亲切交谈。

胡锦涛满怀深情地回忆起钱学森献身祖国科技事业的非凡历程。胡锦涛对钱学森说：新中国成立之初，您满怀爱国热情，冲破重重阻力，毅然回到祖国参加社会主义建设。回国后，您作为我国火箭、导弹和航天计划的技术领导人，精心组织攻关会战，为"两弹一星"事业的成功倾注了大量心血，建立了卓越功勋。从领导岗位退下来以后，您仍然关心国家现代化建设，关注科技事业发展。钱老为我国经济、科技、国防建设做出的突出贡献，党和人民永远不会忘记。

交谈中，胡锦涛又对钱学森说：您一直热心培养和提携年轻人，以自己的渊博学识和高尚品格，带出了一批优秀科学家，其中有的已成为我国科技事业的领军人才。

胡锦涛还谈起钱学森提出的系统工程理论：钱老，您在科学生涯中建树很多，我学了以后深受教益。上世纪80年代初，我在中央党校学习时，就读过您的有关报告。您这个理论强调，在处理复杂问题时一定要注意从整体上加以把握，统筹考虑各方面因素，这很有创见。现在我们强调科学发展，就是注重统筹兼顾，注重全面协调可持续发展。

随后，胡锦涛又来到钱学森的书房。看到靠墙的书柜里摆满古今中外各种图书，他对钱学森博览群书表示深深敬佩。

司马迁有句名言：高山仰止，景行行止。虽不能至，然心向往之。

这就是钱学森在人民群众中的人格魅力。

第三十八章　梦圆太空

—

载人航天工程可行性论证工作始于1986年制订的"863计划"，其主要内容是跟踪研究世界高新技术发展。在这个计划里，有一项内容就是论证中国如何发展载人航天技术。中央专委听取载人航天工程可行性论证工作汇报后认为，工程可行性论证有深度，是比较可靠的，并决定中国载人航天工程分三步走：

第一步，发射无人飞船和载人飞船，建成初步配套的试验性载人飞船工程，开展空间应用实验；

第二步，在第一艘载人飞船发射成功后，突破载人飞船和空间飞行器（如轨道舱）的交会对接技术，并利用载人飞船技术改装、发射一个空间实验室，解决有一定规模的、短期有人照料的空间应用问题；

第三步，建造空间站，解决有较大规模的、长期有人照料的空间应用问题。

1992年9月21日，中共中央政治局常委会议作出实施中国载人航天的

1992年，国防科工委下发的任命王永志为载人航天工程总设计师的通知

战略决策。1992年11月，中央军委正式任命国防科工委主任丁衡高为载人航天工程总指挥、王永志为载人航天工程总设计师。

任命王永志为载人航天工程总设计师，这与钱学森的大力举荐有关系。当年，王永志还是一名年轻军官时，因为在解决航天技术问题上敢于另辟蹊径，受到钱学森欣赏。此后，在钱学森的关怀下，王永志在航天领域显示了卓越才华，1986年12月15日被国务院任命为中国运载火箭技术研究院院长。

事实证明，钱学森的推荐是正确的。从1992年起，到中国第一位航天员上天，负责载人航天工程的中央领导和工程总指挥，因为工作、职务的变动，其间几经变化，但载人航天工程总设计师一职，王永志直到"神舟六号"飞行任务胜利完成后才卸任，共13年之久，保持了载人航天工程最高技术领导的连续性。钱学森后来对解放军总装备部领导说："我推荐王永志担任载人航天工程总设计师没错，此人年轻时就露出头角，他大胆逆向思维，和别人不一样。"

"长二捆"火箭是为发射"澳星"而研制的一枚新型大推力运载火箭。"澳星"是一颗由美国制造、澳大利亚拥有的大型地球同步轨道通信卫星。这是我国"长征"系列火箭发射外国大型卫星的一次具有里程碑意义的标志性事件。

1990年7月16日，"长征二号"大推力运载火箭进行首次发射试验，箭上装有一颗模拟"澳星"。发射试验获得圆满成功。

喜讯传来，钱学森喜不自禁，分别给中国运载火箭技术研究院院长王永志、"长征二号"大推力运载火箭总设计师王德臣写信致贺。在给王德臣的信中，钱学森写道：

我因年老体弱，近年已不太出头露面，所以也就不知世情。前几天我把一封给王永志同志的贺信，竟寄到一院去了！在那封信里，我向他并通过他向干"长二捆"的同志们表示我这样一个老兵的衷心祝贺！

昨读《发射"澳星"功臣外传》，知道两位老熟人您和于龙淮同志，还有陆阿宏师傅的事，深为感动！在此，我再一次向您三位表示衷心的祝贺……

对您，我尤为动情的是您对待奖罚的严肃态度，真了不起！不过，我也要向您建议，以后您再受重奖而感到不好处理时，请用一个比请大家吃一顿更有建设性的办法：把钱捐献给一项更有意义的事，如"希望工程"，或中国科学技术协会的"科学技术奖励基金"。

对于龙淮同志我也要道歉。这么多年来，我不知道他还是一位音乐家、艺术家！而我一直在提倡科学技术工作者要有文艺修养！将来他离休了，又可以在音乐领域大干一场了！

对陆阿宏师傅，我要表示敬意，他真不愧为中国工人阶级的一员！我也要请陆师傅代我问他老伴好，并表示我对她的敬意！

钱学森与普通战士在一起

这封来自一位航天战线的老兵、一位德高望重的伟大科学家的信，让中国航天人甚为感动。陆阿宏是火箭总装车间普通的老装配工人。当王德臣向他转达钱学森对他和他老伴的亲切问候时，陆阿宏好一阵没有说话。他没有想到，一直令他敬重的钱学森，居然能在信中向一位普通工人及其家人问好。半响，他才含着泪花说："谢谢钱老对我的关心！"并说，等忙过这一阵工作后，要向老伴和子女们好好讲讲钱学森。

但航天事业从来不是一帆风顺的。它既是高科技事业，也是高风险事业。

就在中国载人航天工程决定实施之前不久，1992年3月22日，"长征二号"大推力运载火箭首次发射"澳星"时，在点火指令发出后，火箭发动机发生意外故障，被紧急中止发射。

这次"澳星"发射，中国中央电视台向全国、全世界进行了实况转播。发射失利，给中国航天事业蒙上了一层阴影，也给中国航天人造成了巨大的压力。

此时此刻，钱学森又一次站了出来，为中国航天事业撑腰，为中国航天人打气。他向有关部门发表了自己的看法：

> 我还是那句老话，不要以为受到挫折便是坏事。科学家往往与百千万次的失败结为伴侣。不要以为鲜花、掌声、赞扬是科学家的生活，依我看，从事航天科技事业最不惧怕的应当是失败。因为，人类的航天事业正是在成功伴随着失败这合乎逻辑的规律中进取开拓的。

钱学森指出，这种失败首先是同火箭结构上的复杂性分不开的。一枚火箭由几百万甚至上千万个零件组合在一起，要使得火箭的可靠性达到99.999 9%，也就是说，抽取100亿个零件，不可靠的不能多于1个。如何达到这样的精确度？这是很难预料的。其次，人的因素更是复杂的原因，也更难以预料。1976年美国进行导弹试验时，由于操作员少拧了半圈螺丝，导致飞行失败；1980年法国的"阿丽亚娜"火箭第二次试飞时，由于操作员不慎，一枚非常小的异物堵塞了燃烧室喷嘴，导致发射失败；1989年美国用"法尔塔"火箭发射卫星时，由于加注人员疏忽，少加了26磅推进剂，导致两颗卫星未能进入预定轨道。

"长二捆"火箭首次发射"澳星"失利，也是由于类似的小事故造成的。经过总结失败教训，1992年8月14日，"澳星"再次发射，"长二捆"成功地将它送入了太空。一个月后，中国载人航天工程正式上马。

二

20世纪60年代初，就在我国研制第一颗人造卫星的时候，苏联和美国展开了载人航天的激烈竞争。1961年4月12日，苏联发射了世界上第一艘载人飞船——东方一号，加加林成为世界上第一个进入太空的人。1962年2月，美国不甘落后，成功实现了载人飞行。1969年7月16日，

1960年1月20日晚，为发射重型地球卫星，苏联成功地向太平洋地区发射了一枚多级火箭。次日晚，钱学森向新闻记者畅谈这次发射的重大意义

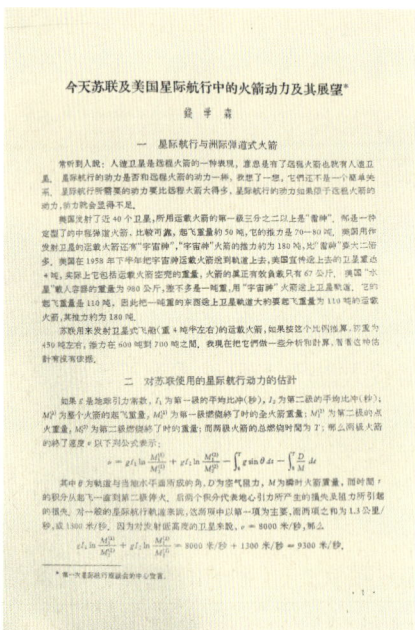

钱学森在首次星际航行座谈会上的讲稿《今天苏联及美国星际航行中的火箭动力及其展望》

美国"阿波罗11号"飞船正式进行载人登月飞行。

尽管有着如此明显的差距，载人航天也依然成为中国渴望追求的目标。中国有关部门把相关学科的专家组织起来，进行不定期的星际航行座谈会，为探索载人航天做准备工作。

1961年6月3日，第一次星际航行座谈会在中国科学院举行。主讲人是钱学森。他演讲的题目是《今天苏联及美国星际航行火箭动力及其展望》。钱学森几乎是一口气讲了两个多小时，听讲的专家们也自始至终处于亢奋之中。

星际航行座谈会前前后后历时3年，共举办了12次，钱学森每次都参加讨论。他从空气动力学、气体热力学、工程控制、喷气技术及数学和物理学等多个方面，提出了许多重要的见解和主张。用钱学森的话说："先把载人航天的锣鼓敲起来。"

1964年7月19日，在钱学森的领导和关怀下，我国第一枚生物火箭在安徽广德发射升空。箭上带有8只白鼠。这是中国第一次进行生物试验飞行。

1966年7月15日，一枚装有小狗的生物火箭再次在广德发射升空。这条小公狗名叫"小豹"。火箭在70公里高空弹出回收舱，"小豹"安全返回地面。

1966年7月28日，生物火箭又将一条名叫"珊珊"的小母狗送上了高空，同样凯旋。"小豹"和"珊珊"成为当时中国的"动物明星"。它们被运往北京时，受到了英雄般的欢迎。中国科学院院长郭沫若、中国科学院党组书记兼常务副院长张劲夫在著名生物学家贝时璋陪同下，"接见"了"小豹"和"珊珊"。

生物火箭先后进行了9批次24次高空科学飞行试验。钱学森也曾亲临现场进行指导。生物火箭试验获得成功后，钱学森曾以国防部五院的名义，致函中国科学院祝贺。国防部五院和中国科学院都是钱学森为之倾尽心力工作过的地方。

而与此同时，1966年3月，国防科委召开了一次严格保密的内部会议。航天部门及相关方面的科学家，经过20多天的讨论研究，制定了一项中国载人航天以及研制宇宙飞船的发展规划。

周恩来总理亲自听取了这项发展规划的汇报，指出：我国在研制人造地球卫星的同时，宇宙飞船的研制工作也应该逐步开展起来。

火箭发射前对小狗进行生理测试

三

1968年2月20日，中央军委决定成立中国空间技术研究院，由国防科委直接领导，列入军队编制。钱学森兼任第一任院长。

空间技术研究院最初拟订的名称就叫"人造卫星宇宙飞船研究院"，并在研究院总体设计部里设立了飞船总体室，但最后这个名称没有被上级采纳。应该说，空间技术研究院的名称更规范、更科学、更全面。"人造卫星宇宙飞船研究院"的名称，虽然很直接、很具体，但显得狭窄了些。不过从中可以看出，当时人造卫星和宇宙飞船是齐头并进的两大航天任务。

1968年4月1日，在钱学森的建议和主持下，成立了中国空间技术研究院第507研究所。第507研究所由军事医学科学院航空医学研究所、中国科学院生物物理所从事宇宙生物研究的三个研究室、中国医学科学院实验医学研究所宇宙医学专业组合并而成，并吸纳了其他相关部门的研究人员。这就是后来担任中国载人航天工程航天员系统工作的北京航天医学工程研究所，即今天的中国航天员科研训练中心。钱学森的这一举措，把原先从事航天工程医学研究的分散力量集中了起来，并使医学与工程技术人员结合在一起，为我国载人航天事业打下了基础。

新成立的中国空间技术研究院在院长钱学森的领导下，对载人飞船总体方案进行预先研究，并把第一艘飞船命名为"曙光一号"。

507所命名大会会场

1970年7月14日，毛泽东主席圈阅了发展载人飞船的报告；第二年4月，代号为"714工程"的中国载人航天工程全面启动。中国的宇宙飞船被命名为"曙光一号"，根据方案，这艘以返回式卫星为基础设计而成的飞船为两舱结构，计划于1973年底发射升空。为了早日迎接这道"曙光"，科学家们做了大量工作。他们做了许多防热材料和大型试验，制定了技术方案，做出了载人飞船的全尺寸模型、飞船运输车和航天员食品。一切都在紧张有序地进行，然而，由于其后国家政治形势、经济实力等因素制约，"曙光一号"最终尘封在档案中。1975年3月，国防科委正式宣布载人飞船工程下马。

载人航天工程虽然暂时停了下来，但前期所做的各项预研工作，在人才和技术上为未来做了储备。载人航天的某些探索性工作也并没有完

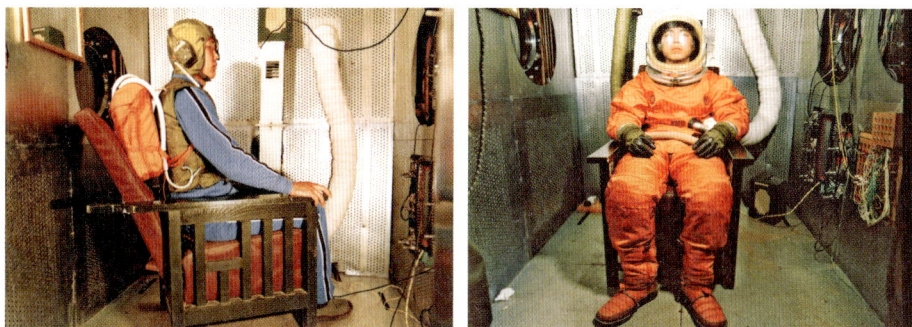

在钱学森的指导下，507所科研人员解决了生命保障系统和航天服研制中的一些技术难题

全停下来，第507所归属国防科委后，继续在进行航天医学工程方面的开创性研究。而运载火箭和人造地球卫星的研制，在钱学森的领导下，继续扎实地前行，这也为载人航天工程的重新上马积蓄了力量。

四

1986年，在讨论"863"高技术研究发展计划过程中，载人航天工程又重新被提了出来，并被列为国家重点发展项目。

1987年4月，"863计划"载人航天专家委员会经过对国内外情况的一番调研后，在航天工业部、航空工业部系统进行了"关于大型运载火箭及天地往返运输系统的概念研究和可行性论证"的内部大讨论，共提出了5种方案，其中4种都是选择航天飞机，只有1种是选择飞船。

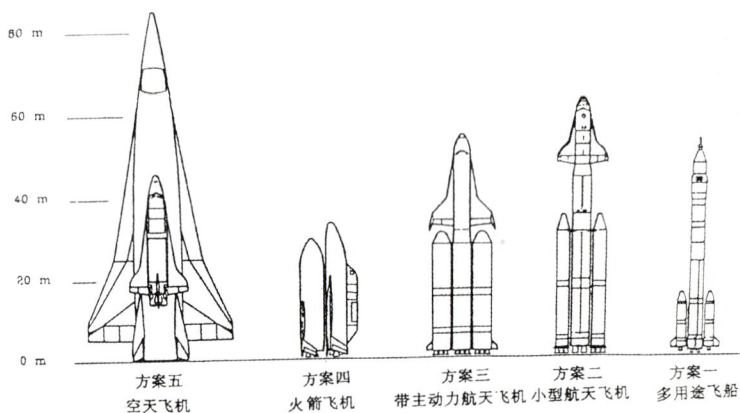

◎论证中的方案草图

天地往返运输系统方案论证中的5个方案草图

发展可重复使用的航天飞机，当然是代表了国际载人航天发展的潮流，起点高，技术新，能使我国航天技术向国际先进水平更跨进一步。但难度是显而易见的，它首先涉及航空技术和航天技术。中国尚不能研制大飞机，更何况是航天飞机呢！而飞船在美国、苏联起步并经过20多年的使用，技术比较成熟，且技术难度较小，经费较低。

1988年7月，100多位航天专家聚集哈尔滨，对这5种方案进行综合与比较。大家更倾向的还是发展航天飞机。1989年8月，中国火箭技术研究院高技术论证组致函国家航天领导小组办公室，认为"航天飞机方案"优于"飞船方案"。理由是载人飞船作为天地往返运输手段已经处于衰退阶段，航天飞机可重复使用，代表了国际航天发展潮流，中国的载人航天应当有一个高起点。

当时，国家航天领导小组办公室准备据此向中央写报告。在报告呈交中央前，他们先呈送给了钱学森征求意见。

对载人航天论证工作中出现的不同意见，钱学森早已耳闻，但因为退居二线了，没有公开发表自己的意见。现在组织上征求他的意见，他在报告上写下了至关重要的一句话：应将飞船方案也报中央。

这句话实际上表达了钱学森的意见：中国载人航天应该从发展飞船开始。钱学森主张先发展飞船，道理其实很简单，这符合中国的国情。

参加载人航天论证工作的王永志说，论证初期，他也主张采用火箭发射航天飞机的方案，认为中国航天技术落后国外多年，应该采取较高的起点。但经过认真思考，王永志认为要在较短时间里实现载人航天飞行，采用难度稍低、起步较快、涉及领域较少、便于组织实施的飞船方案更为有利。此后，经过反复论证和研究，"从飞船起步"的思想被越来越多的专家和领导接受，达成了共识。

1990年，载人航天概念论证阶段综合报告最后定稿，并上报中央专委。该报告认为，中国是个大国，像载人航天这样的高技术，中国不能不干；同时，中国也是个发展中国家，也不能大干特干。据此，报告提出：

> 以飞船起步，完成突破载人航天基本技术，进行空间对地观测、空间科学及技术实验，提供初期的天地往返运输器，为载人空间站

工程大系统积累经验等四项基本任务后，建设空间站，未来要研制单级入轨、可完全重复使用的载人航天器。

这就是说，先从飞船起步，突破载人航天基本技术，条件成熟后再发展航天飞机。

中国载人航天的这个基本方针被中央专委认可。1992年1月8日，中央专委召开会议专门研究发展载人航天问题。会议决定：从政治、经济、科技、军事等诸多方面考虑，立即发展我国载人航天是必要的。我国发展载人航天，要从载人飞船起步。

于是，才有了1992年9月21日中共中央政治局常委会议关于发展载人航天的历史性决定。

其实，对航天飞机，钱学森并不陌生。早在1949年，他在美国就率先提出了"火箭客机"的设想，并在1950年2月的一次学术演讲中，对"火箭客机"作了具体、生动的描述。这种把火箭与飞机结合起来的"火箭客机"，也就是后来的航天飞机。

2008年1月，美国《航空》杂志上登载了一篇题为《钱学森为中国太空事业奠基》的文章。文章里这样写道：

> 1949年，钱阐述了他关于太空飞机的想法——一个有翅膀的火箭——被确认为是20世纪50年代晚期的戴那·索尔项目——太空飞梭之祖——的灵感来源。

航天飞机是中国的译名，提出者就是钱学森。国外一般用宇航来表述太空飞行。钱学森认为这样的表述不是很科学，宇航应该是星球之间的飞行，太空飞行应该称为航天更科学，是航空的延伸。因此，我国把宇航员称为航天员。

当然，中国的载人航天从飞船起步，并不是从苏联和美国初期研制的飞船起步。

1992年，中国开始实施载人航天工程。按照研制计划，用10年的时间发射载人飞船。而到那时，苏联第一位航天员已经上天41年了，美国第一位航天员已经上天40年了。载人航天工程总设计师王永志曾说："加加林40年前就上天了，全世界都轰动。如果我们40年后再搞出一个同加加林乘坐的飞船差不多水平的东西，我们还能有激情吗？"王永志和载人航天工程的研制者们给自己出了一道难题：怎样才能在人家的飞船上天40年之后，制造出还能让中国人民感到自豪、让世界感到震惊的中国飞船？

经过反复讨论和论证，大家统一了思想：中国制造的飞船要与世界上最先进的俄罗斯"联盟TM"飞船水平相当。"联盟TM"飞船是当时刚问世不久的第三代最先进的飞船。该飞船由推进舱、返回舱和生活舱三部分组成。与第一代飞船"东方"号和第二代飞船"上升"号以及"联盟"号前两个型号相比，多了一个生活舱。飞船入轨以后，航天员可以解开身上的各种束缚带，到生活舱里自由活动。同时，"联盟TM"飞船的生活舱前部，还有一个对接机构，可以和空间站对接，成为天地间的运输工具。

对中国飞船是否一起步就追赶世界上最先进的飞船，搞三舱方案，开始，专家们的意见也不一致。有的专家认为，瞄准"联盟"号前两个型号，先搞个两舱方案，这也是第三代飞船，不算落后；而且，两舱比三舱简单、保险，制造起来也容易得多。而大多数专家认为，中国飞船应该一步到位，坚信中国航天界有这个能力。最后，三舱方案的"神舟"飞船被通过了。

向世界最先进的飞船看齐，也并不是依葫芦画瓢。中国飞船要有中国特色。

王永志介绍，中国飞船突出了空间应用。"联盟TM"飞船的生活舱、推进舱和返回舱一起返回，在返回过程中，生活舱、推进舱先后与返回舱分离，在大气层被烧毁。而在"神舟"飞船的研制中，我国的科研人员把"联盟TM"飞船的生活舱，设计成了多功能的轨道舱。"神舟"飞船在轨飞行期间，它既是航天员的生活舱，也是进行科学实验的工作舱。"神舟"飞船返回时，轨道舱首先分离，继续在轨道上飞行半年，用它做科学实验。很多空间应用和研究项目都在轨道舱里，等于发射了一颗科学试验卫星。同时，让轨道舱留在轨道上进行飞行，也是为下一步的太空交会对接，以及空间站的研制，做技术准备。

王永志形象地说，我们的飞船从起步，就考虑到和后面的载人航天工程相衔接。我们迈出左脚，不仅仅是为了向前跨进半米，同时也是为向前迈出右脚找到一个支点，缩短追赶40年差距的时间。

1999年11月20日，中国第一艘飞船——"神舟一号"发射升空，经过21小时的太空飞行，成功返回地面。它标志着中国在载人航天飞行技术上实现了重大突破。

"神舟一号"发射成功后不久，正是钱学森的88岁生日。王永志带上一个"神舟一号"模型和一张贺卡去看望钱学森。钱学森的夫人蒋英后来告诉王永志，钱老将"神舟一号"模型摆在书柜最显眼的位置，每天醒来总是看不够。钱学森告诉蒋英："这件礼物我最喜爱！"

"神舟"飞船是中国飞船。2001年，俄罗斯举行加加林上天40周年庆祝活动，王永志应邀前往参加。在其中一项活动中，王永志介绍了中国载人航天工程的特点。在此之前，俄罗斯国内有人在报上发表文章，说中国的"神舟"号与他们的"联盟"号一样。听完王永志的介绍后，主持这项活动的俄罗斯"联盟"号总设计师米申院士大声说："你们都听

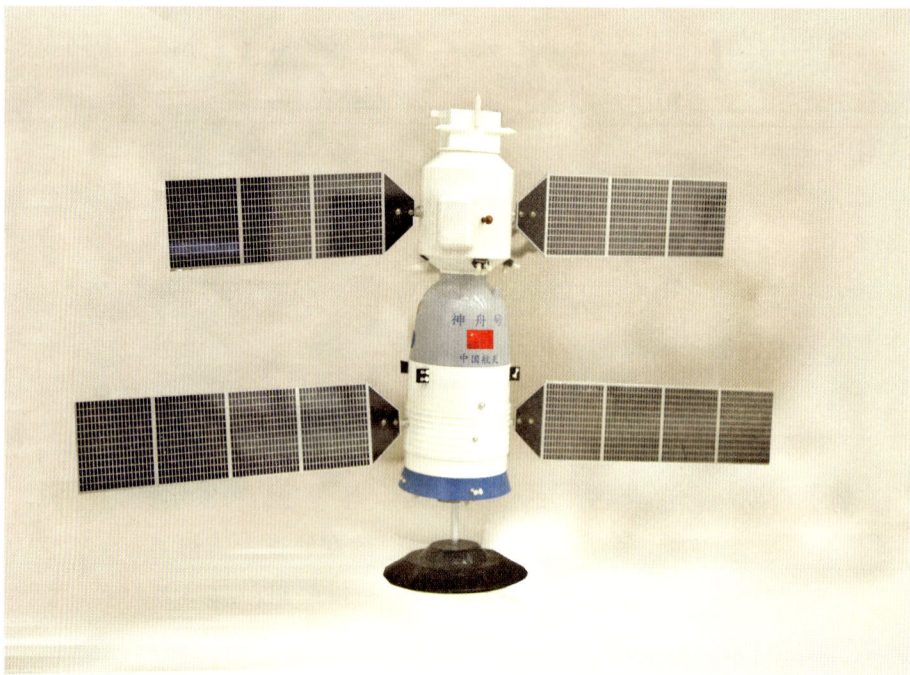

1999年12月，王永志送给钱学森祝贺其88岁寿辰的生日礼物——"神舟一号"飞船模型

2001年，王永志夫妇祝贺钱老90大寿

2004年元宵节，王永志（右一）和中国首飞航天员杨利伟看望钱学森

人民日报 号外

2003年10月16日 星期四 http://www.peopledaily.com.cn

航天员杨利伟安全着陆
我国首次载人航天飞行圆满成功
中国成为第三个有能力将航天员送上太空的国家

圆满成功

钱学森、王永志、杨利伟签名的《人民日报》号外

到了吧？中国飞船不是'联盟'号，中国飞船就是中国飞船！"

2003年10月15日，中国成功发射"神舟五号"飞船，杨利伟成为中国第一位进入太空的航天员。

2003年10月16日，92岁的钱学森用颤抖的手，写下了："热烈祝贺神舟五号发射成功，向新一代航天人致敬！"从太空归来不久，杨利伟随载人航天工程领导一起去看望钱学森。当杨利伟向这位中国航天事业的奠基人致敬时，半躺在床上的钱学森，连连拱手致谢，脸上露出了欣慰的笑容。他说："你们现在干成功的事情比我干的要复杂，所以说，你们已经超过我了！祝贺你们。"

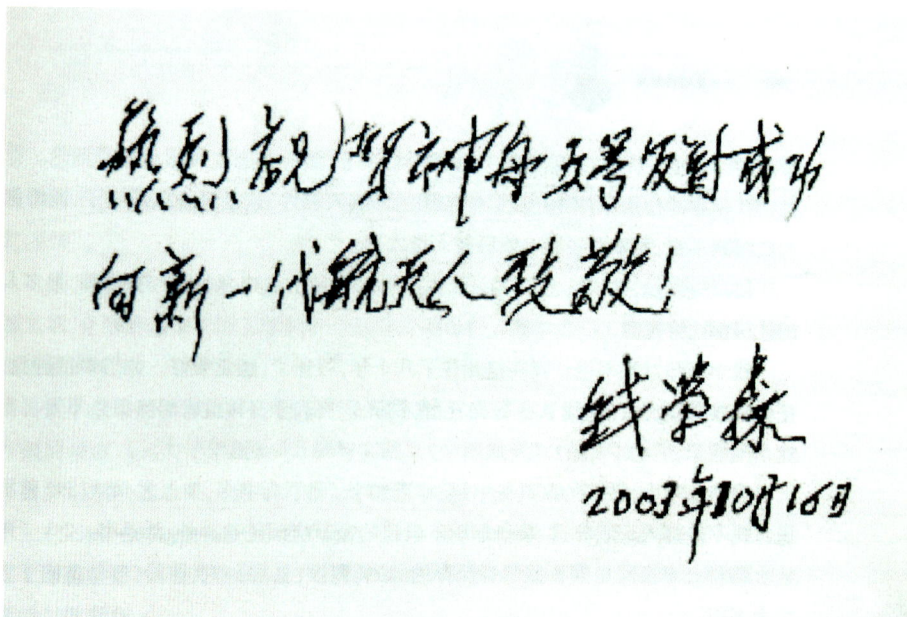

"神舟五号"飞船发射成功后，92岁高龄的钱学森亲笔写的贺词

2006年1月10日，杨利伟、费俊龙、聂海胜看望钱学森

507所后来更名为航天医学工程研究所，现已发展成为中国航天员科研训练中心，简称"中国航天员中心"

第三十九章　大师之问

——

2005年7月29日，国务院总理温家宝看望因病住院的钱学森。
94岁高龄的钱学森，说话虽然略显含糊，但思维依然非常清晰。
温家宝深情地对钱学森说：

十五六年前，我就和您在一起共事。我昨天翻看了一下当年的日记本。15年前，我到您办公室谈科技工作，还有您的几句话记在本子上。您说，社会是一个大系统工程，不仅要有物质文明、精神文明，还要有政治文明。另外，您还讲应该有个地理系统。您还记得吧？那一天是7月3日。

钱学森听后频频点头。温家宝又说：

您说，我国的科技体制有自己的特点，科技部是政府部门，中科院是事业单位、科研单位，中国科协是科技工作者之家。这种特点是其他国家没有的。所以您非常重视科学家的作用。

接着，两人回忆起当年搞"两弹一星"的往事。温家宝告诉钱学森：

现在，我们也像上世纪50年代那样正在组织制定新一轮科技发展规划，确定了重点领域、关键技术，还确定了十几项重大专项。这些专项分布领域比较广，涉及信息科学、生命科学、先进制造业、空间科学等。像航天飞行、绕月探测，都要继续进行下去。我们还确定了未来15年科技工作的指导方针。这就是自主创新，重点跨越，支撑发展，引领未来。这个规划正在全国论证，我们将像过去一样集中力量、发挥优势，攻克这些重大的课题。其中，就有很多您关心的航天项目。

钱学森欣慰地笑了，思维敏捷地对温家宝说：

您说的我都同意，但还缺一个。我要补充一个教育问题，培养具有创新能力的人才问题。一个有科学创新能力的人不但要有科学知识，还要有文化艺术修养。没有这些是不行的。小时候，我父亲就是这样对我进行教育和培养的，他让我学理科，同时又送我去学绘画和音乐。就是把科学和文化艺术结合起来。我觉得艺术上的修养对我后来的科学工作很重要，它开拓科学创新思维。现在，我要宣传这个观点。

温家宝赞同地点头说：

您讲的很重要。像您这样的老一代科学家不仅科学知识渊博，而且文艺修养也很高。李四光先生就会谱曲，您也是一样。可能就是艺术方面的修养，使您的思想更开阔。而现在学理工的往往只钻研理工，对文学艺术懂得很少，这不利于全面发展。

钱学森的神情显得沉重起来，他坦诚地对温家宝说：

现在中国没有完全发展起来，一个重要原因是没有一所大学能够按照培养科学技术发明创造人才的模式去办学，没有自己独特的创新的东西，老是"冒"不出杰出人才。这是很大的问题。

钱学森提出的这个"很大的问题",之后,被国人称为"钱学森之问"。"钱学森之问"在我国教育界引起了强烈反响,在教师和学生中间也引起了广泛的讨论。

2005年3月,年老体衰的钱学森因病在解放军总医院住院治疗。住院期间,钱学森依然保持每天看报的习惯。那时,《参考消息》连续两天介绍了美国加州理工学院的情况。这是钱学森在美国的母校。文章勾起了钱学森对往事的回忆:在这所世界顶级的大学里,有着非常民主而又活跃的学术风气,鼓励创新,倡导科学与艺术的结合,培养了许许多多大师级的科学人才。钱学森就是从这里走出来的。

3月29日,他对陪伴身边的儿子钱永刚说,你把涂元季秘书叫来,我有话说。

涂元季到后,记下了钱学森如下的话:

> 今天找你们来,想和你们说说我近来思考的一个问题,即人才培养问题。我想说的不是一般人才的培养问题,而是科技创新人才的培养问题。我认为这是我们国家长远发展的一个大问题。

> 今天党和国家都很重视科技创新问题,投了不少钱搞什么"创新工程""创新计划"等等,这是必要的。但我觉得更重要的是要有具备创新思想的人才。问题在于中国还没有一所大学能够按照培养科学技术发明创造人才的模式去办学,都是些人云亦云,一般化的,没有自己独特的创新东西,受封建思想的影响,一直是这个样子。我看这是中国当前的一个很大的问题。

> 最近我读《参考消息》,看到上面讲美国加州理工学院的情况。这使我想起我在美国加州理工学院所受的教育。

> 我是上世纪30年代去美国的,开始在麻省理工学院学习。麻省理工学院在当时也算是鼎鼎大名了,但我觉得没什么,一年就把硕士学位拿下了,成绩还拔尖。其实这一年并没有学到什么创新的东西,很一般化。后来我转到加州理工学院,一下子就感觉到它和麻省理工学院很不一样,创新的学风弥漫在整个校园,可以说整个学校的一个精神就是创新……

今天我们办学，一定要有加州理工学院的那种科技创新精神，培养会动脑筋、具有非凡创造能力的人才。我回国这么多年，感到中国还没有一所这样的学校，都是些一般的，别人说过的才说，没有说过的就不敢说，这样是培养不出顶尖帅才的。我们国家应该解决这个问题。你是不是真正的创新，就看是不是敢于研究别人没有研究过的科学前沿问题。而不是别人已经说过的东西，我们知道；没有说过的东西，我们就不知道。所谓优秀学生就是要有创新，没有创新，死记硬背，考试成绩再好也不是优秀学生。

1978年8月，钱学森与参加北京航空学院（今北京航空航天大学）举办的全国青少年航空夏令营的同学们在一起

我在加州理工学院接受的就是这样的教育，这是我感受最深的。回国以后，我觉得国家对我很重视，但是社会主义建设需要有更多的钱学森，国家才会有大的发展。

我说了这么多，就是想告诉大家，我们要向加州理工学院学习，学习它的科学创新精神。我们中国学生到加州理工学院学习的，回国以后都发挥了很好的作用。所有在那儿学习过的人都受它创新精

钱学森使用过的照相机

钱学森在美国的摄影作品

钱学森家中使用过的音响、电唱机和留声机

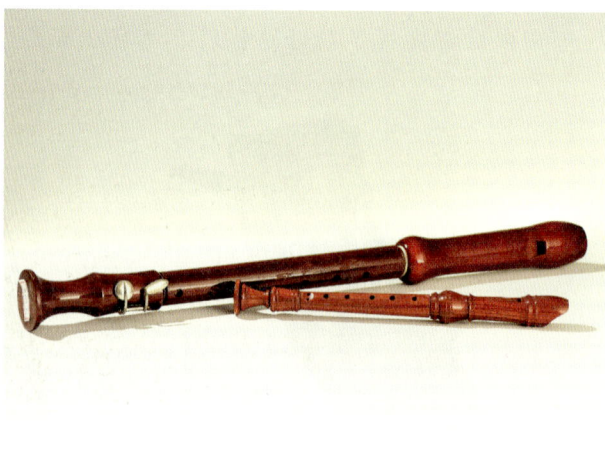

钱学森家中的乐器

神的熏陶，知道不创新不行。我们不能人云亦云，这不是科学精神，科学精神最重要的就是创新。

我今年已90多岁了，想到中国长远发展的事情，忧虑的就是这一点。

4个月之后，钱学森就把这个想法告诉了温家宝总理，提出了"钱学森之问"。

2007年8月3日，温家宝总理再次去看望钱学森。见到温总理，钱学森再次提及杰出人才的培养问题。

温家宝说："你讲的话我都记住了。"并告诉钱学森："我每到一个学校，都和老师、同学们讲，搞科学的要学点文学艺术，对启发思路有好处。学校和科研院所都很重视这个观点，都朝这个方向努力……您这次讲得比上次又要深一些。我们要超过发达国家，就要在科学和艺术的结合上下功夫；就要重视教学的综合性，培养复合型人才和领军人物。只要坚持下去，一年看不出效果，几年后总会有效果。"

其实，对培养杰出人才，钱学森在领导国防科技工作时期就非常重视。王永志回忆说：

钱老关心人才培养是一贯的。1955年回国后，他在很多场合表示个人力量是有限的，主要是培养更多的年轻人才，我在他领导下工作感同身受。他在"文化大革命"前就提出："我们不但要造就科技将才，更要培养科技帅才。"他老人家指的将才是科技骨干，而帅才则是在前沿学科领域的领军人物。虽然现在人才辈出，但钱老感觉到我们在国际上出类拔萃的人才还不是很多。

一位华裔教授曾和钱学森探讨教育问题。教授说，在中国，你们所谓的好孩子，在我们美国是最笨的孩子。你们的孩子，爸爸、妈妈就问"你们考得如何"。而美国的爸爸、妈妈问孩子，总是说，你在班里有没有提出什么冒尖的问题，也就是鼓励创造性思维。

对此，钱学森很有同感。他说，现在的学生对知识没有兴趣，老师教到什么程度，学生就学到什么程度，这样的教育是不行的。教材不是主要的，主要是老师。他举自己为例，在美国读大学时，研究应用力学，也就是说，用数学计算来解决工程上的复杂问题，数学系搞纯粹数学的人偏偏瞧不起这些应用数学家。两个学派常常在一起辩论，各贴海报办讲座，结果是两种讲座都受大家欢迎。

钱学森于是就问：今天的大学能做到这样吗？大家见面客客气气，学术讨论活跃不起来。怎么能够培养创新人才？更不用说大师级人才了。年轻人与老师的观点不一样，就非常难办了，老师甚至会不让学生毕业。

2007年12月11日，是钱学森96岁华诞。

12月10日，科技日报社举行"学习钱学森创新思想，培养科技领军人才"座谈会，以此形式为钱学森祝寿。

钱学森没有参加这项活动，只派了秘书涂元季前往。钱学森向来不赞成举办对自己的祝寿活动，更不同意大肆操办了。对科技日报社举办的这次讨论会形式的祝寿活动，钱学森破例认可了，但他让秘书向与会人员传话："向我学习，我不敢当。但培养科技领军人才是一件关系国家长远的大事，希望会议开得成功。"

培养创新型杰出人才的"钱学森之问"，体现了钱学森作为人民科学家的远见卓识和赤子情怀。

二

熟悉钱学森的人都知道，钱学森在提出问题的同时，往往对如何解决问题，已经有了深刻的思考和独特的见解。

早在1991年6月18日，钱学森刚卸任第三届中国科协主席不久，就给新当选的第四届中国科协主席、时任国防科工委科技委主任的著名核物理学家朱光亚写信，谈了他对培养科技帅才和进行现代高等教育改革的想法。在信中，他首先对100多年来的世界理工教育作了高度概括。他写道：

> 回顾一百多年来科技高等教育的历史，在上个世纪下半叶开始了正式的工程师教育体制，即培育有科学基础的工程师，大学四年

是头两年学数理化，后两年学工程技术；典型的是美国MIT（即麻省理工学院——作者注）的学制。这是理工分院设专业的。直到本世纪30年代这套学制是公认的，也很成功。

但到了30年代以后，由于科学技术的迅速发展，新技术需要更高的基础科

1991年5月，中国科协第四次全国代表大会期间，钱学森在人民大会堂与朱光亚交谈

学知识，进行新技术开发的科技人员要有自然科学和工程技术两方面的工作能力。由此出现了美国CIT（即加州理工学院——作者注）的学制，理工结合，重点培养博士生。现在这个体制也已在全世界推广，在我国也纷纷设置"理工大学"。

之后，钱学森结合我国高等教育实际，在信中提出：

为了迎接二十一世纪社会主义中国建设的需要，我想有必要考虑在MIT的时代及CIT的时代之后，再创造一个高等教育的新时代：培养科学技术帅才的时代。不但理工要结合，要理工加社会科学。

钱学森在这封信里，提出了他的教育思想：高等教育不仅要理、工结合，还要理、工、文结合。这是钱学森深有获益的感受。

1999年7月10日，中央音乐学院隆重举行艺术与科学——纪念蒋英教授执教40周年教学研讨会。

钱学森亲自写了一个书面发言，让女儿在会上宣读。信中说：

我和蒋英结婚已52年了，这真是不平静的52年！在美国那段时间的风风雨雨不说，单就新中国的成立、抗美援朝、国内建设几

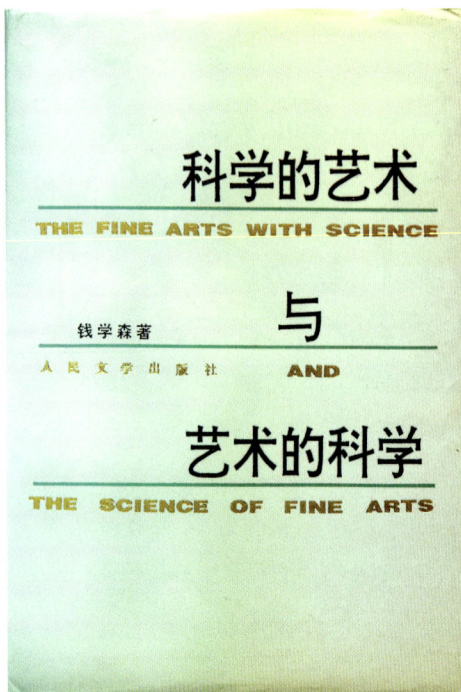

钱学森出版于1994年的著作《科学的艺术与艺术的科学》，该书英译名由蒋英拟定

钱学森所作《艺术与科学——在纪念蒋英教授执教40周年教学研讨会上的发言》发表于2000年1月《人民音乐》

个五年计划、中国研制"两弹一星"的成功、"文化大革命"、改革开放等等而言，在中国共产党和三代领导人的领导之下，新中国的面貌真是发生了翻天覆地的变化，令人感叹奋发！而在这段时间里，蒋英和我则在完全不同的领域工作：蒋英在声乐表演及教学领域耕耘，而我则在火箭、卫星的研制发射方面工作——她在艺术，我在科技。但我在这里特别要向同志们说明：蒋英对我的工作有很大的帮助和启示，这实际上是文艺对科学思维的启示和开拓！在我对一件工作遇到困难而百思不得其解的时候，往往是蒋英的歌声使我豁然开朗，得到启示。这就是艺术对科技的促进作用。至于反过来，科技对艺术的促进作用，那是明显的——如电影、电视等。

　　总之，在纪念蒋英教授执教40周年之际，我钱学森要强调的一点，就是文艺与科技的相互作用。

348

　　把文学艺术和科学技术作为一个相互关联、相互作用的整体来考虑，是钱学森的创新思维。

　　钱学森认为，艺术与科学一样，来源于现实生活，反映客观世界，积极影响人们的思维与认识，又反作用于改造客观世界的实践活动。

　　钱学森说："我们对事物的认识，最后目标是对其整体及内涵（包括质与量）都充分理解。"科学与艺术作为认识世界和改造世界的学问，其目标是统一的。科学与艺术是从不同视角、不同侧面，以不同手法去探索世界的奥秘，揭示事物的真理。

　　他借鉴老哲学家熊十力把人的智慧分为"性智"和"量智"的观点，加以辩证唯物主义的解释和发挥。

　　钱学森认为，文艺创作、文艺理论、美学以及各种文艺活动属于"性智"，自然科学、数学科学、系统科学等科学部门属于"量智"。"性智"和"量智"之间又相互促进、密不可分。"量智"侧重在科学技术方面，是研究事物从局部到整体、从量变到质变所获得的知识，并掌握其

1987年，钱学森夫妇在联邦德国黑山风景区留影

1993年12月11日，钱学森82岁生日时与夫人蒋英合影

"度"；"性智"侧重在文化艺术方面，主要是从整体的、形象的感受上，从事物的"质"上入手，去认识事物的本质与规律所获得的成果和知识。钱学森十分重视"性智"的培养，他强调说："大科学家尤其要有'性智'。"

1995年11月，钱学森在给南京大学中文系一位青年博士后的信中，对科学与艺术相结合的思维过程，作了具体而精彩的分析。他说：

> 从思维科学的角度看，科学工作总是从一个猜想开始的，然后才是科学论证。换言之，科学工作是源于形象思维，终于逻辑思维。形象思维是源于艺术，所以科学工作是先艺术，后才是科学。相反，艺术工作必须对事物有个科学的认识，然后才是艺术创作。在过去，人们总是只看到后一半，所以把科学与艺术分了家，而其实是分不了家的。科学需要艺术，艺术也需要科学。

由此出发，钱学森经常说：科学家应该学点艺术，艺术家也应该学点科学。

三

1989年《教育研究》第7期上，刊载过钱学森撰写的一篇题为《要为21世纪的社会主义中国设计我们的教育事业》的文章。钱学森在文章一开头就写道：

　　1984年我写过一篇关于教育的文字，认为我们应该在马克思主义哲学的指导下，认真总结我国教育事业半个多世纪以来的成功经验和失败教训，并参考现代教育科学的理论，找出一条符合我国国情的办教育的道路。但我在那时仅仅看到本世纪末，只提出了一个轮廓的图案。虽说那也是为了21世纪的社会主义中国，可又没有具体指出哪些才是21世纪我国教育所需要的。

　　为了寻找到一条符合中国国情的办教育的道路，钱学森费尽心智，通过对教育改革的进一步思考和不断深化，在晚年的时候，系统地提出了"大成智慧学"这一崭新的现代教育思想和教育模式。

　　大成智慧学强调以马克思主义的辩证唯物论为指导，利

晚年钱学森

用现代信息技术和网络、人—机结合、以人为主的方式，集古今中外有关经验、知识、智慧之大成，科学而创造性地去解决各种复杂问题。钱学森把它英译为：Theory of meta-synthetic wisdom utilizing information network structured with Marxist theory。

　　钱学森认为，现代科学技术不单是研究一个个事物、一个个现象，而且是研究这些事物、现象发展变化的过程，研究这些事物、现象相互之间的关系。今天，现代科学技术已经成为一个很严密的、综合起来的体系，这是现代科学技术的一个重要特点。因此，要进行社会主义建设、改造客观世界，就必须运用人类通过实践认识客观世界所积累的知识。用钱学森的话说，就是"必集大成，才能得智慧"。

　　在此基础上，钱学森提出了"大成智慧教育"的设想。

　　大成智慧的核心是科学技术与哲学的结合。钱学森说：我宣传的大成智慧学，"就在于微观与宏观、整体（形象）思维与细部组装向整体（逻辑）思维合用；既不只谈哲学，也不只谈科学；而是把哲学和科学技

术统一结合起来。哲学要指导科学，哲学也来自科学技术的提炼"。

钱学森认为，21世纪培养出来的大学硕士，应该是具有大成智慧的硕士，具体表现为：① 熟悉科学技术的体系，熟悉马克思主义哲学；② 理、工、文、艺结合，有智慧；③ 熟悉信息网络，善于用电子计算机处理知识。

钱学森说："这样的人是全才。我们从西方文艺复兴时期的全才伟人，走到19世纪中叶的理、工、文、艺分家的专家教育，再走到20世纪40年代的理、工结合加文、艺的教育体制，再走到今天的理、工、文（理、工加社科）结合的萌芽。21世纪，我们又回到像西方文艺复兴的全才了，但有一个不同：21世纪的全才并不否定专家。只是他，这位全才，大约只需一个星期的学习和锻炼就可从一个专业转入另一个不同的专业。这是全与专的辩证统一。"

钱学森说的西方文艺复兴时期，处于欧洲14至16世纪。这个时期的文艺复兴，同时也是科学的伟大复兴。它把人们从上千年的封建枷锁和神学的桎梏中解放出来，使人重新认识了世界，认识了人自身。因而，给人们无穷的力量和勇气，为人类才能和智慧的发挥开辟了广阔前程。恩格斯曾这样评价道："这是人类以往从来没有经历过的一次最伟大的、进步的变革，是一个需要巨人而且产生了巨人——在思维能力、激情和性格方面，在多才多艺和学识渊博方面的巨人的时代。"

这个时代产生了才华横溢的文学家：但丁、塞万提斯、莎士比亚；多才多艺的艺术家：达·芬奇、拉斐尔、米开朗琪罗；超越历史的思想家：托马斯·莫尔、康帕内拉；向神学挑战的科学家：哥白尼、布鲁诺、伽利略；等等。这些文艺复兴时期的伟大旗手，用他们的智慧、心血和生命，开创了近代哲学与自然科学的新纪元。

而这些文艺复兴时期的伟人，既是某一方面的专家，又是全才。例如，达·芬奇不仅是伟大的艺术家，也是杰出的科学家；布鲁诺不仅是勇于追求真理的科学家，又是思想深邃的哲学家。

钱学森对这一时期非常推崇。他提出的大成智慧教育，就是想培养出21世纪所需要的既是专家、又具有大成智慧的全才。钱学森充满激情地向往说：这是"新一次的'文艺复兴'啊"！

　　因此，钱学森希望用大成智慧学培养出来的人才，在思维结构中应该具备三个层次。

　　一是知识层：它是由各种科学技术知识、信息、经验、感受（包括现代科学技术的体系结构及体系中已纳入和尚未纳入体系的知识与经验）等要素构成的，是思维结构中最重要的基础层次。

　　二是情感层：它是由人们的价值观念、需要意识、精神、品德、意志、意向、情趣等等因素构成的，是思维结构中不可或缺的动力与调控层次。

　　三是智慧层：它是以知识层和情感层的整体综合为基础的，是由唯物辩证的世界观、人生观、方法论、思维方式，以及现代科学技术体系观、开放的复杂巨系统的系统观、人—机结合的大成智慧工程等基本要素相互促进、相互交融，有机地建构在一起的，是思维结构中最深刻、最复杂、最富于哲理的层次。

　　总之，钱学森的大成智慧教育思想，是希望通过多种教育方式，培养青年人具有大智、大德的思维结构和内涵，为青年人的创新精神提供一个广阔而科学的天地。

　　同时，钱学森也强调，教育工作不可能立竿见影和速见成效。在制定教育方针时，一定要向前看，像邓小平要求的那样："教育要面向现代化，面向世界，面向未来。"

　　对大成智慧学的研究与探索，是钱学森晚年心中的一件大事，也是钱学森晚年的一个重大科学贡献。

　　晚年，钱学森还提出了与大成智慧学相关联的思维科学和人体科学。

　　钱学森认为："思维科学就是人的思维科学，翻译成英语叫noetic science。""noetic"原意多指理性的、智力的或思维的活动。钱学森提出的"noetic science"，是一门研究人的思维规律的科学，着重揭示人脑通过思维活动，怎样加工处理从客观世界和人类知识宝库中获得的各种信息，从而得到正确的认识和知识，并能进行创造性的思维。钱学森提出，在当代，思维科学应着重研究"cyber space"，探索并阐明在有电子计算机和互联网的信息空间里，人的思维活动如何与计算机和互联网提供的信息相配合、相促进，找出新创意、新决策。也就是说，思维科学应着重探索并揭示，在人—机结合、以人为主加工信息的智能系统和信息空间里，人们应该掌握怎样的思维方式和思维发展规律，才能更好、更快地集智慧之大成，提高智能，获得大成智慧，有所发现，有所创新。

与思维科学密切相关的还有人体科学，但这两者之间又有区别。思维是大脑的一种功能，思维也是大脑运动过程的产物。所以，思维与大脑不可分割。但思维科学并不是研究大脑的生理活动的，这部分内容属于人体科学研究的对象。因此，钱学森又提出了人体科学。人体科学是从脑科学、精神学、心理生理学、人—机功效学、医疗卫生、人体与生态环境等多种角度，研究人体的结构与功能态如何承受客观世界的影响和作用，侧重探索和阐释人体与人脑如何能够及时、正确地获得各种信息。研究人体科学的目的在于揭示人体这个开放的复杂巨系统的奥秘，提高人们的健康水平，充分发挥人体潜在的体能和智能。钱学森认为，人类远没有认识自己。

认识科学、认识社会、认识自己，这应该是钱学森晚年给后人提出的伟大求索吧。

四

钱学森获得的"2007感动中国年度人物"奖杯

2008年，钱学森步入了97岁高龄。

这年年初，钱学森被"感动中国"组委会评为2007年"感动中国年度人物"。

颁奖词这样写道：

在他心里，国为重，家为轻，科学最重，名利最轻。5年归国路，10年"两弹"成。开创祖国航天，他是先行人，披荆斩棘，把智慧锻造成阶梯，留给后来的攀登者。他是知识的宝藏，是科学的旗帜，是中华民族知识分子的典范。

这年年初，美国《航空与空间技术》周刊也将钱学森评为2007年度人物。它是这样评价的：2007年，在航空航天领域，没有什么比中国跃升到太空力量的第一集团更能改变现状的事了。

2008年9月27日，乘坐"神舟七号"飞船进入太空的中国航天员翟志刚，身着中国制造的"飞天"舱外航天服，出舱活动，成为第一位在太空行走的中国人。中国航天实现了历史性的飞跃。坐卧在床上的钱学森，通过电视直播，见证了这一伟大的历史时刻。

对此时此景，钱学森没有留下什么话，但他那深邃的目光，仿佛穿越了时空。他久久地沉思着……

太空中，留下了中国航天员的足迹，也留下了钱学森一生的心血。

2009年8月6日，温家宝总理又一次来到钱学森家，看望钱学森。

温家宝对钱学森说：

> 您把一生都献给了国家的国防和科技事业。祖国和人民永远都会记住您的贡献。

钱学森回答说：

> 按照毛主席、周总理的教导，我做了一些事情。现在老了，不能做更多的事情了……中国要大发展，就是要培养杰出人才。

温家宝又说：

> 您是科学家的榜样，也是全国人民的榜样。这几年，您特别关注教育。我每次来，您都提出要大力培养杰出人才。我经常将您的话讲给大家听。努力培养杰出人才，不仅是教育遵循的基本原则，也是国家长远发展的根本。

钱学森说：

中国要走在世界前列。

温家宝说：

我们要努力把我们的国家建设得更加强大。

这次谈话，成为钱学森人生中的最后一次谈话。

2009年9月10日，98岁高龄的钱学森被评为"100位为新中国成立作出突出贡献的英雄模范人物和100位新中国成立以来感动中国人物"中的"新中国成立以来感动中国人物"。

2009年10月31日上午8时6分，钱学森逝世，走完了他漫长的辉煌人生。

钱学森的一生，波澜壮阔，跌宕起伏。

2009年11月6日，钱学森遗体告别仪式在北京八宝山革命公墓隆重举行。新华社播发了长达6 000多字的《钱学森同志生平》。

《钱学森同志生平》用十多个"第一"，概括了钱学森对中国航天和国防科技做出的卓越贡献——

1956年，参与筹备组建中国导弹航空科学研究领导机构——航空工业委员会；受命负责组建中国第一个火箭、导弹研究机构——国防部第五研究院，并兼任院长。

1956年，设立空气动力研究室，组建了中国第一个空气动力学专业研究机构。

1960年2月，指导设计的中国第一枚液体探空火箭发射成功。

1960年11月，协助聂荣臻成功组织了中国第一枚近程地地导弹发射试验。

1964年6月，作为发射场最高技术负责人，同现场总指挥张爱萍一起组织指挥了中国第一枚改进后的中近程地地导弹飞行试验。

1966年10月，作为技术总负责人，协助聂荣臻组织实施了中国首次导弹与原子弹"两弹"结合试验。

1970年4月，牵头组织实施了中国第一颗人造地球卫星发射任务。

1971年3月，组织完成"实践一号"卫星发射试验，首次获得中国空间环境探测数据，为中国研制应用卫星、通信卫星积累了经验。

1972年至1974年，领导设计制造了中国第一艘核动力潜艇。

1975年，指挥成功发射了中国第一颗返回式卫星。

1980年5月、1982年10月、1984年4月，参与组织领导了中国第一枚洲际导弹全程飞行试验、首次潜艇水下发射运载火箭飞行试验和第一颗地球静止轨道试验通信卫星发射任务。

《钱学森系统科学思想文库》编委会在《文库》序言中，则从另一个角度，对钱学森一生作了比较完整和详细的论述：

> 钱学森是中国现代史上一位杰出的科学家，同时也是一位杰出的思想家。
>
> 在长达70多年丰富多彩的科学生涯中，钱学森曾建树了许多科学丰碑，对现代科学技术发展和我国社会主义现代化建设做出了杰出贡献。钱学森对我国火箭、导弹和航天事业的开创性贡献，是众所周知的，人们称他为"中国航天之父"。但从钱学森全部科学成就与贡献来看，这只是其中的一部分。实际上，钱学森的研究领域十分广泛，从科学、技术、工程直到哲学的不同层次上，在跨学科、跨领域和跨层次的研究中，特别是不同学科、不同领域的相互交叉、结合与融合的综合集成研究方面，都做出了许多开创性的独特贡献。而钱学森在这些方面的科学成就与贡献，从现代科学技术发展来看，其意义和影响可能更大，也更深远。
>
> 钱学森的科学历程大体上可分为三个阶段。第一阶段是从20世纪30年代中到50年代中。这20年是在美国度过的，主要从事自然科学技术研究，特别是在应用力学、喷气推进以及火箭与导弹研究方面，取得了举世瞩目的成就。与此同时，还创建了物理力学和工程控制论，成为当时国际上著名的科学家，这些成就与贡献形成了钱学森的第一个创造高峰……
>
> 第二阶段是20世纪50年代中至80年代初。这一时期钱学森的主要精力集中在开创我国火箭、导弹和航天事业上。这个时期工作更

多的是工程实践，要研制和生产出型号产品来。航天科学技术与工程具有高度的综合性，需要广泛地应用自然科学领域中多个学科和技术并综合集成到工程实践中。由于钱学森在自然科学领域中的渊博知识以及高瞻远瞩的科学智慧，使他始终处在这一事业的"科技主帅"位置上。在周恩来、聂荣臻等老一辈无产阶级革命家的直接领导下，钱学森的科学才能和智慧得以充分发挥，并和广大科技人员一起，在当时十分艰难的条件下，研制出我国自己的导弹和卫星来，创造出国内外公认的奇迹，这是钱学森的第二个创造高峰……

第三阶段是20世纪80年代初到现在。80年代初，钱学森从科研一线领导岗位上退下来以后，就把自己的全部精力投入到学术研究之中。这一时期，钱学森学术思想之活跃、涉猎学科之广泛、原创性之强，在学术界是十分罕见的。他通过讨论班、学术会以及与众多专家、学者书信往来的学术讨论，提出了许多新的科学思想和方法、新的学科与领域，并发表了大量文章，出版了多部著作，产生了广泛的学术影响，这些成就与贡献也就形成了钱学森的第三次创造高峰。

钱学森的学生、原国务委员兼国家科委主任宋健在钱学森90岁诞辰时，撰写了一篇题为《中国科技事业的旗手——钱学森》的文章，对钱学森的科学贡献作了介绍，并科学、客观地表达了自己的看法——

我不以为天下最伟大的政治家、科学家、艺术家中会有一位是没有缺点的完人。"金要足赤，人要完人"是不可能实现的。晶有位错，瑕不掩瑜，世事古难全。要求钱老的论文、讲话、关于未来科学的遐想等都必须是毫无瑕疵的真理，所有的观察或得到的信息都必须是万分准确的，那是不公道的。我们从他的科学著作、辉煌成就和对各学科发展方向的指导等各方面都可以鲜明地看到，钱老是马克思主义在科学界的旗手，是在实践中能创造性地应用马克思主义哲学原理的一位杰出的科学家……

钱老60多年的科学技术成就和对中华民族的贡献是巨大的，将永载史册。我认为，他是20世纪中国科技界的巨擘和楷模，是中华民族的英雄。

伟人已逝，精神永存！

钱学森的杰出贡献、感人事迹和崇高品格，是我们国家和民族的宝贵精神财富。为了进一步弘扬钱学森同志爱国、奉献、求真、创新的精神，经中共中央研究决定，在他的母校上海交通大学建设钱学森图书馆。

钱学森图书馆名为图书馆，实为纪念馆，坐落在钱学森曾经求学的交大徐汇校区。该馆于2010年6月正式开工，2011年12月11日钱学森诞辰100周年之际正式建成、对外开放。时任中共中央总书记胡锦涛专门就钱学森图书馆的建成开馆作重要批示，希望图书馆在开展思想教育、普及科学知识、培养优秀人才等方面发挥积极作用。该馆总用地面积9 300平方米，总建筑面积8 188平方米，地下一层，地上三层，陈展面积约3 000余平方米。这里收藏保存着6万1千余件钱学森珍贵文献、手稿、照片和实物，布置陈列着3 000余平米的"人民科学家钱学森"主题展览。开馆至今，相继获得了全国爱国主义教育示范基地、全国科普教育基地、上海市爱国主义教育基地、上海市科普教育基地、上海市国防教育基地等荣誉称号，累计接待观众170余万人次，推出各类原创展览近20个，全国巡回展览100余场，主题教育活动1 000余场。这里已经成为面向社会弘扬钱学森精神、宣传爱国主义和科学精神的文化育人平台。

坐落在上海交通大学徐汇校区的钱学森图书馆（纪念馆）

钱学森图书馆内展示的部分钱学森的藏书、书信、手稿与剪报

2007年出版的《钱学森书信》

钱学森大事年表

1911年

12月11日（阴历辛亥年十月廿一日）出生于上海市，祖籍浙江省杭州市。

1914年

父亲钱家治到北京民国政府教育部任职。未满3周岁的钱学森随父母迁居北京。

1917年

9月，入国立北京女子高等师范学校附属小学校（今北京第二实验小学）学习。

1920年

9月，转校至国立北京高等师范学校附属小学校（今北京第一实验小学）学习。

1923年

9月，入国立北京师范大学附属中学校（今北京师范大学附属中学）学习。

1929 年

9月，入国立交通大学（今上海交通大学、西安交通大学）机械工程学院，攻读铁道机械工程专业。

1934 年

7月，以国立交通大学机械工程学院第一名的成绩毕业。

8月，赴南京中央大学参加"庚款留美"公费生选拔考试。

10月，考取"庚款留美"航空机架专业公费生。在国立清华大学导师、空气动力学教授王士倬指导下，先后到杭州笕桥的中央飞机制造厂、南昌第二航空修理厂、南京第一航空修理厂、上海海军制造飞机处进行为期一年的实地考察和进修。

1935 年

9月，入美国麻省理工学院航空系攻读航空工程硕士学位。

1936 年

夏，获麻省理工学院航空工程硕士学位。

10月，入美国加州理工学院航空系，成为世界著名空气动力学家冯·卡门教授的博士研究生。

1939 年

6月，完成《高速气体动力学问题的研究》等4篇博士论文，获美国加州理工学院航空、数学博士学位。与冯·卡门共同完成的高速空气动力学问题研究课题和建立的"卡门—钱近似"公式，使他成为世界知名的空气动力学家。

1942 年

从1939年起，3年间发表关于屈曲问题的论文5篇，破解薄壳失稳之谜。按照钱学森给出的方法进行设计可大大提高飞机飞行的安全性，很快被航空界接受和应用。

本年，由冯·卡门推荐，经过美国宪兵总司令部人事安全主管巴陀上校的安全审核，获得安全许可证。

1943年

6月，任加州理工学院航空系助理教授。

1944年

12月1日，美国国防部科学咨询团正式成立，冯·卡门任团长。受冯·卡门推荐，辞去在加州理工学院担任的各项职务，到华盛顿参加国防部科学咨询团。

1945年

4月，美国国防部派遣以冯·卡门为首、团员包括钱学森的科学咨询团，飞往德国，审讯纳粹德国火箭科学家，考察V-2火箭，还先后访问了法国和英国。

冬，任加州理工学院副教授。

返回美国后，科学咨询团在冯·卡门领导下，于年底写出了题为《迈向新高度》的考察报告，共13卷。钱学森撰写了该报告第3、4、6、7、8五卷中7个部分的内容。

1946年

暑期，离开加州理工学院，跟随冯·卡门回到麻省理工学院，任麻省理工学院航空系副教授。

1947年

2月，经冯·卡门推荐，成为麻省理工学院的正教授，而且成为该校最年轻的终身教授。

9月17日，和蒋英在上海沙逊大厦（今和平饭店）举行婚礼。

1948年

2月，被推选为全美中国工程师学会会长。

1949年

9月，和冯·卡门一起返回加州理工学院，出任该学院古根海姆喷气推进中心主任，同时担任航空系教授。

10月，为回国做准备，退出美国国防部科学咨询团，并辞去兼任的美国海军军械研究所顾问职务。

1950年

初夏，向加州理工学院院长杜布里奇提出回国探亲。

6月6日，遭到美国联邦调查局两名探员的审查。他们宣称有足够的证据表明钱学森是美国共产党党员。从此开始了长达5年的磨难和抗争。

8月，向美国海军部副部长丹尼尔·金贝尔辞行，希望回国探亲，被拒绝。

9月7日，美国司法部移民归化局稽查人员包围了位于洛杉矶帕萨迪纳的钱学森住宅。被拘留。

9月23日，在加州理工学院院长杜布里奇和从欧洲赶回的冯·卡门努力之下获释，结束了特米诺岛拘留所15天的拘禁之灾；但是，仍处于软禁之中。

1951年

4月底，加州理工学院院长杜布里奇恢复了钱学森在加州理工学院的职务。

1954年

本年，《工程控制论》由美国麦格劳-希尔图书公司出版。

1955年

6月15日，写信给中国全国人大常委会副委员长、全国政协副主席陈叔通。陈叔通立即把信交给周恩来总理。

8月2日，第二次中美大使级会谈在瑞士日内瓦继续举行。根据周恩来总理的指示，中方代表王炳南在会谈时出示钱学森致陈叔通的信，要求美方准许钱学森离境回国。

8月5日，美国司法部移民归化局通知钱学森，允许他离开美国。

9月17日，钱学森一家乘"克利夫兰总统"号邮轮从洛杉矶离开美国。

10月8日，钱学森一家回到祖国。

11月21日，正式到中国科学院报到。郭沫若转达周恩来总理请钱学森去东北地区参观、讲学的安排。

11月25日，访问位于黑龙江省哈尔滨市的中国人民解放军军事工程学院。院长陈赓大将专程从北京飞抵哈尔滨，与钱学森商谈研制导弹事宜。

12月26日，国防部部长彭德怀元帅在陈赓陪同下，会见钱学森，商谈研制导弹事宜。

1956年

1月10日，被增补为全国政协委员。

1月16日，陈毅副总理亲笔签署批复了中国科学院《关于成立力学研究所的报告》。随后，中国科学院正式发文，任命钱学森为力学研究所所长。

2月1日，毛泽东主席举行盛大宴会，宴请全国政协委员。毛泽东主席请钱学森坐在他的身边，亲切交谈。

2月17日，按照周恩来总理的意见，向国务院递交《建立我国国防航空工业的意见书》。

3月，参加制定国家十二年科学技术发展远景规划和全国力学研究总体规划，并担任综合组组长。

4月13日，任国防部航空工业委员会委员。

6月至7月，应苏联科学院邀请访问苏联。

7月，任国防部导弹管理局第一副局长兼总工程师。

10月，国防部第五研究院成立，钱学森为国防部第五研究院院长。该院成立了空气动力研究室，组建了中国第一个空气动力学专业研究机构。

1957年

1月24日，《工程控制论》获中国科学院1956年度科学奖金一等奖。

2月18日，国务院总理周恩来签署任命书，任命钱学森为国防部第五研究院院长，后兼任该院第一分院（今中国运载火箭技术研究院）院长。

2月，当选为中国力学学会第一届理事会理事长。

5月，在中国科学院第二次学部委员（院士）大会上，被增聘为中国科学院学部委员（院士）。

6月，由钱学森牵头的中国自动化学会筹备委员会在北京成立，任主任委员。

9月7日起，作为中国政府工业代表团团员访问苏联，协助签订中苏国防新技术协定，并与苏联的导弹专家进行了交流，为期一个多月。

1958年

年初，郑重地向党组织提出入党申请。

6月，参与创建中国科学技术大学，任力学和力学工程系主任。

10月16日，任国防部国防科学技术委员会委员。

1959年

1月5日，中国科学院力学研究所党总支告知钱学森："今接院党委通知，您已被接收为中国共产党预备党员，预备期一年，自一九五八年十月十六日至一九五九年十月十六日止。"

1960年

2月19日，指导设计的我国第一枚液体探空火箭发射成功。

3月18日，改任国防部第五研究院副院长，而且不再兼任该院第一分院院长。

11月5日，协助聂荣臻成功组织了我国第一枚近程地地导弹"东风一号"发射试验。

1962 年

2月2日，国防部第五研究院科学技术委员会成立，任主任。

本年，《物理力学讲义》出版。

1963 年

本年，《星际航行概论》出版。

1964 年

6月29日，作为发射场最高技术负责人，同现场总指挥张爱萍一起成功组织指挥了我国第一枚改进后的中近程地地导弹"东风二号"飞行试验。

1965 年

1月4日，任第七机械工业部副部长，主持制定了《火箭技术八年（1965—1972）发展规划》。

1966 年

10月27日，作为技术总负责人，协助聂荣臻成功组织实施了我国首次导弹与原子弹"两弹"结合试验。

1968 年

2月20日，解放军第五研究院（今中国空间技术研究院）正式成立，兼任首任院长，全面负责人造地球卫星的研制以及空间科学研究工作。

1969 年

当选为中国共产党第九次全国代表大会代表和第九届中央委员会候补委员。此后，相继当选为中国共产党第十次、十一次、十二次、十三次、十四次、十五次全国代表大会代表，第十届、十一届、十二届中央委员会候补委员，第十六次、十七次全国代表大会特邀代表。

1970 年

4月，牵头成功组织实施了我国第一颗人造地球卫星"东方红一号"发射任务。

6月12日，中共中央军委任命钱学森为中国人民解放军国防科学技术委员会副主任。

8月25日，组织领导的"反击一号"模型弹飞行试验取得成功。

1971 年

3月，组织完成"实践一号"卫星发射试验，首次获得我国空间环境探测数据，为我国研制应用卫星、通信卫星积累了经验。

1973 年

9月，首次提出建立导弹航天测控网概念。此后，组织启动了远洋测量船基地建设工程。

1974 年

8月1日，中共中央军委发布命令，将钱学森领导设计制造的我国第一艘核动力潜艇命名为"长征一号"，编入海军战斗序列。

1975 年

11月，指挥成功发射我国第一颗返回式卫星。我国成为世界上第三个掌握从轨道上回收卫星技术的国家。

1979 年

本年，获美国加州理工学院"杰出校友奖"。

1980 年

5月，参与组织领导我国洲际导弹第一次全程飞行试验。

1982 年

8月，任国防科学技术工业委员会科学技术委员会副主任。

10月，参与组织领导我国首次潜艇水下发射运载火箭飞行试验。

1984 年

1月，在中国科学院第五次学部委员（院士）大会上，被增选为中国科学院主席团执行主席。

4月，参与组织领导我国第一颗地球静止轨道试验通信卫星发射任务。

1986 年

4月，在全国政协六届四次会议上，被增选为政协第六届全国委员会副主席，并相继当选政协第七届、八届全国委员会副主席。

6月28日，当选为中国科学技术协会第三届全国委员会主席。

7月，作为第一获奖人，和屠守锷、姚桐斌、郝复俭、梁思礼、庄逢甘、李绪鄂等人获1985年度国家科技进步奖特等奖。

1987 年

3月14日至4月3日，应英国皇家协会邀请，率中国科协代表团赴英国进行友好访问。随后，代表团顺道访问了德意志联邦共和国。

1988 年

7月，被聘为国防科学技术工业委员会科学技术委员会高级顾问。

本年，《论系统工程》（增订版）、《论人体科学》出版。

1989 年

6月29日，获国际技术与技术交流大会和国际理工研究所授予的"小罗克韦尔奖章"，以及"世界级科技与工程名人""国际理工研究所名誉成员"称号。

10月1日，出席国庆联欢晚会的邓小平，在北京天安门城楼亲切接见钱学森。

1991 年

5月，在中国科学技术协会第四届全国委员会第一次全体会议上，被授予中国科学技术协会名誉主席荣誉称号。

10月16日，获国务院、中央军委授予的"国家杰出贡献科学家"荣誉称号和中央军委授予的一级英雄模范奖章。

1992 年

4月25日，在中国科学院第六次学部委员（院士）大会上，被推举为中国科学院学部主席团名誉主席。

1993 年

9月27日，积极倡导成立了中国科学技术发展基金会促进沙产业发展基金，用于支持沙产业理论研究、扶持沙产业实体、培养沙产业专业人才等方面的工作。

1994 年

6月，在中国工程院第一次院士大会上，被选聘为中国工程院首批院士。

1995 年

1月12日，获何梁何利基金颁发的首届"何梁何利基金优秀奖"（后改称"何梁何利基金科学与技术成就奖"）。

1996 年

3月，由江泽民题写馆名、第一次以我国大陆健在科学家的名字命名的图书馆——钱学森图书馆，在西安交通大学隆重举行命名仪式。

1998 年

6月，在中国科学院第九次院士大会和中国工程院第四次院士大会上，被授予"中国科学院资深院士""中国工程院资深院士"称号。

1999 年

9月18日，获中共中央、国务院、中央军委颁发的"两弹一星功勋奖章"。

2000 年

本年，《钱学森手稿（1938—1955）》出版。

2001 年

4月12日，首次以钱学森名字设立的奖学金——"钱学森沙产业奖学金"在西北地区相关农业院校设立，以资助甘肃、内蒙古、宁夏等地农业院校攻读沙产业专业的学生。

8月29日，江泽民号召"向人民科学家钱学森同志学习"。

12月7日，获霍英东奖金委员会颁发的第二届"霍英东杰出奖"。

12月9日，受美国加州理工学院院长D.巴尔的摩委托，钱学森的老朋友弗兰克·马勃教授专程从美国赶来，为钱学森颁发该校在1979年授予他的"杰出校友奖"。

12月21日，中国科学技术协会、中国科学院、中国工程院联合举行"钱学森星"命名仪式。经国际小行星中心和国际小行星命名委员会审议批准，将中国科学院紫金山天文台发现的国际编号为3763号的小行星，正式命名为"钱学森星"。

2002 年

3月，被聘为解放军总装备部科学技术委员会高级顾问。

2003 年

10月15日至16日，"神舟五号"载人飞船把杨利伟成功送上太空并安全返回，我国首次载人航天飞行取得了圆满成功。钱学森高兴地用颤抖的手写下了："热烈祝贺神舟五号发射成功，向新一代航天人致敬！"

2005 年

7月29日，向前来看望的温家宝总理提出著名的"钱学森之问"。

2006 年

本年，《〈导弹概论〉手稿》出版。

2007 年

本年，《钱学森系统科学思想文库》（四卷本）、《钱学森书信》（十卷本）出版。

2008 年

本年，《〈火箭技术概论〉手稿及讲义》（两卷本）、《钱学森书信选》（两卷本）、《星际航行概论》（简体字版）出版。

2009 年

9月10日，当选为中共中央宣传部等11个部门联合组织评选的"100位为新中国成立作出突出贡献的英雄模范人物和100位新中国成立以来感动中国人物"中的"新中国成立以来感动中国人物"。

10月31日8时6分，因病在北京逝世，享年98岁。

出版后记

　　钱学森是享誉海内外的杰出科学家和我国航天事业的奠基人。他早年在美国留学和工作，在应用力学、航空工程、喷气推进和航天技术、工程控制论等技术科学领域做出了许多开创性的贡献。新中国成立之初，他冲破重重阻力，毅然回到祖国参加建设，在科学技术的许多领域，特别是在我国火箭、导弹和航天事业的创建与发展中做出了卓越的贡献。

　　钱学森具有坚定的理想信念，对党高度忠诚，始终把爱祖国、爱人民作为人生的最高境界，自觉把个人志向与民族振兴紧紧联系在一起；他襟怀坦荡、光明磊落，淡泊名利、无私奉献，坚持真理、严谨求实，是我国爱国知识分子的杰出典范，被誉为"人民科学家"。钱学森的科学成就、学术思想和精神风范是中华民族的宝贵财富，值得人们永远学习、传承和发扬光大。

　　站在新的历史起点，国与国的竞争更为激烈，特别是在科技领域的竞争，要想为中国的稳定、发展创造有利的外部环境，实现中国梦，重读钱学森的故事，领略钱老伟大的科学家精神，在一代代接班人心中种下"科学家精神"的种子，很有必要。2021年是钱学森诞辰110周年，为了表达对钱老的深切缅怀和崇敬之情，为了让钱老的科学家精神感召更多的科技工作者，我们特编辑出版《钱学森画传》，以贯彻落实2019年6月11日中共中央办公厅、国务院办公厅印发的《关于进一步弘扬科学家精神　加强作风和学风建设的意见》。

　　《钱学森画传》以奚启新先生的《钱学森传》为蓝本，经钱学森图书馆陈展部副部长杨亮同志改编，增加了更多历史图片，图文并茂，较为完整地收录了钱学森人生历程中重要的手稿、文献、书信与实物等照片近500张，约40万字。该书以全景视角展示了钱学森的功勋业绩、学术思想和精神风范，其中许多档案系首次公开展示。

《钱学森画传》得以顺利出版，首先要感谢钱学森图书馆馆长、钱学森之子钱永刚教授以及钱学森图书馆执行馆长张凯、钱学森图书馆党总支书记盛懿、研究馆员张现民，上海交通大学校史研究室研究馆员欧七斤等相关人员对本书出版工作提供的支持和指导。此外，我们还要感谢奚启新先生授权我们使用《钱学森传》中的文字并对改编后的书稿提供的中肯建议；感谢钱学森图书馆、清华大学档案馆、北京师范大学档案馆和西安交通大学档案馆等单位的大力支持，钱学森图书馆不仅提供大量未曾公开的图片和资料，还特意委托钱学森图书馆杨亮同志在紧张、繁忙的工作之余，对书稿进行改编、插图；感谢杨亮同志在改编过程中，不辞辛苦反复核查各种档案资料，根据文字内容寻找合适的图片；感谢人民出版社图典分社各位领导在共同出版此书时的大力支持。在此，一并致以我们最诚挚的感谢。

上海交通大学出版社